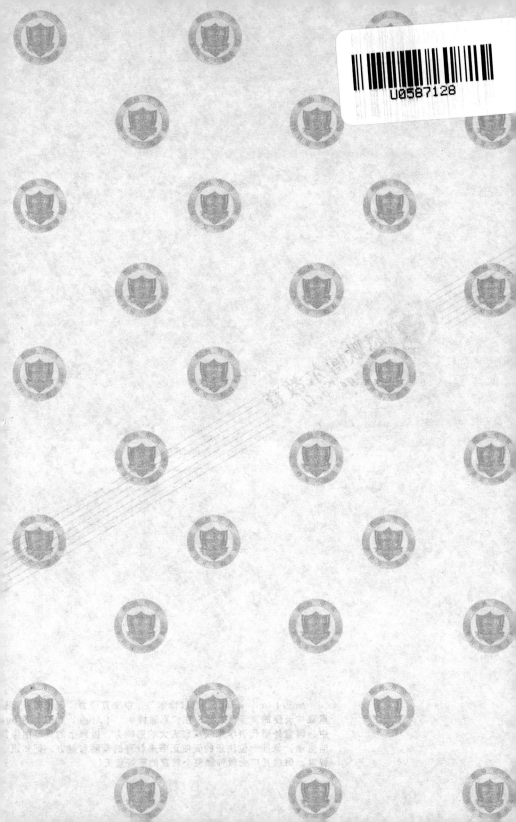

U0587128

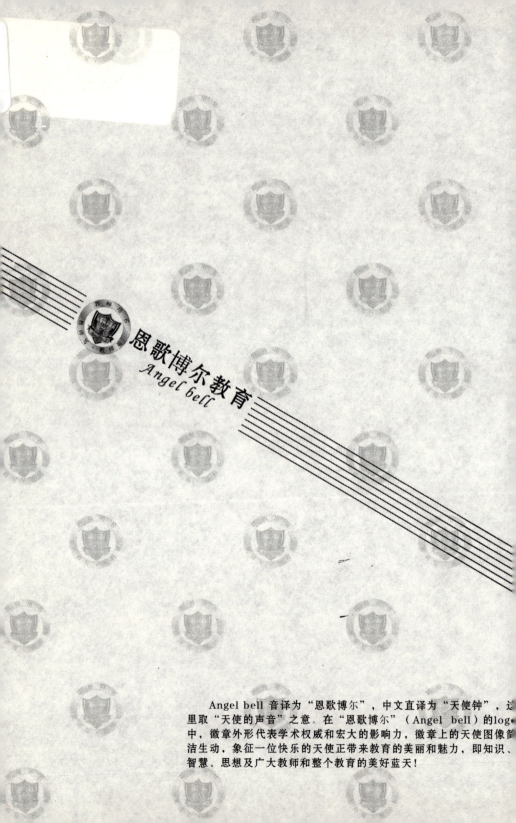

恩歌博尔教育
Angel bell

Angel bell 音译为"恩歌博尔"，中文直译为"天使钟"，这里取"天使的声音"之意。在"恩歌博尔"（Angel bell）的logo中，徽章外形代表学术权威和宏大的影响力，徽章上的天使图像简洁生动，象征一位快乐的天使正带来教育的美丽和魅力，即知识、智慧、思想及广大教师和整个教育的美好蓝天！

ZAI JI TI ZHONG JIAN QUAN REN GE ZHONG XUE BAN JI GUAN LI JING DIAN HUO DONG AN LI

在集体中健全人格

——中学班级管理经典活动案例

主编◎纪　微

东北师范大学出版社
NORTHEAST NORMAL UNIVERSITY PRESS
WWW.NENUP.COM

图书在版编目(CIP)数据

在集体中健全人格:中学班级管理经典活动案例/
纪微主编. —长春:东北师范大学出版社,2010.5
ISBN 978-7-5602-6095-2

Ⅰ.①在… Ⅱ.①纪… Ⅲ.①中学-班级-学校管
理-案例 Ⅳ.①G632.421

中国版本图书馆 CIP 数据核字(2010)第 075447 号

□责任编辑:刘永枚
□责任校对:谢欣儒
□封面设计:子 小
□责任印制:张 林

东北师范大学出版社出版发行
长春市净月开发区金宝街 118 号(邮政编码:130117)
电话:0431-85601108
传真:0431-85693386
网址:www.nenup.com
电子函件:SXXX_3@163.com

万唯编务工作室制版
北京通州运河印刷厂印装
2010 年 5 月第 1 版
2012 年 2 月第 2 次印刷

开本:650×960 1/16 印张:16 字数:303 千

定价:28.00 元
如发现印装质量问题,影响阅读,可直接与承印厂联系调换

前　言

　　班级管理不仅是一门科学，更是一门艺术。如何提高班级管理效益，使班级管理的科学性和艺术性有机地统一起来，是我们每一位教师尤其是班主任老师值得深思的重大课题，也是我们新时期班级管理工作应追求的理想目标。班级管理的活动形式是指班级管理的实施方式及其表现形态，它是以教学活动为主线，以育人为宗旨的一种教育管理形式。管理形式越好，教育过程就越顺畅，目的的实现就越可靠；反之，则不然。因此，选好和用好班级管理的活动形式至关重要。活动是班级管理的重要平台，也是班级管理的主要形式和主要内容，班级活动包括主题班会活动的组织和实施、团队活动的策划和实施、课外活动的开展和管理、班级科技活动的开展和管理、班级文艺活动的组织和管理、纪念日和节日活动的指导等内容。

　　就一次活动而言，班级活动的组织主要包括班级活动的选题、活动的准备、活动的实施和活动的评价。班级活动的选题应由班主任、班委会和全班同学共同确定。有些活动还应征求任课老师、学校领导和学生家长的意见。选题确定后，班主任应和班委会共同制订活动计划。活动计划由活动目的、活动时间、活动地点、活动实施过程、活动注意事项等内容组成。在班级活动实施时，班主任主要做好如下工作：一是班主任或班干部要把活动全过程向全体学生演示或解说一遍，把活动所涉及的人、物、时、地、事指示给有关学生，明确任务；二是做好活动过程中的调整；三是做好活动的总结。在这个过程中，我们广大教育工作者都进行了有益而卓有成效的探索，并形成了一定的方法和模式，这对推行素质教育，推进我国现阶段教育体制改革都有很大帮助。

　　本书选取了一些班级活动的案例，把这些原生态的材料和课堂实录展现给读者，我想这可能比单纯的理论知识更有帮助和启发意义。

　　全书分为七个章节：第一章收集的是中学生人格培培养案例，第二章主要收集的是中学生道德培养案例，第三章收集的是中学生学习方式培养案例，第四章收集的是中学生心理健康培养案例，第五章收集的是中学生理想培养案例，第六章收集的是中学生环保意识培养案例，最后一章收集的是中学生节假日活动案例。

　　在这本书里，每个案例都是一项活动，每一项活动由活动名、活动简介、活动案例等各部分组成。本书在文字上具有精炼、简洁等特点，方便班主任在工作中随时翻阅、摘用和学习；部分活动有反思和心得，启发班主任在工作中学会思考，在思考中灵活驾驭和创新。

　　由于水平有限，纰漏之处在所难免，恳请广大读者批评指正，谢谢。

编　者

目　录

目 录

第一章　中学生人格培养案例

一、责任感的培养

在市场经济条件下，人们的经济意识越来越强烈，这无疑会促进整个社会经济的迅速发展和物质文明水平的提高。然而在精神文明领域中也或多或少地存在着一些令人痛心的现象：一些人失去了自我意识，只强调个人得失，随波逐流，人与人之间的距离越来越远，关系越来越冷漠；朋友之间少了真诚的友情，多了更多的索取；社会的细胞——家庭，风雨飘摇，亲情剧减，集体意识与利益淡薄；人与自然之间的矛盾越来越尖锐，一方面一味向自然索取，另一方面又缺乏保护自然环境的意识，致使人类生存环境面临着艰巨的挑战。

一个人责任感的强弱决定了他对待学习生活是尽心尽责还是浑浑噩噩，而这又决定了他做事的好坏。如果你认认真真对待每一件事，出现问题也绝不推脱，而是设法改善，那么你将赢得足够的尊重和荣誉。

另外，在学生生活的小环境中，责任意识也亟待提高和加强。一些学生学习上对自己要求不高，纪律意识淡薄，生活自理能力差，集体观念不强，责任意识弱，对自己生活的学校环境不爱护，维护意识差。针对以上两个方面的现象和问题，设计了此次班会。

(一) 培养学生责任感的意义

1. 让学生懂得做事要有责任心，要有负责到底的精神，自己做的事自己负责。

2. 指导学生明确自己在社会中扮演的诸多角色，履行各个角色承担的责任。

3. 教育学生做事要认真，勇于承担责任，不推诿。

4. 领会"责任"对社会、家庭、个人的重要性和必需性，加深学生对责任的进一步理解及更高的认识。

（二）活动前的准备

1. 班主任培养学生责任感的课前准备

（1）思想准备

责任是对每一个人在人生各阶段承担的多重角色的共同性道德要求。社会越开放，就越需要有负责的公民。生产力越发达越需要个体具有负责的精神。任何高超的技术和深奥的知识都不能代替责任感。可见，责任感和负责的态度是行事能否成功的基础性条件，它能产生智能和能力，能促使人去做好事情，并因工作成功而感受到一种尽责和胜任的欢愉和满足，也正是在这种负责行事的过程中，人的社会意识和社会责任感才得以提升。

（2）其他准备

动员学生，组织一次竞选主持人的小型班级活动。可以让参与竞选的同学谈一下自己对"责任"的认识，比较他们的音色、语言组织能力、语言表达能力、仪表以及个人风采。最后选出合适的主持人，一至两名即可。

此外，还要帮助学生为文艺表演准备好相应的多媒体设备和道具。

2. 学生应做的准备

（1）收集"责任"理论常识，"责任"名言和名人事例。

（2）以小组为单位召开"责任"意识讨论会，筛选资料，交流感受和体会。

（3）以小组为单位编排一些以责任为主题的文艺节目，并认真排练。

（4）通过图书馆、网络、电视等渠道多方面收集有关文明的资料，了解自己应当承担哪些责任。

3. 教室的布置

（1）座位排成环形，按小组环坐。

（2）宣传委员负责设计本次主题班会的黑板，最好可以提前设计出"责任"主题的黑板报或墙报。

（三）具体活动过程

1. 主持人导入

主持人：××年级××班《责任伴我成长》主题班会现在开始，现在先出个题目考考大家，希望大家踊跃发言。现在请听题：人生中什么事情是最痛苦的，什么事情是最快乐的？（学生发言略，此环节必须事先安排一名同学最后回答出"正确答案"。）

同学1：人生最痛苦的事，莫若于身上背着一种未来的责任。人生最快乐的事，当属把责任完成了，尽到了自己的责任。

主持人：哦，这是梁启超爷爷说的，对吗？我们来到这个世界上，呼吸着新鲜的空气，感受着浓浓的亲情，慢慢地，我们长大了，开始意识到我们在享受权利的同时也应当履行自己的责任和义务。关于人生的责任，梁启超爷爷还有一段精彩的论述，还有另外一个小故事《半壶水》，我们一起来朗读一下好吗？

（主持人打开多媒体演示屏幕，学生一起朗读。）

屏幕：

最苦与最乐

人生什么事最苦呢？贫吗？不是；失意吗？不是；老吗？死吗？都不是。我说人生最苦的事，莫若于身上背着一种未来的责任。人若能知足，虽贫不苦；若能安分（不多作分外希望），虽失意不苦；老、病、死，乃人生难免的事，达观的人看得很平常，也不算什么苦。人在世间一天，便有一天应该做的事；该做的事没有做完，便像是有几千斤重担子压在肩头，再苦是没有的了。为什么呢？因为受那良心责备不过，要逃躲也没处逃躲呀。

答应人办一件事没有办，欠了人的钱没有还，受了人的恩惠没有报答，得罪了人没有赔礼，这就连这个人的面也几乎不敢见；纵然不见他的面，睡里梦里都像有他的影子来缠着我。为什么呢？因为觉得对不住他呀，因为自己对于他的责任还没有解除呀。不独是对于一个人如此，就是对于家庭，对于社会，对于国家，乃至对于自己，都是如此。凡属我受过他好处的人，我对于他便有了责任。凡属我自己打定主意要做一件事，便是现在的自己和将来的自己立了一种契约，便是自己对于自己加一层责任。有了这责任，那良心便时时刻刻监督在后头。一日应尽的责任没有尽，到夜里头便是过的苦痛日子。一生应尽的责任没有尽，便死也是带着痛苦往坟墓里去。这种苦痛却比不得普通的贫、病、老、死，可以达观排解得开。所以我说，人生没有苦痛便罢；若有苦痛，当然没有比这个更重的了。

翻过来看，什么事最快乐呢？自然责任完了，算是人生第一件乐事。古语说得好，"如释重负"；俗语亦说的是，"心上一块石头落了地"。人到这个时候，那种轻松、愉快，真是不可以用言语形容。责任越重大，负责的日子越久长，到责任完了时，海阔天空，心安理得，那快乐还要加几倍哩。大抵天下事，从苦中得来的乐，才算是真乐。人生须知道负责任的苦处，才能知道有尽责任的乐处。这种苦乐循环，便是这有活力的人间的一种趣味。却是不尽责任，受良心责备，这些苦都是自己找来的。一反过来，处处尽责任，便处处快乐；时时尽责任，便时时快乐。快乐之权，操之在己。孔子所以说"无入而不自得"，正是这种作用。

然则为什么孟子又说"君子有终身之忧"呢？因为越是圣贤、豪杰，他负的责任便越是重大；而且他常要把种种责任揽在身上，肩头的担子，从没有放下的时节。曾子还说："任重而道远……死而后已，不亦远乎？"那仁人、志士的忧民、忧国，那诸圣、诸佛的悲天、悯人，虽说他是一辈子感受苦痛，也都可以。但是他日日尽责任，便日日在那里得苦中真乐。所以他到底还是乐，不是苦呀。

有人说："既然这苦是从负责任而生的，我若是将责任卸却，岂不是就永远没有苦了吗？"这却不然，责任是要解除了才没有，并不是卸了就没有。人生若能永远像三岁小孩，本来没有责任，那就本来没有苦。到了长成，那责任自然压在你头上，如何能躲？不过有大小的分别罢了。尽得大的责任，就得大快乐；尽得小的责任，就得小快乐。你若是要躲，倒是自投苦海，永远不能解除了。

半 壶 水

在波涛汹涌的大海上，一艘轮船不幸失事。大副带着幸存的九名水手跳上了救生艇，在海面上漫无目标地漂流。十天过去了，大家依然看不到一丝获救的希望。大副守护着仅存的半壶水，不许那九个人碰它一下——有水就有活下去的希冀，没有了水，大家就再也难以撑下去了。大副是救生艇上唯一带枪的人，他用枪口对着那九个随时都有可能疯狂地冲上来抢水的水手，任凭他们对着自己咒骂咆哮。

在这九个人当中，最凶悍的是一个秃顶的家伙。他把双眼眯成一道缝，威胁地盯着大副，用他那沙哑的破嗓子奚落他道："你为什么还不认输？你无法坚持下去了！"说着，他猛地蹿上来，伸手去抢壶。大副毫不客气地用枪对准了他的胸膛。秃顶叹一口气，乖乖地坐下了。

为了保护这半壶维系着生命之希冀的淡水，大副已是两天两夜没有合眼了。他告诉自己一定要挺住，否则，秃顶他们会用鲁莽的举动亲手把所有落难者推进死亡的深渊。然而，干渴和困倦折磨得他再也撑不下去了，他握枪的手一点点软下去，软下去……惶急中，他居然把枪塞给了离他最近的秃顶，断断续续地说："请你……接替我。"然后就脸朝下跌进了船舱。

十多个小时过去了，黎明时分，大副醒了过来，他听到耳畔有个沙哑的声音说："来，喝口水。"

秃顶一只手拿着淡水壶，另一只手稳稳地握住枪对着其余八个越发疯狂的水手。看到大副满脸疑惑，秃顶略显局促地说："你说过，让我接替你，对吗？"

一轮朝日终于送来了一艘救援的船。

2. 让学生分组讲故事

主持人：大家读得很好，关于责任，生活中还有很多小故事，你知道哪些呢？大家一起讲一讲吧！

学生2：乔治做了一辈子的木匠工作，并且以其敬业和勤奋的精神而深得老板的信任。年老力衰的乔治对老板说，自己想退休回家与妻子儿女享受天伦之乐。老板十分舍不得他，再三挽留，但是他去意已决，不为所动。老板只好答应他的请辞，但希望他能再为自己盖一座房子。但乔治自然无法推辞。但乔治已归心似箭，心思全不在工作上了。用料也不那么严格，做出的活也全无往日的水准。老板看在眼里，什么也没说。等到房子盖好后，老板将钥匙交给了乔治。"这是你的房子，"老板说，"我送给你的礼物。"老木匠愣住了，悔恨和羞愧溢于言表。他这一生盖了那么多华亭豪宅，最后却为自己建了这样一座粗制滥造的房子。

学生3：苏珊出身于中国台北的一个音乐世家，她从小就受到了很好的音乐启蒙教育，非常喜欢音乐，期望自己的一生能够驰骋在音乐的广阔天地，但她阴差阳错地考进了大学的工商管理系。一向认真的她，尽管不喜欢这一专业，可还是学得格外刻苦，每学期各科成绩均是优异。毕业时被保送到美国麻省理工学院，攻读当时许多学生可望而不可即的 MBA，后来，她又以优异的成绩拿到了经济管理专业的博士学位。如今她已是美国证券业界的风云人物，在被采访时依然心存遗憾地说："老实说，至今为止，我仍不喜欢自己所从事的工作。如果能够让我重新选择，我会毫不犹豫地选择音乐。但我知道那只能是一个美好的'假如'了，我只能把手头的工作做好……"艾尔森博士直截了当地问她："既然你不喜欢你的专业，为何你学得那么棒？既然不喜欢眼下的工作，为何你又做得那么优秀？"苏珊的眼里闪着自信，十分明确地回答："因为我在那个位置上，那里有我应尽的职责，我必须认真对待。""不管喜欢不喜欢，那都是我自己必须面对的，都没有理由草草应付，都必须尽心尽力，尽职尽责，那不仅是对工作负责，也是对自己负责。责任感可以创造奇迹。"

学生4：在1922年美国国庆日前夕，一个十一岁的美国男孩搞到了一些禁用的烟火爆竹，其中包括一种威力巨大的鞭炮，叫做"鱼雷"。一天下午，他走到一座桥边，朝桥边的砖墙放了一个"鱼雷"大鞭炮。一声巨响，男孩神采飞扬。可就在这时，警察来了，把男孩带去了警察局。警察尽管认识这个男孩以及他的父亲，但依然严肃地执行公务判定男孩交14.5美元的罚金，当时14.5美元可以买145只母鸡，这可算是一大笔钱。这个男孩自然交不起，只好由父亲代交。父亲说："钱，我可以先借给你，但一年后还给我。"从此，小男孩就开始了艰苦的打工生活，他做了许多零工活才还清欠爸爸的那笔罚金。这个男孩就是后来成为美国总统的里根。这件事让里根懂得了什么叫责任，那就是一个人要对自己的过失负责，犯了错就该勇于承担后果，不逃避，也不推卸责任。

……

主持人：同学们讲了很多很精彩的小故事，不知道大家受到什么启发没有？作为中学生，我们应当学会对自己负责，对他人负责，对社会负责。但是，在现实生活中，很多时候我们会自觉或不自觉地做出一些不负责的行动。下面我们进入本次班会的第三个环节——自己找找看。

3. 指导学生自己找出自身缺点

主持人放照片或视频资料，全体学生观看。

[镜头1] 有的同学一边做课堂作业，一边哼着流行歌曲；有几个同学干脆拿着别人的作业抄答案，口里还不时地冒出一些脏话痞话；有的同学在埋头看武侠小说，高兴之时手舞足蹈；有的同学在看一些卡通小人书，津津有味……

[镜头2] 某同学在教室扫地时，对旁边的同学说："我上厕所！"但当其他同学都扫完地了，这个同学还没有出现，这时，一个在学校吃午餐的同学走进教室对他们说："刚才我看见（这位同学的名字）从后门走了！"

[镜头3] 某同学边走边吃瓜子，瓜子皮零零落落撒了一地……

……

主持人：看了上面的画面，想一想自己有没有以上的那些行为，如果有，我们应该怎样做呢？

学生5：对自己不负责的表现在我们同学中或多或少地存在，比如刚才画面中的抄作业现象。抄别人的作业无形中养成了不思考的坏习惯，这样学习成绩就不会提高，该学的知识没有学到，就没有完成学习任务。这如何能培养自己的能力？再说，把别人的作业当做是自己的作业让老师看，也是对老师的不尊重。

学生6：责任就是分内应做的事，责任感就是要自觉地把分内的事做好的心态。我们分内的事是什么？那就是认真学习，通过学习学会各种知识，培养各种能力，让自己茁壮成长，将来能自立于社会，能为国家献上自己的一份力量。连学习任务都不能完成，如何能培养自己的各种能力？

学生7：我经常以为扫地这样的小事偶尔一次两次不做没关系，现在我明白了，这是逃避责任的表现，也是对小组成员和全班同学不负责任的行为。今后我一定认真值日，认真履行自己的责任。

学生8：说起来我真的很不好意思。自从迷上游戏机，我就没心思学习，成绩就不用说了。今后我一定不去了。也奉劝那些爱打游戏机的同学，要以我为戒，千万不要和游戏机交朋友。

主持人：同学们敞开心扉，敢于亮出自己的不足，这是一种伟大的勇气，也是对自己负责的一种表现。让我们用热烈的掌声来谢谢大家的精彩发言。

4. 开展文艺节目

主持人：同学们，每个人生活在社会上，都在做着各自的事情，有的是国家和社会交给的事，有的是集体的事，有的是他人委托的事，做好这些事是每个人应尽的责任。下面请欣赏男女对唱《为了谁》。

（1）多媒体播放《为了谁》的 MTV

《为了谁》的歌词：泥巴裹满裤腿，汗水湿透衣背，我不知道你是谁，我却知道你为了谁。为了谁，为了秋的收获，为了春回大雁归，满腔热血唱出青春无悔，望断天涯不知战友何时回？你是谁，为了谁，我的战友你何时回。你是谁，为了谁，我的兄弟姐妹不流泪。谁最美，谁最累，我的乡亲我的战友，我的兄弟姐妹。

学生谈感受。（略）

（2）《父与子》，学生谈感受

主持人：有人说，父母抚养、疼爱自己的孩子是天经地义的，我们和父母之间有一种浓浓的亲情，面对这种亲情，父母对我们的抚养是责任吗？我们需要担负什么责任吗？下面请欣赏小品《父与子》。

（考试前）

父：玩儿，玩儿，玩儿，一天到晚就知道玩儿，明天就考试了，还在这儿傻玩儿。

儿：不就是玩个游戏机吗？考试算什么！No problem（没问题）！

父：就你那学习成绩？别忘了，我可是花了几万块钱才让你上的高中！

儿：那您干嘛不再花几万块钱给我买台高级电脑呢？

父：你……你怎么能这么说呢！（电话铃响）喂，马总，什么？好好，我马上回公司。公司有点事，你在家看书。

（考试时）

儿：妈呀！这都是什么题呀！没见过！早知这样，还不如多学学呢，现在连题都看不懂！算了，反正也不会，A—B—C—D—B—C—D—A—C……就这样吧。（看表）哎呀！还那么长时间，睡觉吧！

老师：喂，这位同学，起来做题呀。

儿：早做完了。

师：那你也不能在这儿睡呀！

（考试后）

儿：爸，我回来了。

父：嗯，回来啦。考试成绩下来了吗？怎么样？

儿：还……成吧，给您。（拿出成绩单给爸爸）

父：你怎么考的？五门考试三门不及格！你都干什么了？

儿：没发挥好，下次一定考好！

父：没发挥好？你哪次发挥好了？天天背个书包，干吗去了？

儿：我不是说了嘛，让您给我买台电脑，我就好好学。

父：你对自己的学习怎么如此不负责任啊？

儿：我不负责任？您对我负责任了吗？

父（打了儿子一个耳光）：你……你说，我怎么不负责任了？

儿（捂着脸）：您整天待在公司里，不回家，害我天天吃方便面，这是您在负责任吗？对，您是给我买了许多好的东西，名牌。以前我为有这样的物质生活感到满足，感到自豪。现在呢？我只希望您平时能早回来一会儿，多陪陪我。了解一下我平时的想法，当我不开心时，开导开导我。

父（拉两把椅子）：哎，你坐下，咱们好好谈谈。儿子，我以前没好好上学，混完高中随便找了份工作。因为没有学历，也没办法选择更好的工作。现在我拼命工作，其实都是为了你呀，希望你能比爸爸强。（掌声）

儿（低下了头）：爸，我错了，以后我一定努力学习。

主持人：看了以上的小品，我们要思索一下了，在你我身边也许还有很多类似的故事。作为一名中学生，我们需要什么呢？金钱不是最重要的，更不会是唯一的。我们需要父母温暖的关怀，需要父母真正的理解，需要父母在我们受到挫折和伤痛时的帮助。当然爸爸妈妈也同样需要我们负责，我们要对父母日夜操劳只求孩子学习成绩提高的心态负责，要对父母每天变着花样的晚餐负责，要对父母每晚端茶送水的苦心负责。只要你认识了这些责任的重要性，就能真正地体会到家庭的温暖和幸福。社会正是由于各行各业负责任、辛勤工作的人们才多姿多彩。所以我们要对父母、对社会负责。

5. 游戏阶段《勇于承担责任》

主持人：看来，同学们对责任心有了较多的认识，下面我们一起来玩一个游戏。这个游戏叫"勇于承担责任"！游戏规则是：每队八个人，四人向前站，四人向后站，间隔排列，每队需要把篮球从第一个人传到第八个人手上，然后再传回第一个人手上。如果中途有一人不小心把球掉在地上，则必须重新开始此次游戏。

学生分组进行游戏。

主持人：当同伴失败的时候，你有没有抱怨？你心里是怎样想的？

学生回答。（略）

主持人：同学们，参与了这个游戏后，你有什么感受？

学生回答。（略）

6. 让学生写出一件想努力完成的事

主持人：同学们，你打算怎样培养自己做事负责任的精神呢？把你现在最想努力完成的事写在心形纸上并贴在黑板上。

音乐响起，学生写好并贴上黑板。

主持人：责任感是国民素质的一个重要方面。一个国家的公民有无责任感或责任感强弱，可以从这个国家的精神面貌中清晰地表现出来。伟大的民族往往具有高远志向、进取精神、严明纪律和一丝不苟的工作态度。当这个国家或民族遇到困难和风险的时候，就会有千千万万人站出来，无私奉献，分担困难，排除风险。这样的民族是不可战胜的。中华民族一向崇尚"国家兴亡，匹夫有责"，这正是我们国家历经磨难而不断奋斗崛起的最可宝贵的精神财富。不可能要求所有人都做到心忧天下，但每个人应当也可以努力增加责任感、责任意识和责任心。这样我们的社会就能不断进步，我们国家就能更快地发展。同学们，为了祖国更好的明天，让我们从今天开始努力吧！我们多一份责任，社会就多一份美丽，让负责从我做起吧！××年级××班《责任伴我成长》主题班会到此结束！

全体学生起立鼓掌，班会结束。

7. 班主任讲话

班主任:"国家兴亡,匹夫有责"这种强烈的责任和道德意识,这种真诚、积极的人生态度,是中华民族生生不息的民族魂;"修身、齐家、治国、平天下"是中国古代士大夫的自我人生设计;"居庙堂之高则忧其民,处江湖之远则忧其君",忧国忧民是中国古代文人对自己责任的反思产生的忧患意识。我们想到了"哀民生之多艰"的屈原,想到了"位卑未敢忘忧国"的陆游,想到了"铁肩担道义"的李大钊,想到了为了中华民族振兴而抛头颅,洒热血的无数志士。一部中华史就是一部以责任为最强音,以爱国为主旋律的雄壮乐章。今天,身为生活在二十一世纪的中学生,我们扮演哪些角色?我们该怎样继承中华民族的传统?我们应当怎样履行自己的职责、承担自己的责任呢?我想通过本次班会大家一定有很多感受,但最重要的是落实在行动上。希望我们都能成为一个负责任的人,让责任同我们一起成长。

(四) 活动后的反思

责任感是个人对自己承担的义务尽职尽责、积极主动的心理趋向,是高尚的道德情操的表现形式。托尔斯泰说过:"一个人若没有热情,他将一事无成,而热情的基点正是责任心。""有无责任心将决定生活、家庭、工作、学习的成功与失败。"责任感已被人们普遍认为是个人素质的一个重要方面,是素质教育的重要内容。当前在学校教育中班主任应有意识地培育学生的责任感。

责任感反映了一个人的精神境界。有责任感的人突出的优点是他们绝不是个人中心主义者,他人的、集体的、国家的利益总是先于自己的利益。在家庭生活中,他们孝敬父母,呵护家人,毫无怨言地挑起最重的担子。在社会生活中,在袖手旁观和负重前行之间,总是毫不犹豫地选择后者。"风声雨声读书声,声声入耳;国事家事天下事,事事关心。"在学习生活中,他们严格要求自己,热心帮助同学。因此,责任教育对学生来讲是非常重要的。

此外,班主任还应当创设培养学生责任感的管理机制,给学生一些机会,让学生自己去体验,去感受。形成"人人有事做,事事有人管",人人都有机会履行职责，参与班级管理的氛围，增强学生的责任感和参与意识。让学生在各项活动中认真负责地做好每一件事，体验劳动的辛苦与快乐，逐渐养成对每一件事都认真负责的习惯，在实践中成长为具有高度责任感的人。但是，责任对于中学生来讲是很抽象的，他们大多数不理解责任的含义，尤其是关于自己的责任的含义。在班会设计中需要班主任采用多种多样、简单直观的活动形式加深学生对责任的认识，必须使学生理解自己是否应当承担责任和承担怎样的责任。只有这样，才能真正培养学生的责任感，责任教育才会收到实效。

二、与集体共同成长

集体主义教育是使学生形成集体主义观点，掌握正确处理个人和集体关系准则的教育，是德育的内容之一。

集体主义思想是无产阶级在工业大生产中，在与资产阶级斗争中逐步发展起来的。在资本主义社会里，占统治地位的思想是资产阶级的利己主义，在社会主义中国，集体主义是处理社会成员之间以及个人和集体、个人和国家之间关系的根本原则。

在学校，通过集体主义教育，要培养学生树立大公无私的思想、抵制资产阶级个人主义的影响，使学生树立人民利益高于一切，一切为了人民的观点。要教育学生懂得个人是集体中的一员，关心集体，关心同志，为集体、为他人做好事，维护集体利益和荣誉，懂得在集体生活中要团结友爱，互相帮助，形成民主意识；养成集体生活中应有的习惯和行为准则，自觉遵守集体纪律，培养热爱集体的感情。要使学生认识到，集体主义是与个人主义、自私心理根本对立的，要树立全心全意为集体，为人民的思想，与损害集体利益的坏人坏事作斗争。

当前，许多孩子在家里是"小太阳"，一到学校，感到这个集体处处管着他，受不了。于是有的学生打架骂人；有的跟同学合不来，动不动就谁也不搭理了；有的只顾自己，对集体的事情漠不关心；有的对别人的困难不关心，不帮助，反而笑话别人；几个同学一块玩，不一会儿就吵起来了；班队去学雷锋、做好事，做到一半就散了，谁也不服谁……很多事实说明，对学生进行集体主义教育迫在眉睫，刻不容缓。

尤其是正处于"叛逆期"的中学生，很容易形成以自我为中心的心理，并且初一的学生离开以前的班集体，来到新的班集体，集体荣誉感比较差，所以更需要班主任加强集体主义教育。

（一）培养学生的集体荣誉感

1. 使学生懂得每个人都是集体中的一员，要关心集体，爱护集体，有集体荣誉感。

2. 使学生理解只有依靠集体的力量，团结一致，齐心协力，共同努力才能为集体争光。

3. 增强学生的集体荣誉感，进一步培养学生的集体观念，使学生能够自觉遵守《中学生日常行为规范》和校纪班规。

（二）活动前的准备

1. 班主任培养学生荣誉感的课前准备

（1）思想准备

班级是学校的基本单元，也是社会的一个小集体。班主任首先要在班级中建立互助互爱的浓厚氛围。建立互助互爱、团结一致的班集体是养成学生集体主义精神的先决条件。班主任应引导学生关心、体贴老师和同班同学，然后进一步启发学生把关心、体贴的范围扩大到周围的人，使其逐步明白，人要互相关心照顾，不能只顾自己。

班主任应严格要求学生处处遵守集体纪律和制度，维护集体的荣誉。同时还要教育和鼓励学生为集体增光，争得荣誉。

要使学生从小就具有集体主义精神，并不是简单的说教就能奏效的。重要的是要营造一种环境，一种气氛，使学生经常接触集体的事情，在集体的怀抱中受到熏陶和培养。班主任要做的就是为学生营造这样一种氛围，创造这样的条件。

（2）其他准备

对学生进行调查"我希望为班集体做些什么"，帮助学生准备相关的音像资料及道具。

同时因为学生刚认识不久，所以此次班会最好由班主任主持，因此班主任还要准备本次班会的主持稿。

2. 学生应做的准备

（1）动画片《三个和尚》剪辑和歌曲《一个篱笆三个桩》的录音。

（2）每人事先写一篇有关个人与集体关系的文章，方便班主任了解学生的观点。

（3）准备一些与集体主义有关的文艺节目。

3. 教室的布置

（1）把书桌移动到教室的四周，空出中间的位置做游戏或表演节目。

（2）设计好 PPT 及黑板报。

（三）具体活动过程

1. 班主任导入

班主任："集体"一词对于我们来说并不陌生。从进入小学的那天起，老师就不断地告诉我们"要热爱集体""做集体小主人""为集体争光"。许多少年朋友用自己的行动向集体献"爱心"，涌现出无数关心集体、维护集体利益、为集体争得荣誉的感人事迹。如今，大家已经长大，无论是认识能力还是情感和意志品质，都比小学阶段有了新的发展。那么，集体的含义是什么，个人与集体是什么关系，为什么要发扬集体主义精神，怎样培养集体荣誉感，这些问题需要我们进一步理解。

当我们跨入学校大门，在老师的精心组织和管理下，与几十个小伙伴同学习、同娱乐之后，逐渐体会到这个大群体的生活与其他群体迥然不同。如果一个群体有共同的奋斗目标，有一定的组织机构，有共同的活动，有纪律约束，有正确的舆论，成员之间相互帮助并为群体无偿地尽义务、争荣誉，这个群体就是集体。所以，集体不是松散的，也不是随意组合的。学校是个集体，以教学班为单位又划分为若干班集体。个人是集体不可缺少的一员，集体的繁荣和发展，需要每个成员的关心、爱护与付出。

2. 让学生发表自己的观点

班长：那么，个人和集体是什么关系呢？请大家听下面的故事，然后思考一下其中的寓意，并用最简洁的语言表述出来。

雷锋的故事

天快暖了，连队里发放夏衣，每人两套单军装，两套衬衣，两双胶鞋。大家喜滋滋地向司务长领来了两套衣服。发到雷锋的时候，他却说："我只要一套军装，一件衬衣和一双胶鞋就够了！"司务长奇怪地问道："为什么只要一套？"他说："我身上穿的军装，缝缝补补还可以穿，我觉得现在穿一套打补丁的衣服，比我小时穿的要好上千万倍呢！剩下的一套衣服交给国家吧！"

雷锋对于物质，即使浪费了一丁点儿都觉得心疼。他钉了一个木箱子，里面装着螺丝帽呀，铁丝条呀，牙膏皮呀，破手套呀，真是什么都有，他把这叫做"聚宝箱"。要是车上缺了个螺丝，坏了个零件，他都先到"聚宝箱"里找，能代用的就代用。要是擦车布实在烂得不能用了，他就从"聚宝箱"里找出破手套，洗干净了做擦车布。至于牙膏皮、铁丝条什么的，他积到一定数量就卖给收破烂的，得了钱全部交公。

雷锋的生活很简朴，从来不随便花一分钱。组织上每月发给他的津贴，他留下一角钱交团费，两角钱买肥皂，再用些钱买书，好扩充他的"小图书馆"，其余的钱全部存入银行。他穿的袜子补了一层又一层，最后完全改了样，还舍不得丢。他用的搪瓷脸盆、漱口杯，上面的搪瓷几乎掉光了，他也舍不得买新的。

有的同志实在不明白，就问他："雷锋呀，你就一个人，没家没业的，干吗这样苦熬自己？"雷锋说："谁说我苦熬自己？现在的生活比起我过去受的苦，真是好上天了。"又说，"谁说我就一个人，没家没业？我们祖国大家庭有六亿多人口呢。为了改变祖国一穷二白的面貌，党中央号召咱们发愤图强，艰苦奋斗，这样做不对吗？"有的同志就说："国家那么大，也不缺你那几块钱啊！"雷锋说："积少成多啊！每人一天节约一角钱，你算算，全国一天节约多少钱？当了国家的主人，不算这笔账还行？"有人说："雷锋是傻子，是小气！"雷锋以自己的行动回答了那些不理解他的人们。

那是一个美好的日子，驻地附近的人民欢欣鼓舞，敲锣打鼓，庆祝城市人民公社的成立。雷锋心里也非常喜悦，他想，在这个时候，自己能为公社做点什么好事呢？想着想着，他跑到储蓄所，把自己两年来在工厂、部队积下的二百元钱全部取了出来，一阵风似的跑到望花区和平人民公社党委办公室，把钱往桌上一放，说："我早就盼望这一天了！这是我对望花区人民公社的一点心意，收下吧！"党委办公室的同志很受感动，说："同志！我们收下你的这份心意。钱，我们不能收，你留着自己用，或寄到家里去。"

雷锋说："人民公社就是我的家，我的钱就是给家里用的。"他又说："我在苦里生，甜里长，没有大我，就没有小我。党和人民给了我一切，我要把一切献给人民和党。这钱是党和人民给我的，现在就让它为人民事业发挥一点作用吧。"雷锋苦苦要求，公社仍然不肯收下，直到他说得哭了起来，公社的同志才答应收下一半。这件事大大地鼓舞了全体公社社员，他们说："我们一定办好人民公社，答谢解放军……"

1960年夏末，报纸上发表了一条消息：辽阳地区遭到了百年不遇的大水灾。对辽阳，雷锋有说不尽的深情厚谊啊！他在那儿参军，在那儿住过，劳动过。他马上怀念起那里的伙伴们，那里的乡亲们……看了报，他急得直叹气。当他在报纸上看到党中央派飞机给灾区人民送粮又送衣的时候，心里想："党中央这样关心灾区人民，我这个人民战士，此刻能为灾区人民做点什么呢？……"他想到自己还有公社退回来的那一百元钱，便连忙写了封慰问信，顶着大雨，立刻跑到邮局，把一百元钱和信一起寄到辽阳去了。

他在日记上写道："有些人说我是'傻子'，是不对的。我要做一个有利于人民、有利于国家的人。如果说这是'傻子'，那我甘心愿意做这样的'傻子'，革命需要这样的'傻子'，建设也需要这样的'傻子'。"

集体和我 （演讲稿）

我曾看到过这样一个童话故事：一天，五个手指头吵了起来。大拇指挺着胸脯说："我的本领最大，没有我，人就不能干活。"中指不服气地说："没有我，人们的衣服怎样裁剪？"食指抢着说："没有我，人们可就写不成字了。"无名指和小指也都嚷了起来。正在它们争得不可开交的时候，蹲在一旁的铅球开腔了："如果你们谁把我举起来，就算谁的本领大。"话刚说完，五个指头就排起队来举铅球。可是它们费了九牛二虎之力，谁都没有把铅球举起来。它们叹着气，默不作声。铅球笑着说："你们一起来吧！"五个指头一起动手，毫不费劲的就把这个又沉又重的铅球举了起来。这时，铅球说："一个人的本领总是有限的，集体的力量才伟大呢！"

同学们听了这个故事你有什么感想吗？是啊！我们都想到了，个人的力量是有限的，集体的力量是无穷的。我们每一个生活在集体中的人都深深地感受到了集体的力量和温暖。

个人离不开集体，只有在集体之中个人才能获得发展。集体是群体力量的凝聚，集体的成败也取决于每个个体。学校的各项活动比赛结果不就证明了这一点吗？一个人的成才，一个人的成功，都离不开集体，只有集体的土壤，才能把小苗孕育成大树。有位名人说过："谁若与集体脱离，谁的命运就要悲哀。"不是吗？一滴水脱离了大海它的命运能有几何，一个人脱离了集体，抛弃了集体主义精神，他的命运又能有几何呢？

我们说，一个懂得关心集体，热爱集体的学生，他将会珍惜荣誉，努力完成集体交给他的任务，团结合作、谦让、互助，懂得有事和大家商量，少数服从多数，个人服从集体。同样，一个奋发向上、团结友爱的班集体，能充分地激发每个学生的集体荣誉感，在一个形成了集体荣誉感的班级里，谁做了有损于集体荣誉的事，谁就受到集体舆论的谴责，从而使我们感到，做了损害集体荣誉的事是一种耻辱。这就促使我们为维护集体利益，服从集体需要，去努力弥补自己的弱点或缺点。谁能为集体争光，谁就会得到同学们的尊敬和爱戴。它促使每一个班级成员自觉地为维护和争取集体荣誉，不怕困难，不计个人得失而奋发努力，为集体出力争光而感到由衷的喜悦和自豪。的确，集体的力量真的很伟大，一些平时表现一般甚至比较落后的学生，生活在这样的集体里，也会很快地发生变化，有的甚至跃入先进分子的行列，这就是集体荣誉感所表现出来的感召力。

去年年初在全国乃至全世界爆发的非典型性肺炎，在没有硝烟的战场上奋战着数以万计的医护人员。正是靠了这集体主义精神，才使我国的非典疫情得以控制直至最终的解除。更是这集体主义精神，使得我国神舟五号载人飞船成功发射。那么同学们，我们该如何去热爱集体，发扬集体主义精神，该如何形成一个有集体荣誉感的集体呢？这需要我们共同的努力。

首先我们要明确什么是集体。集体有大小之分，小集体必须服从大集体，集体是由个人组成的，一个集体的蓬勃向上，要靠这个集体所有成员的共同努力。其次，要正确认识个人与集体的关系。集体的荣誉靠这个集体所有成员的自觉维护和共同创造。因此，每个集体成员都要充分意识到自己在集体中的位置与作用。要懂得集体的活动没有自己的参加，这个集体并不完整；集体的荣誉，要靠大家共同创造，个人再有能耐，离开集体也无所作为。就象舞台上主角的表演，没有配角、乐队和舞台工作人员的配合，就达不到预期的效果，排球上的主攻手，没有一传、二传、副攻手的配合，就打不出漂亮的球……我们应自觉地把自己融于集体中。

我们要有爱心，爱同学、爱老师、爱自己的教室和校园，爱故乡的一草一木，从身边的小事学会关心、学会爱。一个班级里如果学生对集体、对老师缺乏爱，就不可能形成一个优良的班集体。因为现在大多是独生子女，在家里备受父母和老人的宠爱娇惯，生活条件的优越更滋长着他们的骄气任性和固执。如果把这样的品性带到学校班集体里来，同学之间就十分缺乏合作、团结友爱的精神，不利于班集体的正常管理和教学，也有碍于学生的全面健康发展。

热爱集体，更应落实到实际行动上来，其实我们大家已经落实到了行动。道理很简单，就是点点滴滴的行为，为班里拿个马夹袋，捡起校园里的纸屑，认真唱国歌，做早操，甚至仔细地做好每一次值日工作，在车上谦让一下，运动会上呐喊助威，等等，都是热爱集体的表现。我们都能做到，很多同学做得很好。其实对于我们而言，对集体的热爱就表现为这些细小的行为。我们可能并没有意识到这么做就是热爱集体，只是很自然的就这么做了。有的同学可能会很吃惊，原来自己已经为集体做了不少的事情，原来自己这么热爱自己的集体。是啊！当然热爱集体的事例还有很多。比如你获了奖，当然是你个人获得的，别人介绍时肯定会说"某某班某某某"获了什么奖，你在外面做了好事，无形中也为集体增了光，也是热爱集体的表现。然而**我们**也看到了一些不热爱集体的表现，有的同学为了省力在地砖上拖饭桶，有的为了少走几步路践踏没成活的草坪，有的同学说一些不利团结的话，有的不遵守课堂纪律，随意碰撞餐具，等等，这些多不应该呀，都违背了热爱集体的宗旨。而只要我们努力都能改正的

同学们，七个简单的音符，谱写出生命的乐章；横竖撇捺几个基本的笔画，流传出华夏大地五千年的文明。一滴水是渺小的，然而大海是伟大的；一个人是渺小的，然而集体是伟大的。今天，我们为身在这样一个值得骄傲的学校而自豪；明天，学校也为培养出一批批高素质的人才，国家的栋梁而感到荣耀。

亲爱的同学们行动起来吧，付出我们的爱，拿出我们的行动，去热爱集体、关心集体，为形成一个良好的大集体而努力吧！

（分组讨论）

学生1："集体"一词的含义简单地说就是许多人共同在一起生活，一起工作，一起学习……为了共同的目标，大家互相团结，各尽自己的一份力量。心往一处想，劲往一处使，这样的集体没有克服不了的困难，没有完不成的任务。因为它发挥的是集体的力量，而不是个人的。集体的力量是巨大的，集体的智能是无限的。

学生2：集体在字典中的解释为：许多人合起来的有组织的整体。当然这只是字面上的意思，未免显得空洞而抽象。其实，每个人都生活在集体之中，对"集体"一词都有着不同的理解。在我看来，集体意味着融洽、团结、奉献、牺牲，当然也有强大、勇敢和超越。在集体中，当事情不像你所期待的那样发展时，就要求我们每个人顾全大局，为共同的目标而努力。我们不应该通过集体而表现自我，而应该通过自我表现集体。一个集体应该是团结的，一个团结的集体是强大的，它的力量是不可限量的。

班主任：雷锋精神其实就是一种集体主义精神。有人说，随着改革开放的深入，雷锋精神已经过时了，大家是怎样看待雷锋的这种集体主义精神的呢？

学生1：雷锋精神永远不会过时，雷锋精神的内涵——奉献、互助互爱，依然存在于我们的生活中，并被千千万万的人学习与继承。

学生2：我们需要雷锋。任何社会都需要美好的事物，雷锋不仅仅属于一代人，他的精神已穿越了时空，影响了一代又一代人。

其他学生发言略。

班主任：同学们说得都很好，雷锋精神永不过时，集体主义精神永不过时。希望同学们都能以自己的实际行动去发扬互助互爱的雷锋精神，创建一个团结互助的班集体，让雷锋精神得以延续。

3. 开展文艺节目并讨论

（1）观看动画片《三个和尚》剪辑并讨论。

班主任：三个和尚开始为什么没水喝呢？后来怎么解决的？对我们有什么启示？

学生回答略。

（2）诗朗诵《假如……》。

假如……

假如你是巍峨的高山，我渴望成为一把土。

假如你是茂盛的森林，我渴望成为一棵幼树。

假如你是宽阔的海洋，我渴望成为一滴水珠。

假如你是耸立的大厦，我渴望成为一桩木栓。

假如你是金色的太阳，我渴望成为一线光谱。

假如你是明媚的妆容，我渴望成为一株花束。

我渴望捧出我的红心，献给我亲爱的集体。

班主任进一步引导学生关心集体，培养学生的集体主义观念。

4. 游戏阶段——支持山区

（1）班主任说明游戏规则：这个游戏模拟支持山区小学生读书，同学们要为希望工程募捐所缺的各类物品。以四人为一小集体，进行游戏。

（2）班主任发号令，小组成员筹集好物品，以最快的时间送往规定地点。

（3）学生筹集物品：A. 12支铅笔 B. 8个笔记本 C. 4块橡皮 D. 4元钱 E. 一条裤子 F. 一根皮带 G. 一件夹克 H. 一顶帽子。

（4）班主任密切关注各组成员在游戏中的表现。

（5）班主任提问：刚才你们小组在游戏中表现出色，你们能谈谈当时的心情吗？如果让你自己一个人筹集这些物品，是否有些困难？

（6）师生一起小结：原来还是集体的力量大，个人的力量毕竟有限，这就需要我们依靠集体来胜利完成任务。与此同时，为集体出力，为集体争光，会让我们体尝到快乐，集体也因而更加进步。

5. 班主任总结，结束本次班会

班主任：同学们，通过这节班会我们懂得了个人与集体的关系，它们是紧密联系、密不可分的。雷锋永远是我们的榜样。既然来到新的班集体，就要一起把班集体建设成为我们每一个人的家，这需要我们时时、事事为班级着想。因此我们不仅要有集体荣誉感，同时还要付诸行动，凡事从我做起，从身边的小事做起，关心集体，爱护集体，齐心合力，共同努力为集体增光彩，愿集体永远在我们的心中。

（四）活动后的反思

多媒体的使用充分调动了学生的积极性，并通过多种形式和丰富多彩的活动使每个学生全都动了起来，达到了人人积极参与，人人受到教育的效果，完成教育目标。通过此次班会加强了班集体的凝聚力，唤起学生争做班级"小主人"的热情，收到了良好的效果。

在平时的生活中，班主任要注意观察学生在一些小事上的表现：学校大扫除，动员同学带工具，他是带重要的劳动工具，还是什么也不愿意带；全班一起到某地春游，那地方他已经去过几次了，这次他不想去还是乐意跟大家一起去；同学生病，他是积极主动去看望还是根本不提这件事；小组或班级受到表彰了，他是非常高兴还是无所谓等。这些都是"小事"，并且与学习成绩好坏没有直接关系。但是却能看出学生对集体是否关心。刚刚升入初一的学生在道德认识上的特点是带有具体性的。他们对道德认识的领会、道德概念的掌握、道德观念的树立和道德评价能力的发展，都是在学习、劳动和日常生活的各种活动中逐步形成的，所以必须从日常生活小事抓起。

班级建设不是一天两天就可以完成的，需要班主任认真研究和学习，不断提高学生的素质，让学生关心班集体、热爱班集体，只有这样，班集体才能成为一个优秀的班集体，才能成为学生温暖的家。

三、如何做到诚实

为了弘扬和培育民族精神、扎实推进确保党的两会（即：全国人民代表大会和全国政协会议）提出的"荣辱观"学习教育活动取得实效，为了全面贯彻党的十六大精神和"三个代表"重要思想，体现发展先进文化的要求，遵循道德建设的内在规律，从我们青少年的实际情况出发，立足现实，面向未来，与时俱进，开拓创新，努力把青少年的思想道德建设提高到一个新水平，我们一起来谈谈"诚信"这个话题。

诚信是中华民族的传统美德。诚信就是在任何情况下，说话、做事都能一致，不虚假，不隐瞒，办事讲信用，答应别人的事认真履行承诺，说到做到。诚信乃做人之本。一个人如果在任何时候都能做到诚信，他就会得到人们的信任和尊重。相反，一个人如果缺乏诚信，并失去人们对他的信任，最终这个人会遭到社会摒弃。因此，诚信让每一个人生都变得精彩，同时我们的社会需要诚信，人民需要诚信。

在市场经济活动中，诚信更是人们交往的基本原则。例如：现在的大商家，往往需要诚信，才能得到顾客的信赖。诚信可以改变个人的命运，它正是成功道路上一个重要的标志，标志着这个人有着高尚的品质。一个人如果失去了诚信，失去了别人对自己的信赖，就失去了自己的尊严。反过来说，一个人如果有了诚信，会使自己活得更快乐些。同时班级建设也离不开诚信。所以加强对中学生的诚信教育就显得尤为重要。

（一）培养学生诚实守信的观念

1. 懂得诚实守信是中华民族的传统美德，现代社会更需要诚实守信。

2. 愿意做诚实守信的人，鄙视虚假和不守信用的行为，对自己不诚实和不守信用的行为感到不安和歉疚。希望通过此次班会，能纠正同学们的错误行为，做一个诚信的公民。

3. 增强学生自信，使学生努力做到说话做事实实在在、表里如一，做一个诚信的公民。

4. 懂得对人守信、对事负责是诚信的基本要求。

（二）活动前的准备

1. 班主任培养学生如何做到诚实守信的准备

（1）思想准备

在 9 月 20 日全国"公民道德宣传日"和 9 月全国"中小学弘扬和培育民族精神教育月"的活动到来之际，全面贯彻党的十七大精神和"八荣八耻"重要思想，体现发展先进文化的要求，遵循道德建设的内在规律，从自己班级的实际情况出发，立足现实，面向未来，与时俱进，开拓创新，努力把青少年的思想道德建设提高到一个新水平。

（2）其他准备

组织学生排练文艺节目。

2. 学生应做的准备

（1）认真组织文艺节目的排练，做好充分准备。

（2）选拔主持人。

3. 教室的布置

（1）准备充足的场地、音响设备、多媒体。

（2）做好关于诚信的黑板报、墙报等。

4. 具体活动过程

（1）主持人开场解说

主持人 1：在我们漫漫的人生路上，什么不可丢弃？

主持人 2：在我们遇到艰难困苦时，什么要永留身边？

主持人 1：它在我们身边，离我们是那样近。

主持人 2：它又离我们越来越远，是那样模糊。

主持人 1：它是我们远行路上的灯塔，指引着我们前行的方向。

主持人 2：它就是我们人生路上的朋友——诚信！

主持人 1：莎士比亚曾说过："真诚是伪善的天敌，它能赢得所有人的心。"

主持人 2：雨果也曾经说过："大海是冬季的礼拜堂，背信是地狱的礼拜堂。"

主持人 1："内不欺己，外不欺人"是弘一大师的教诲。

主持人2：泰戈尔也曾这样描述："虚伪的真诚，比恶魔更可怕。"

主持人1：我们还记得那些美丽的传说：手捧空花盆的孩子坐上了王位；美丽的公主拒绝了父王那美丽却没有香味的鲜花；还有我们童年的"狼来了"的故事。

主持人2：诚信不仅是我们这个集体的文明之本，力量之源，当今，在社会主义市场经济中，诚信也显得越来越重要，一个人在社会上立足与发展离不开诚信，诚信是全社会的需求。

主持人1：于是，我们向集体发出了号召：拥有诚信！

主持人2：人生之舟，不堪重负，有弃有取，有失有得。

主持人1：失去了美貌，有健康做伴。

主持人2：失去了健康，有才学追随。

主持人1：失去了才学，有机敏陪伴。

主持人2：但，失去了诚信呢？请欣赏小品《诚信摆渡人》。

(2) 表演小品《诚信摆渡人》

坐船人（学生甲扮演）是一个功成名就、自命不凡的年轻人。

老艄公（学生乙扮演）是一位须眉皆白，头戴草帽，手拿烟斗，神情悠闲的长者，长年在渡口摆渡。

坐船人：当我经过漫长的人生跋涉，走到这个渡口的时候，我可以非常自豪地说，我这一生是成功的！我肩上的七个行囊（分别由七位学生扮演）装满了"健康""美貌""机敏""诚信""才学""金钱""荣誉"。（坐船人拍着胸脯，晃着脑袋，一副得意洋洋的神态）

（渡口只有一只小船，一位须眉皆白的老艄公正坐在船头悠闲自在地吸着烟，望着远方……）

坐船人（走上前去，深鞠一躬）：劳烦船家，摆渡过江多少钱？

老艄公（转过头来，打量一番，目光停留在"诚信"的"行囊"上，慢慢露出笑脸）：一口价，三个铜钱，包你安全到岸！

坐船人：好！一言为定。

（开船，起初江面风平浪静，过了不久风起浪涌，小船开始上下颠簸）

老艄公（叹了口气）：唉，船小负重，客官须丢弃一个行囊，方可安渡难关。

坐船人（面露难色）：这……哪一个不是我辛劳所得？我怎舍得丢弃？

老艄公：有弃有取，有失有得。

坐船人咬紧牙关，狠下决心，把"诚信"抛进了水里。

老艄公稍一愣，面露失望之色。

（过一会儿，风平浪静）

坐船人（面露喜色）：老人家，趁着浪小，快快摇船吧！

老艄公瞥了一眼坐船人，停了船桨，径自坐在船头。

坐船人：老人家，你这是……

老艄公：要我摇船也可以，不过要用你那一袋"金钱"来充当船费。

坐船人：你……（气得说不出话来，但四周水天茫茫，何处是岸？只好气急败坏地将"金钱"扔给老艄公）

（行了不久）

老艄公（摇头叹气）：哎哟，人老身子骨不好，没力气摇船了——除非你把"健康"给我，要不然……

坐船人（无奈地）：事到如今我把"健康"给你吧，只求你快一点划船吧。

老艄公（伸伸懒腰，走到坐船人身边）：喂，年轻人，你好人做到底，连同那几个行囊一同给我这个老头儿吧！

坐船人：你……（大声嚷）上船的时候你说三个铜钱包我到岸，可如今你却贪得无厌，一再勒索。你……你怎么这么不讲诚信呢？

老艄公：哈哈……（大笑不止）"诚信"？你不早把"诚信"抛入水中了吗？与你这等不诚信的人讲什么诚信？快拿过来，现在我可比你强壮多了！

坐船人一愣，只好乖乖地把剩下的几个行囊全给了老艄公。

老艄公：我可先行一步喽！（扑通一声，老艄公跳进水里，不见了踪影）

坐船人暗自想起被抛弃的"诚信"，后悔莫及，不禁落下泪来。

老艄公（突然湿淋淋地爬上船来，将七个行囊抛到坐船人身边）：年轻人，我把"诚信"给你捞回来了。记住，从今往后，无论何时也不能抛弃诚信啊！

坐船人（惊喜交加）：您是……

老艄公（指着自己）：我就是"诚信"，"诚信"才是人生的摆渡者啊！

（全体师生热烈鼓掌）

主持人1：小品中的坐船人首先抛弃了"诚信"这一行囊，随即相继失去了更多。同学们，如果你们是坐船人遇上了风浪，你们会怎么做呢？

学生（齐答）：我们决不抛弃"诚信"。

（3）诚信讲故事比赛

主持人1：历史上、传说中有许多关于诚信的故事，你知道多少呢？

主持人2：下面我们进入讲诚信故事这一比赛环节，看看谁讲得好！

学生1：在美丽的德国小镇，几个中国学生和一个德国小伙子聊天，无意中说到希望尝一下正宗的黑麦啤酒。德国小伙子马上说："我明天给你们送一些黑麦啤酒。"中国学生谁也没把这话当真，谁也没想到第二天那小伙子真的驱车百里，送来几打黑麦啤酒，临走时说："过两天我来取酒瓶。"几个中国小伙子惊讶得合不拢嘴。"我答应他们要送回去的。"那个德国小伙子说。

学生2：刘玄德为求卧龙而三顾茅庐的故事更为诚信提供了一个经典的例证。风再大、雪再狂，也没有使求贤若渴的刘备退缩，结果他的诚信打动了卧龙孔明那颗高傲的心，不但忠心辅佐刘备，而且为了兴复汉室，完成托孤重任而鞠躬尽瘁。试想假如刘备当日心浮气躁而往，卧龙还会出山，还会有流传后世的三国鼎立吗？诚信，既是治国之道，兴邦之计，也是每个人的立身之本，修德之道。树无根不活，人无诚难成事。

学生3：晋灵公三年，赵朔及其家人被害，临死时将自己的唯一骨肉托付给他的两位手下程婴和公孙杵臼。由于仇家得知其有一男孩，他俩要护送赵氏孤儿出城……于是程婴做出了"牺牲自己，保全孤儿"的选择。

学生4：……

……

主持人2：听了这些小故事，相信大家有了共同的感受，那就是：诚信就在我们身边！

（4）诗朗诵《天使、翅膀、诚信》

拥有诚信，一根小小的火柴，可以燃烧一片天空。

拥有诚信，一片小小的绿叶，可以倾倒一个季节。

拥有诚信，一朵小小的浪花，可以飞溅起整个海洋。

相信诚信的力量，它可以点石成金，触木为玉。

精诚所至，金石为开。

不信不立，不诚不行。

诚实是智能之书的第一章。

诚实和勤勉应该成为你永久的伴侣。

言不信者，行不果。

诚信是黏合剂，拥有它，我们的集体更加团结。

诚信是七彩笔，拥有它，我们的人生更加绚烂。

拥有诚信，我们更加文明。

诚信，让我们扬起了自信的风帆。

诚信，让我们实现了文明的承诺。

为了我们的明天，让我们再一次诉说我们的誓言：明礼诚信，共创未来。

主持人1：诚和信是相辅相成的，有诚方有信，有信则会更诚。诚信是多种多样的，对国家的诚信，叫"忠"，对父母的诚信叫"孝"，对朋友的诚信叫"义"，对真理的诚信叫"德"。有诚信，世界才有美丽；有诚信，世界才有真情；有诚信，世界才有明天。拥有诚信，我们的明天会更美好。请欣赏小合唱《明天会更好》。

（5）诗朗诵《诚信是金》

未到秋天，树叶便一片一片地落下，

在风中奔跑的是蚂蚁还有比蚂蚁更多的诺言，

于树叶之前抵达大地的肺部，

而今，诺言在地里生根发芽。

来年秋天的时候，

谁能收获整树的果实？

一个人要怎样才能行走并一直行走，

才能度过漫长的一生？

窗外，满街行走的人掩面哭泣，

我将十九年的光阴卖了，

换取最后一点坚强维系原始的善良，

活着，我们谁都需要一些勇气。

用手指或脚趾，

卸下脸上的面具。

风中歌唱的是谁的耳朵？

梦想贬值的年代，

信仰流浪在外，

我们一起筑一面篱笆，

围住那一份原始的真诚。

在神祇的嘴唇上，

善良的心才会闪闪发光。

在这个充满阳光的世界，

我们生活得很好，

至少不会让肚子挨饿，

心灵却一片空白。

除了诚信之外，

人们能够出卖的，

就只有自己的灵魂。

诚信是一块金子，

一些人将它握在手心。

诚信是一堆粪土，

一些人将它踩在脚下。

也许会有那么一天，

诚信这种品质将变成一种食物，

和米饭一样盛行民间。

当我们躺在一堆黄土之下，

黄土上面的杂草，

是我们对生前深深的忏悔。

我们在另一个世界很好地活着，

不同的是，

我们会诚实地做好每一件事，

构建我们的天堂，

即使贫困再一次来袭。

主持人：谢谢同学们精彩的朗诵。这充满哲理的诗句给了我们深刻教育，下面请结合"作弊"谈一谈自己对诚信的理解好吗？

学生1：我认为学生不能丧失诚信。在人的一生中，我们会得到许多，也会失去许多，但守信用却应是始终陪伴我们的。以虚伪、不诚实的方式为人处世，也许能获得暂时的"成功"，但从长远看，他最终是个失败者。这种人就像山上的水，刚开始的时候，是高高在上，但会越来越下降，再没有一个上升的机会。

学生2：古人说过，"知之为知之，不知为不知，是知也。"一场考试舞弊得逞，能说明你把这个问题搞清楚了吗？不做老实人，而最终受伤的还是你自己！试想，如果在学生时代我们就随意糟蹋自己的信用，获得虚假的成绩，以后怎么能参加明日的就业竞争？考试作弊也会损坏校园里公平公正的气氛。

学生3：每个人都不诚实，于是同学之间便无法处于同一起跑线，竞争也不再公平。通过作假而得到机会，必定是以牺牲其他优秀同学利益为代价的，这对于未来的人才选择是极大的打击。国家建设需要的是有真才实学的人，而不是滥竽充数的南郭先生。因此，请每位同学都珍惜自己的信誉，守住一片纯净的心灵！近年来，诚信日渐成为当今中国社会的一种正在缺失的资源。

学生4：今年1月9日的《文汇报》中有这么一条消息：北京师范大学从期末考开始，考试作弊者增修诚信课，北师大以此劝阻作弊的学生，帮助他们树立诚信意识。"诚信"课程采用课内诚信教育学习和课外公益诚信劳动相结合的教学方式，学生取得该课程学分后才能获得重修资格，没能取得该课程学分的人不能获得本科毕业资格及申请学士学位。同学们，我们都需要诚信，需要诚信构建自己的事业基石。

学生5：诚信，顾名思义就是诚实守信、不虚假、不欺骗，言行一致。信守承诺，是答应友人今天赶到，即使刮风下雨也不违约的忠诚；信守承诺，是企业树立形象，占领市场的法宝；信守承诺，是忠于自己的信仰，坚守自己的操行，即使千难万险也不改变的气度。奔驰汽车享誉全球，除因为质量一流外，更多的是对承诺的守信；可口可乐为什么占领了世界大半市场？除了口感独特外，是因为对承诺的忠诚。信守承诺是动人的，是美丽的。诚信是打动别人，战胜自己的保证。

学生6：……

……

主持人：那么作为一名中学生，我们还不必去迎接社会的风浪，那我们有没有在接受着诚信的考验呢？有。我们的诚信精神体现在哪里呢？那就是不作假，作业不作假，说话不作假，考试更不能作假。

(6) 主持人结束本次班会

主持人1：诚信，就像太阳，若没有了它，世界就一片黑暗。

主持人2：诚信，就像开心果，若没有了它，生活就平平淡淡。

主持人1：诚信就是精神，诚信就是财富。

主持人2：诚信是我们的避难所，也是我们的银行。

主持人1：诚信就是诚实，诚信就是守信，诚信就是许诺后的行动。

主持人2：诚信就是一根不屈的脊梁。诚信，是世间最美好的东西。

主持人1：诚信是小朋友将拾到的一分钱放在警察叔叔手里时脸上的欣喜。

主持人2：诚信是少先队员宣誓时眼中的光芒。

主持人1：诚信是开国领袖面对新中国第一缕曙光作出的中国人民翻身做主人的承诺。

主持人2：也许，我们不会变得伟大，但我们必须言而有信。

主持人1：也许我们并不美丽，但平凡的外表必须保存一颗信守承诺的心。

主持人2：我们可以没有金钱，可以没有地位，可以没有荣华富贵，但我们决不能没有信守承诺的人品。

主持人1：我们为人处事都应讲究诚信，信守承诺。讲诚信，守承诺，是一个人立身处世的根本。

主持人2：信守承诺，则处世易，立身易，行事易，将因此而拥有充实而多彩的人生，绘出壮美的人生蓝图。反之，则处世难，立身难，行事难，人生将变得黯然失色。

主持人：朋友，请把"言必行，行必果"当做你行事的座右铭吧！

5. 活动后的反思

诚信是增进情感的润滑剂，在生活中，人们难免与朋友发生这样或那样的误会，那么消除误会的最好方法即以诚信待人，诚信是开启心灵之门的钥匙，只要我们以心换心，就会消除误会，增进情感。朋友受挫流泪时，你的一个真诚的微笑，一句劝慰，也许会驱散朋友心中的乌云；朋友成功喜悦时，你报以热烈的掌声，一句祝贺的话语，更能鼓励友人在以后的日子中一路走好。

如果人们走入了失去诚信的沼泽，那将是怎样一种情形呢？看似平坦的草地，可能就是泥潭；看似坚实的大道，可能就有陷阱；看似美丽的鲜花，可能布满毒刺，这就是失去诚信的世界。在没有诚信的世界里，人们互相伤害，没有人拥有安全感。诚信对于我们的生活，如同阳光、空气、水一样重要。诚信是市场经济的基石，市场经济本身就是信用经济，在文明社会里，一个人在社会上的立足与发展离不开诚信，诚信是全社会的需求。

这一轮的信用行为构成下一轮的信用代价，也可能构成下一轮的信用财富，这种轮回是以诚信引导诚信，构成循环。诚信教育是靠一点一滴积累建立起来的。让我们从现在做起、从我做起、从身边小事做起，做到明礼诚信。只有这样，才能取信于他人，服务于社会，奉献于人民和国家。

四、培养学生积极进取的精神

初二（8）班共有三十九名同学，是我校的一个特色班。同学们总体素质较好，尤其各科学习成绩均居年级第一。但由于目前社会上一些不良倾向及片面追求学习成绩的影响，使得一部分同学片面发展，头脑中满是学习、升学、成绩等，对思想品德的提高、积极加入共青团组织等却漠不关心；还有一部分同学，对共青团组织缺乏应有的正确认识，害怕同学们嘲笑，不敢申请入团。针对班内现状，班委讨论研究决定，组织开展以

"共青团在召唤"为内容的主题教育活动。

（一）如何培养学生积极进取的精神

初二年级的学生，正处于人生观、价值观形成时期，希望通过这次主题教育活动，引导学生提高认识，在思想上积极要求进步，使他们了解共青团组织的性质、任务和要求，积极争取加入中国共产主义青年团，使学生初步树立正确的人生观、价值观，从而增强班集体的凝聚力，形成积极向上的良好班风。

（二）活动前的准备

1. 班主任培养学生积极进取的准备

（1）班主任认真阅读《中国共产主义青年团章程》，并做到针对学生目前思想上的模糊认识，有的放矢地宣讲团的基本知识。

（2）召开班委会，围绕如何组织主题教育活动展开讨论，并就整个活动做好干部工作分工：宣传委员和生活委员负责布置教室和板报；体委和学委统计班内已取得的集体和个人成果，班长负责整体协调。

（3）动员全体同学收集有关共青团的基本知识，优秀青年、优秀共青团员的先进事迹，及二十一世纪青少年应具备的基本素质要求等资料。

2. 学生要做的准备

（1）学生利用课余时间查阅有关于团的基本知识的资料，围绕对团组织的认识等问题进行思考，并以小组的形式交流自己的想法。

（2）班委会讨论确定班会主持人，选择优秀稿件和班会发言人。

（3）班委会组织参加少年团校的同学召开座谈会，谈个人对团组织的认识，选择两至三人在班会上发言。

（4）班委会成员和主持人共同拟写班会主持词和班会程序。

（5）同学自由组合成六组手工制作团徽；利用自己的专长（如电脑、绘画等）设计班徽图案。

（6）班委成员分两组对部分家长就关于他们读书时代加入共青团的感想和对子女加入共青团的看法和想法进行采访，并邀请他们以及校团委书记、部分任课教师参加主题班会。

（三）教室的布置

教室前黑板正上方悬挂由学生亲手制作的团徽，在团徽下书写班会主题《共青团在召唤》。

教室后黑板是介绍团组织的板报，并展示各小组精心设计的班徽。

（四）具体活动过程

主持人1：红旗，你是烈士鲜血染成。

主持人2：红旗，你象征着革命的胜利。

主持人1、乙合：红旗，你辉映着祖国的万水千山，辉映着神州的锦绣大地。

主持人1：红旗在我们这些生在新中国、长在红旗下的新一代青少年心中飘扬。鲜艳夺目的旗帜，是革命先烈的鲜血染成。无数英雄先烈、志士仁人抛头颅、洒热血，前赴后继、艰苦卓绝的斗争，换来了我们今天美好的幸福生活。在中国革命的伟大历史进程中，共青团组织发挥了重要的作用。

主持人2：请听团的光荣历程。（配乐）

同学1：1922年，在中国共产党的领导和帮助下，中国社会主义青年团第一次代表大会的召开，宣告了中国青年团的诞生。

同学2：之后，团组织积极响应党的号召，宣传革命道理，引导青年积极投身于伟大的革命洪流中。

同学3：1925年，团的第三次代表大会上，中国社会主义青年团改名为中国共产主义青年团。

同学1：1926年，北伐战争开始，党领导下的共青团投入到反对帝国主义走狗、北洋军阀的武装斗争中。

同学2：1935年，日本加紧对我国进行侵略，中华民族处于生死存亡的紧急关头，青年团再次投入到抗日当中。在斗争中涌现出刘胡兰、董存瑞等英雄。

同学3：1949年，中华人民共和国诞生，中国青年团进入了一个新的历史阶段，投身到轰轰烈烈的社会主义革命和建设中。

主持人1：请班内同学朗读自己搜集的英雄事迹。

同学1：李大钊面对敌人的威逼利诱，从容不迫，义正言辞地演讲说："我们宣传的马列，已经培养了许许多多革命同志，如红花的种子撒遍全国各地。这种子需要用鲜血浇灌，它们会开艳丽的花朵。"作为一名中学生，我应该严格要求自己，积极争取加入共青团，为祖国的事业奋斗。

同学2：毛泽东带领中国人民站立起来，建立了新中国，这里面有无数英雄倒下，又有无数的英雄站起来，我也应该向他们学习，为祖国的繁荣昌盛奉献自己的一份力量。

同学3：像李大钊那样，为了让中国大地插上鲜艳红旗而英勇献身的先烈，还有把一生献给"可爱的中国"的共产党人方志敏、东北抗日女英雄赵一曼……都是我们的榜样。

主持人1：这些先烈中不仅有共青团团员，还有许多是光荣的中国共产党党员。

主持人2：我们大家看那团徽下的麦穗和齿轮，它象征着共青团在马克思列宁主义、毛泽东思想的光辉照耀下，团结各族青年，朝着党所指引的方向奋勇前进；代表着全国人民齐心协力、团结奋斗，没有全中国人民的共同努力哪有我们今天欣欣向荣的祖国？

主持人3：同学们看看我们集体已获得的奖励，哪一次不是全班同学的共同努力。年级拔河比赛第三、广播体操比赛第一，校秋季田径运动会团体总分第二等等。

主持人1：初中时代，我们正处于人生的黄金时期，德、智、体全面发展。积极争取加入共青团，是每个人都应该做的。

主持人2：请大家一起来学习《中国共产主义青年团章程》。

主持人3：把团章发到每一位同学的手里。

同学们大声朗读，然后展开热烈的议论。

同学4：我在班里的成绩还可以，但初二是一个转折期，是学习的关键时期，所以我把全部的精力放在了学习上，认为学习才是最重要的。当我学完团章后，对团组织有了初步了解。一个人不仅要学习好，还要注意自己的思想提高和品德培养，我及时写了入团申请书，积极争取入团。

同学5：我既不是班长，也不是组长，是初二（8）班普普通通的一员。我的学习不是太好，怕同学笑话，不敢申请入团。这次活动使我明白了应该怎样做，我准备明天就向团组织递交入团申请书。

同学6：我一直很想入团，可是老师推荐了十名同学——都是学习成绩好的同学——参加少年团校，所以我就不想入团了。

班主任：听了这位同学的话，我的触动很大，我向同学表示歉意，在推选参加少年团校的同学时，没有征求同学们的意见，伤害了一部分同学的积极性，这是我工作中的失误。共青团的大门是向着每一位积极进取的同学敞开的，希望每位同学振作精神，严格要求自己，以实际行动靠近团组织，争取早日跨进共青团的行列。

班长：作为一名班长，我的学习成绩还可以，但是在各方面缺乏对自己的严格要求，听了刚才那位同学的话，我很惭愧。学习了团章之后，使我更明白要想成为一名真正的共青团员应该在德、智、体诸方面严格要求自己，作为干部更要起好模范带头作用，请同学们监督我。

同学7：听了同学们的发言，我很受教育。少年团校的学习，使我了解了中国共青团创建和发展的历史，明白要成为一名团员，不仅学习成绩要好，而且要在学校同学中起模范带头作用，也明白了当一名团员不仅是拥有一个光荣的称号，更重要的是要有为实现共产主义的崇高理想履行自己应尽义务的责任感。

同学8：在参加少年团校之前，我认为自己够一名团员的资格。在团校学完之后，我知道了要想成为一名团员应具备思想进步、积极参加社会各项活动、良好的品德、虚心向群众学习四个标准。我今后要用这四个标准严格要求自己。

学委：我自认为自己学习好，在和同学相处的过程中伤害了一部分同学的自尊心，在班主任找我谈过话和学习了《团章》之后，使我认识到了自己的缺点，一个人的成长离不开他的集体和组成集体的成员，我会努力改正的。

同学6：听了同学们的话，我很感动，从今天开始，我也要严格要求自己，不仅要把自己的学习成绩搞上去，还要加强其他方面的学习，改正自己的缺点，也希望同学们肯帮助我！

同学们随着音乐的响起一起唱《让我们荡起双桨》。

主持人2：多么动听的一首歌，让我们像歌中所唱的那样，一起努力吧！以上几位同学的发言，情真意切，慷慨激昂，下面请我们班主任老师讲话。

班主任：我也是初二（8）班的一员，自然和大家有同样的愿望。愿我们初二（8）班集体天天进步、蒸蒸日上，愿大家勤奋进取，都能成为德、智、体全面发展的合格人才，愿更多的同学踏实努力，早日光荣加入中国共青团。千里之行，始于足下，让我们从现在开始，像无数先辈志士那样，使自己生活得有意义、更充实；无论遇到什么情况都不气馁、不退缩。只要付出持之以恒的劳动，就一定会结出成长进步的成果。

主持人3：请家长为我们讲讲您们青年时代入团的情景。

家长：记得我们上学那会儿，认为入团是一件非常光荣的事。胸前佩带着团徽，人人羡慕。虽然现在的环境和对人的要求发生了变化，可争取加入共青团，是你们成长道路上的重要一步，你们会在团组织中学到许多道理和知识，它会给你们指明人生的道路。

主持人1：请校团委老师讲话。

团委老师：听了同学们的发言，我很高兴，每位同学都表明了自己争取入团的愿望，我相信并希望你们把良好的愿望变为脚踏实地的行动。团组织欢迎你们。

主持人2：让我们一起唱《光荣啊，中国共青团》。

主持人1、2、3：《共青团在召唤》主题班会到此结束。

（五）活动后的反思

（1）这个主题教育活动的开展，把老师带回到自己中学时代加入共青团的情景，这对老师也是一个教育、提高的过程。

（2）对于学生来说，他们渴望解决一些思想中的困惑，也会乐于参与到活动中去，展示自己的才能；主题教育活动的整个过程会给同学们不小的震撼，使他们得到一定的启示，会有一些同学很快拿出加倍的努力，积极争取入团的。

（3）家长参加这个班会也会受教育，同时也感受到了孩子们要求进步的愿望。

第二章 中学生道德培养案例

一、培养学生的公民意识

马丁·路德说：一个国家的前途，不取决于它的国库之殷实，不取决于它的城堡之坚固，也不取决于它的公共设施之华丽，而在于它的公民的文明素养，即在于人民所受的教育。

目前，班内学生独生子女占绝大多数，大部分学生能够做到互相关心、互相帮助、尊重他人、助人为乐。但是，也有相当一部分学生受家庭、社会不良现象的影响，或多或少存在一些不文明的行为。为了大力加强校园文明建设，加强班级文明建设，使养成教育深入、扎实地在学生中扎根并取得实效，真正提高大家的综合素质，召开班会是最好的选择。

（一）培养学生道德品质

（1）让学生理解"公民道德规范"二十字的含义，争做文明小公民。

（2）培养学生良好的道德品质，根据自己的道德认知能力、道德判断能力，就不同的环境和具体情况做出最佳判断，做出相应的道德行为。

（3）学生能自觉地按《小学生日常行为规范》内容规范自己的行为，由此使学生注重良好习惯的养成，不断提高自身素质。

（二）活动前的准备

1. 班主任培养学生道德品质的准备

人的道德品质的养成是从零岁开始的，可是，我们的家长更注重的是儿童的养育，老师则注重的是儿童的智力，忽视了对孩子的道德品质教育，使儿童的一些不良品质在孩提时代就形成了，到了成人后再进行纠正和教育，结果是事倍功半，德育低效，甚至无效。因此，让学生养成好习惯尤为重要。班会以身边的人、平凡的事为内容，达到让学生自己教育自己的目的。

2. 学生应做的准备

学生收集有关同学、邻里、父母、兄长文明或不文明行为的资料（摄制录影带、拍摄照片、写成文字材料等）。

学生查阅与文明、习惯有关的资料，思考作为一名学生应该养成哪些好习惯，从自身感受谈起。

学生编排表演有关文明行为的小品，摄制录像带，拍摄照片，撰写文字材料等。

3. 教室的布置

黑板："争做文明小公民"（"文明"两字比其他字大，字的颜色也不同。）

墙报："爱国守法，明礼诚信，团结友善，勤俭自强，敬业奉献"。

宣传栏：学生拍摄的有关文明行为的照片，学生画的有关文明行为的漫画，学生写的有关文明这个话题的文章。

（三）具体活动过程

1. 班长导入（笑话）

从前，有个张三学剃头，师傅让他先用冬瓜为模型练习。张三学得很快，每次都能把冬瓜刮得干干净净，只是养成了一个坏习惯，只要别人一叫他，他总是将剃刀插在冬瓜上。有一天，师傅让他给顾客剃头，他干得干净利索，赢得顾客的好评。正在高兴之际，师傅叫他去办一件急事。像往常一样，他熟练地将刀子插了下去……

同学们，是张三有意杀人吗？不是，是习惯在作怪。习惯是人们不断重复去做而形成的一种不自觉的行为，不同的人有不同的习惯。从理论上讲，习惯是人在学习、生活、为人处事等方面养成的相对固定的模式，是一个人素质高低的反映。在我们周围，经常会看到有些人不文明的行为，这和这些人从小没有养成讲文明的好习惯有很大的关系。二十一世纪是个文明发达的世纪，文明是每个公民的基本素质。这次班会的题目就是《争做文明小公民》。

2. 学生看思想道德公益广告《将爱心传递下去》

主持人：我们都渴望拥有良好的公共环境，这个良好的公共环境要靠我们所有人去创造。现在，国家颁布了公民的基本道德规范，作为小公民的我们也同样要遵守。请看思想道德公益广告《将爱心传递下去》。

《将爱心传递下去》的故事内容是，晚上妈妈给儿子洗完脚以后，又给婆婆洗脚，孩子看到妈妈的举动后立即也给妈妈端来一盆洗脚水。

3. 学生齐背《公民道德建设实施纲要》最基本的二十个字

主持人：刚才同学们看的片子是根据《公民道德建设实纲要》的内容拍的，让我们一起背诵一下其中最基本的二十个字。

全体同学：爱国守法，明礼诚信，团结友善，勤俭自强，敬业奉献。

4. 学生们看自己拍摄的录像，指出不文明行为

主持人：下边我们做个游戏，名字叫"黄金眼"。游戏是这样的：我们先播放同学们拍摄的一些片子，大家看看片子中有哪些不文明的行为，然后进行抢答，答对一题加十分，最后我们评出前三名。

第一个片子内容：画面中依次出现一个"注意防火"的牌子，牌子上还画着一团火和一个灭火器；写着电话号码、地址、贴着小广告的宣传牌、广告牌等。

主持人：请回答片子中哪些行为不文明？开始抢答。

学生：在街头竖立的宣传牌多半是电脑刻字，既美观又规范。可有些不讲文明的人，为了自己的方便或为了搞点恶作剧，涂改上边的字或在上边写和画，这种行为不文明。

第二个片子内容：在动物园的狮虎山，一只老虎正在睡午觉，旁边立有禁止向动物扔杂物的警告牌，但还是有不少人向老虎身上扔石头要把它砸醒。在熊山，许多人一边逗狗熊一边将手中的东西投给狗熊，有香肠、香蕉皮、苹果核等。

主持人：请回答片子中哪些行为不文明？开始抢答。

学生：不让动物好好休息，乱投东西给动物吃，动物会生病甚至死亡，这种不爱护动物的行为不文明。

第三个片子内容：春天，刚发芽的柳树枝上只剩下稀稀落落的一点儿柳芽；夏天，绿油油的草坪上有的人在踢球，有的人躺在上面；秋天，香山的路上有的游人手里拿着红叶；冬天，有人用力踹树，恶作剧，使树上的雪落在别人身上。

主持人：请回答片子中哪些行为不文明？开始抢答。

学生：花草树木可以净化空气、美化环境，这种不爱护花草树木、不保护环境的行为不文明。

第四个片子内容：马路被挤得水泄不通，一辆小汽车堵住了对面一大串车的去路。汽车司机在那儿赌气，不但不让，还索性下车耗着。有的人急得直接喇叭，可小车就是不理，行人从车的缝隙中穿行。

主持人：请回答片子中哪些行为不文明？开始抢答。

学生：只考虑自己的利益得失，不为他人着想，影响交通，这种行为不文明。

第五个片子内容：画面依次出现滴着水的水龙头，大白天开着灯的明亮教室，扔在垃圾箱里的馒头、白纸。

主持人：请回答片子中哪些行为不文明？开始抢答。

学生：这些人不爱惜粮食，不节约水、电等，他们这种行为不文明。

5. 学生看自己拍的照片，指出不文明的行为

主持人：同学们做生活中的有心人，拍了些照片，请你看一看照片中反映了哪些不文明的事？

第一张照片内容：挂在电线上的风筝。

文字内容：风筝说："偏在天桥上放！偏在天桥上放！这回满意了!?"

主持人：你能说一说你看后的想法吗？

学生：在天桥上放风筝很危险，风筝挂在电线上还影响都市景观，这些人公德意识淡漠。

第二张照片内容：狭窄的楼道中堆放着杂物。

主持人：你能说一说你看后的想法吗？

学生：在楼道里堆放杂物，一是影响住户们走路，二是存在不安全的隐患。这种人缺乏公德意识，不讲文明。

第三张照片内容：残缺的垃圾桶。

文字内容：垃圾桶说："别把我的上衣拿走！"

主持人：你能说一说你看后的想法吗？

学生：有些人偷走垃圾桶套在自己家的煤气罐上，方便了自己，却损害了他人。因为没有外桶，垃圾全都暴露在外面，影响了我们街道的美观。这种人太不道德了。

第四张照片内容：一群学生在麦当劳内大吃大喝，身上穿着名牌衣服，手上戴着高级手表。

文字内容：生日PARTY，一学生讲："我老爸有的是钱，随便点！"

主持人：你能说一说你看后的想法吗？

学生：不努力学习、工作，衣来伸手，饭来张口，对父母不关心体谅，缺少爱心。连自己的父母都不关心的人，很难说会关心他人和社会。

6. 学生自我教育，《文明，就差这一点》（小品）

主持人：习惯的养成不是一朝一夕能完成的事，这就要求我们每个人严格约束自身言行，做到天天遵守、时时克制，直到非常熟练，成为生命的一部分，想丢也丢不掉，便成了好习惯。对于一个集体，只有多数人养成了好习惯，才能形成好风气；只有形成了好风气，才能促使其他的人更加进步，才能使我们的社会更加美好。下面由同学们表演自编的小品节目，《文明，就差这一点》。

第一个小品

旁白：为了保护同学们的视力，每周的星期一我们都要调换座位。今天又到了星期一，小智一大早来到教室。

小智：先坐到上周座位上，把兜里的东西整理好，放到本周要坐的座位上，又用抹布把以前用的桌子里外擦干净。

旁白：一会儿，小慧也来到教室。

小慧：也像小智一样先把原来的位子整理好，然后再坐到自己的新位子上。

旁白：同学之间应该团结友爱，举手之劳间传递着友情。

第二个小品

旁白：小区里新建了健身场，每天都有很多人到这里锻炼身体。

同学甲：在双杠上健身。

同学乙：在做仰卧起坐。

同学丙：荡秋千。

同学们都在玩着自己喜欢的项目。

一会儿，同学们交换彼此的健身器材。

旁白：物质生活提高了，精神生活更要提高。健身同时又健心，身心都健康。

第三个小品

旁白：某企业招聘人才，这天来了两位应聘者，他们条件相当。

人事经理：你应该在十点钟来应聘，为什么迟到了？

应聘者甲：（小腿不停抖动）我起晚了。

人事经理：你为什么要来我公司应聘？

应聘者甲：我要月薪丰厚，我要福利劳保，我要房子车子，我要……（洋洋得意样）

人事经理：对不起，我们公司不用你这种不守时，没有任何贡献就提条件的人。

应聘者甲：低头退场。

旁白：紧接着人事经理叫进第二个应聘者。

应聘者乙：（进门前在脚垫上蹭掉鞋上的土，敲门后，得到允许后进入）您好，我是来应聘的。

人事经理：请坐！

应聘者乙：谢谢！（落座）

旁白：正在这时，进来一位长者。

应聘者乙：迅速起立，为长者让座。

旁白：很快面试结束，应聘者乙有礼貌地和经理告别，走到了门口，发现在过道的地上有一个烟头。

应聘者乙：弯下腰捡了起来，扔到了过道拐角的垃圾桶里。

人事经理：请你下个星期上班，先试用三个月。不过，我想你这个素质高的人会通过试用期的。

7. 学生讨论交流有关文明的话题

主持人：我们看了这么多、听了这么多有关文明这个话题的事例。现在，同学们自由讨论交流对文明这个话题的看法。

学生甲：同学们都喜欢看动画片，我给大家放一段《蜡笔小新》里"小新遛狗"的故事。

故事内容：小新出发前，妈妈给了他一个黑塑料袋和铲子，让他将小狗随地拉的大便铲起装进袋子里。小新很听话，最后还把盛有小狗大便的塑料袋带回了家。（他还以为妈妈有收集小狗"便便"的爱好呢。）我想这虽然是个笑话，但养宠物的人都应该像小新那样，遛狗时带上袋子和铲子，这样，小狗的"便便"就再也不会满地都是了。

学生乙：上星期日，我去省图书馆的大自习室看书，可是自习室里一会儿手机响，一会儿又呼机响，吵得整个自习室的人无法安心看书。我想这些拿手机、呼机的人，在公共场所，如电影院、图书馆、会议室等地方，应将手机、呼机的铃声关掉，设置成振动的。

学生丙：我先给大家讲一个小笑话，名字叫"创造"。

儿子："妈妈，什么叫创造？"

妈妈："比如你做出了别人没做过的事，这就叫创造。"

儿子："啊，我懂了。比如昨天晚上，你叫我趁下雨从阳台上往下倒脏水，这就叫创造。"

这是个笑话，也不是个笑话。因为，在生活中就有这种人，他们不讲文明，不讲道德，把垃圾乱倒，影响市容。我觉得我们应该从身边小事做起，不乱扔废弃物，保护环境卫生。

学生丁：现在天凉了，感冒的人多了，在公共汽车上，在地铁里或其他人多的地方，咳嗽的时候要捂着嘴，以免影响他人健康。

学生戊：我想我们要学好英语，了解外国人的一些礼仪方面的知识。在世界各个国家的人们面前展示我们中国人的精神面貌。我们除了会使用中文的礼貌用语外，还要会使用常用的英文礼貌用语。现在，我说中文，请你们说出英文。

早上好！（Good morning!）

下午好！（Good afternoon!）

晚上好！（Good evening!）

请这边走！（This way, please!）

不用谢/你太客气了。（You are welcome.）

对不起/很遗憾。（Sorry.）

谢谢。（Thank you.）

有什么可为你帮忙的吗？（Can I help you?）

您好！（How do you do?）

回头见。（See you later.）

多保重/再见。（Take care.）

认识您太好了。（Nice to meet you.）

我们不但要自己会说这些礼貌用语，还要当小老师教自己的亲戚朋友们说。

8. 班主任总结

在这次班会的准备和召开过程中，我高兴地看到每一个同学都积极主动、认真地参与到整个活动中来，表现出了极高的主人翁精神和热情，希望大家将这种积极进取、勇于创新的精神发扬下去。

这是一次非常成功的班会，大家通过从身边收集到的很多不同方面的小事，认识到习惯虽小，造成的影响却很大。因此，我们要按《中小学生日常行为规范》中的要求规范自己的言行，从我做起，从小事做起，从现在做起，做文明人，共建文明、美好的幸福家园。

（四）活动后的反思

通过这次班会，同学们振奋了精神，明确了方向，更加热爱班集体，立志从我做起，从现在做起，不断养成好习惯，提高自身素质，立志将来报效祖国。

在班会的准备过程中，学生们自发地拍摄录像、照片，排演节目，整个过程使学生们受到了极好的教育，这种教育是学生们的自我教育，不是教师空洞的说教，学生更容易理解和接受，更容易变为学生们的自觉行动。《中小学生日常行为规范》对学生的行为做出了明确的规定，学生通过这次班会对它的理解更深刻了，相信它将成为学生们今后行为的标准。

二、社会公德的培养

残疾人事业的发展，是一个国家文明进步的标志，只有把关心残疾人事业变成全社会的自觉行动，残疾人事业才会有更大的发展，全社会的文明程度才会真正提高。但是，我们现在看到的情况却不尽如人意。在社会上，歧视残疾人的事件屡屡发生。就在我们的身边，也经常会看到一些不尊重残疾人的现象，甚至在校园里，一些人还取笑残疾同学的生理缺陷，背地里称呼他们"小瘸子"、"小四眼儿"等等。他们对残疾同学的绰号叫得是那么轻松自在，一点儿也没有意识到残疾同学内心有多么痛苦，一点儿也不理解残疾同学每天来上学，需要多么大的勇气，需要克服多么大的困难。因此，我们很有必要在少先队中队里搞一次中队活动，来增强少先队员的扶残助残意识。

（一）培养学生的社会公德意识

通过活动使每个少先队员都自觉的建立起社会公德意识。知道文明应该从我做起，文明应该从小事做起。把扶残助残当成同学们的自觉行动，是少先队的责任。我们要帮助同学们提高对残疾人事业的认识，在每个少先队员心里深深埋下"平等关怀"的种子，把扶残助残变成自己的自觉行动。

（二）活动前的准备

1. 各小队分头找一两位残疾人做调查访问，调查的内容是：

"您生活中有什么困难？"

"您是否愿意接受别人的帮助？"

2. 组织少先队员们去福利工厂参观，了解残疾人是怎样自强不息、勇敢地面对生活的挑战的。在参观中，要求队员们以"平等"、"尊重"的心态与残疾人交流，避免猎奇，使参观访问收到预期效果。

3. 召开中队委员会，围绕以下主题进行讨论：

a. 残疾人作为弱势群体，为什么应该得到全社会的尊重和关怀呢？

b. 残疾人对社会有什么贡献？

c. 我们作为中学生，能为自己身边的残疾人做点什么呢？

d. 用怎样的心理去帮助残疾朋友？

e. 当我们看到不尊重残疾人的事情时应该怎么办？

4. 队员们分头去借残疾人使用的用具，如拐杖、盲杖、轮椅等，做一天"残疾人"，试试看会有什么感受。

5. 布置教室：制作两块大展板，上面有从报刊、杂志上收集的各种资料：有政府部门"关于残疾人平等参与社会"的政策法规宣传，有国内外残疾人自强不息、创造奇迹的报道，也有不尊重残疾人的情况报道（展板由全体队员在中队会前共同制作完成）。

（三）具体活动过程

1. 中队会开始仪式

上课的铃声响过，队员们个个严肃。按照队会仪式的要求，全中队的少先队员呈"U"形队列端坐好，旗手庄严地擎着鲜红的队旗，等候在一旁。中队辅导员也带上了红领巾，和全体队员一样，非常严肃地等待着中队会的开始。黑板上书写着"理解、尊重、关心、帮助"几个红色的大字，格外醒目。

中队会仪式过后，中队长宣布《一天的体验，一生的收获》主题中队会现在开始。

2. 汇报"做一天残疾人"的感受及社会调查

队员1：那天，我体验了一天做盲人的感觉。从早上起床开始，我就蒙上了双眼。开始，我还觉得挺好玩，可衣服还没穿完，我就憋得受不了了。眼前一片漆黑，还得摸这摸那的，一会儿碰到头，一会儿碰到脚，想找什么都找不到。最让我难受的是，我不知道这时天亮到什么程度了，我就喊："妈妈，今天天气怎么样？""半阴。"妈妈说。半阴是个什么天？偷偷看一眼吧。不行，要坚持，我给自己鼓着劲儿。吃早点时，我竟把手伸进了妈妈的牛奶杯里。听电视的滋味也不好受……这一天怎么这么漫长，眼睛看不见，真是太痛苦了。

队员2：我也体验了一天做盲人的感受，还在爸爸的搀扶下，去楼下散了步。这一路上我能听见汽车从路上驶过，听见小朋友们追逐嬉戏，爸爸扶着我不住地说："往左点，那里有一堆木料；往右点，那里有一个坑；再往这边点，前方有个井盖子翘着；再往那边点，前方停着一辆车；……"唉，怎么我一蒙上眼睛，爸爸的话就特别多呢？我知道，那不是爸爸的话多，而是街道的障碍太多，情况太复杂了。

队员3：我原来以为做残疾人没什么了不起的。以为盲人就只是看不见东西而已。我想，睡觉时不也闭上眼睛，躺在床上不是照样挺舒服的吗？那一天，我用一块黑布遮住了眼睛之后，才真的知道了什么是一片漆黑了。吃饭的时候，我用鼻子在桌子上闻了又闻，想找一找我爱吃的菜在哪里，可是，这鼻子太不争气了！妈妈告诉我："你爱吃的土豆丝就摆在你的面前呢！"我夹了又夹，费了好大力气才夹上一点。爸爸说："等你吃完饭，你的衣服可以当抹布了！"唉，菜汤弄了一身。

队员4：那一天，我体验了一天双腿残疾的残疾人生活。我在屋子里拄着双拐从这屋走到那屋，拐杖打地的声音"嗒、嗒、嗒"地响。开始，我觉得这声音挺好玩的。我就不断地走呀走呀，爸爸妈妈看见了，谁也不理我。快吃饭了，我像往常一样进了厨房，想帮助妈妈拿碗筷。我一伸手，忘记了我的重心在双拐上，"啪"的一声，我和碗筷一起全都摔在了地上。

队员5：我也体验了一天做肢残人的感觉。妈妈帮我把右臂吊起，像打着沉沉的石膏。我原想，在电视里，我看见过残疾人用双脚写字、绘画、吃饭、工作。我只是右臂暂时'残'了，我还有左手呢！我试着用左手写字，一笔一划，可认真了。可直到我累得满头大汗，连二十个生字也没写完。再看看自己写的字，天呐！这叫字吗？简直就是虫子爬！中午，我用左手拿筷子吃饭，根本就夹不上饭菜。改用勺子吧！我左手攥住勺把，就像狗熊耍马叉，连把饭送进嘴里都找不准方向！

队员6：我体验了一天做耳聋残疾人的感受。虽说耳聋不耽误吃，不耽误喝，也能走，还能跳。但是在周围一点声音也没有的情况下，我的心好寂寞呀！爸爸是相声迷，在看相声，我也凑过去看。只见电视画面上，两个相声演员的嘴一张一合的，爸爸笑得前仰后合的，可我就是不知道他在笑什么呢，真是急死人了！

队员7：我做了一天聋哑残疾人。我以前最讨厌妈妈的唠叨，我都烦死了。我本想，做一天聋哑人，妈妈唠叨什么我都听不见，可以清静一天了，那多好呀。可我没想到妈妈好像看透了我的心思，整整一天，也没跟我说一句话。我的心里真是难受。有好几次，我想跟妈妈说话，可话到嘴边又咽回去了。"我是聋哑人"，我提醒着自己。不能说，也听不见，失去了与别人交流的能力，真痛苦啊！

那位开始认为坐轮椅好玩的队员不好意思地站起来说："我现在改变观点了，坐轮椅真不舒服，腰酸腿疼不说，这轮子可没有腿脚好使……"

"我也坐了一天的轮椅，我还去买了趟冷饮。我的体会是：别人的冷眼比腰酸腿疼更难受，残疾人渴望被尊重。"

"通过这一天的体验，我真的理解了残疾人朋友，他们的生活真是不容易啊！"

"残疾朋友太需要关心了。"

"他们更需要理解！"一个队员抢着说。

"他们也不是自愿当残疾人的。他们在跟特殊的困难做斗争。他们能顽强地生活着，自食其力，不给社会增添麻烦，特别值得我们尊重。"

"2000年悉尼残疾人奥林匹克运动会上，他们获得了那么多金牌，为祖国带来了荣誉，这个份量，到今天我才知道有多重。"

这时，《爱心之歌》的乐曲轻轻地响了起来。

我们都在爱心中孕育生长，
要把爱的芬芳散播到四方，
我们都在爱心中大声地歌唱，
再把爱的幸福带到每个人身上。
……

队员们不约而同地站了起来情不自禁地和着乐曲，借助手语深情地唱起了《爱心之歌》。

3. 讨论今后如何为身边的残疾人朋友做好事

当中队长再次把中队活动的中心议题"我能为残疾人做点儿什么"提出来时，会场又一次热烈起来，大家纷纷表示：

"从现在开始，我要自觉做一个扶残、助残的志愿者。"

"我要主动和我们小区的残疾阿姨做朋友。"

"我要主动为盲人引路。"

"我要主动帮坐轮椅的残疾人推车。"

"我姥姥家附近就有一个福利工厂,我要到那里帮残疾人做些事。我和爸爸妈妈都商量好了,他们可支持我了。"

"我要⋯⋯"

"我要⋯⋯"

队员们的情绪达到了高潮。

4. 诗朗诵、唱歌

这时,中队长宣布:"下面,我们中队的表演艺术家为大家表演诗朗诵。"好!"队员们发出了热烈的欢呼声。

前边就是小河
你看,浪花在石头旁唱歌。
布谷鸟展开翅膀飞走了,
到河那边去,呼唤人们收割。

来,把你的手给我,
让我拉着你过河。
长满青苔的石头多滑,
当心摔倒了,
浪花打湿你的裙子,
石头划破你的脚。

你看,河那边多好,
琴一样好听的是鸟儿在唱歌。
火一样耀眼的是绽开的花朵。
让我们拉着手向前跑吧,
请把你的手给我!

中队长激动地说到:"河那边多好啊,生活多好啊。让我们一同向前跑吧!请再欣赏一首《生活是多么广阔》。"

在优美的音乐伴奏下，另一个队员朗诵道：

生活是多么广阔，

生活是海洋，

凡是有人的地方就有快乐和宝藏。

去参加歌咏队，去演戏，

去建筑铁路，去做飞行师，

去坐在实验室里，去写诗。

去高山上滑雪，去驾一只船颠簸在波浪上，

去北极探险，去热带搜集植物，

去带一个帐篷在星光下露宿。

去过极寻常的日子，

去在平凡的事物中睁大你的眼睛，

去以自己的火点燃旁人的火，

去以心发现心。

生活是多么广阔，

生活又是多么芬芳。

凡是有人的地方就有快乐和宝藏。

一个队员已经悄悄地坐在了钢琴旁，她深情地抬起双手，轻轻地击键，优美的声音像小河的水一样淌了出来，队员们和着熟悉的旋律，动情地唱起了《让世界充满爱》（略）。

5. 队会结束

在《让世界充满爱》的真挚歌声中，中队长宣布队会结束。大家还深深地沉浸在《让世界充满爱》的歌声中。

"准备着，时刻准备着"的呼号，更庄严、更响亮。队旗退下了，但她仍然飘扬在每个人的心中（音乐声不断，《让世界充满爱》的优美旋律一遍又一遍地在教室里回荡）。

6. 活动小结

一个月的时间过去了，我们在中队里做的调查显示：仅一个月，全中队共为残疾人做好事一百余件，与残疾人交朋友十五人次。更重要的是，通过一天的体验，队员们将有一生的收获。在今后的学习、工作中，他们会把对残疾人"理解、尊重、关心、帮助"的行为准则贯穿一生，并能自觉地成为残疾人平等参与社会生活和残疾人事业发展的义务宣传员，进而为促进整个社会的文明进程做出贡献。

（四）活动后的反思

这次主题中队活动收到了很好的效果。不少学生家长反映，开始体验"做一天残疾人"的时候，孩子们只是好奇，当他们体验了残疾人的生活，特别是在主题中队会后，突然长大了许多。不管是在家还是出门，孩子们都有了公德意识。乘车主动让位；人多自觉排队；路遇残疾人需要帮助时，主动上前。家长们感觉孩子们说的文明礼貌用语都显得比过去自然亲切了。

"爱"这个字说说容易，但如何让当今的孩子们真正体会这个字的份量，如何用真心去爱别人，却不是一件简单的事。当孩子们提出"体验做一天残疾人的感觉"的设想时，我就想，这是一个非常好的创意，一定要抓住。今天的少先队员十几年后就是国家建设的主力军，他们的公德意识，他们的精神文明程度，将是整个国家文明的标志。公德意识的教育只有从小开始，才能深入人心。搞好这个活动，教育意义将是深远而广泛的。我积极支持并引导他们深入思考活动的意义，帮助他们设计好活动的步骤。在辅导孩子们深入搞好活动的同时，我自己的心灵也同孩子们一起得到了一次洗礼，感情得到了一次升华。活动结束后，我看到爱心的种子深深地埋在了孩子们的心里，想到它将同孩子们的理想一起升腾，我感到无比的快乐。

三、友情的培养

每个人都生活在群体中，需要通过交往得到群体的认同。人和人之间的好恶感，以及吸引或排斥的心理关系即为人际关系。良好的人际关系和正常的人际交往有利于个体保持心理健康。

对于青少年学生而言，人际关系主要包括亲子关系、师生关系和朋友关系。随着生活自理能力和独立意识的增强，学生想要摆脱父母的约束和教师的说教，青少年更渴望与同龄人进行交流，希望获得同伴的接受、认可和尊重。同龄人交往的影响即朋友之间的影响越来越大。

随着朋友交往密切，一些不好的苗头也出现了，例如，只要他为我做事、给我好处，我们就是朋友；别人对我好是天经地义的，只知道索取不知道付出；当同学为集体的利益而指责自己朋友做得不对时，就会受到别人的攻击等等。究竟应该选择什么样的人做朋友，如何处理朋友之间的关系才能使友谊长久？

（一）培养友情的意识

通过小品、朗诵、讨论等形式的活动使学生体会到友谊是世间最美好的情感之一。从讲述伟人的友谊到身边的友情，使学生理解什么是真正的友谊。从而帮助学生更好地处理人际关系。

（二）活动前的准备

1. 每人写一篇以《我》为题的文章，利用晨会介绍，通过各种特长表演，展现自我风采。在自我发掘以及与同学对比的过程中，端正对自己的认识。对自己有客观的评价，对同学有全面的认识。

2. 学生收集有关朋友的资料，同时进行交流，从而对友谊有一个较为正确的认识。

3. 在班中开辟专栏将同学的自我介绍和对友谊的认识、感想展现给大家。

4. 排练中队会。

（三）具体活动过程

1. 中队长主持中队会仪式

中队长：各小队整队报数，全体立正，唱队歌，出旗敬礼。伴着《朋友》的乐曲，主持人宣布队会开始。

主持人：亲爱的同学们，你们听到了吗？这是一首优美的歌、动人的歌，是一首留给今天、唱给明天的歌。听着这饱满深情的歌，我们仿佛置身于冰雪融化、大地复苏、暖风送绿的美妙世界。

咦！朋友，我听见了，在生活的每一个角落，都有你爽朗的笑声。那与你我同在的"朋友"把春的温暖，春的活力注入每个人的心田，可是朋友在哪里呢？（全体同学边拉手边唱《找朋友》，"朋友"上）

朋友：同学们，你们好！我是朋友。其实我们可是老相识了。因为我就生活在你们中间，每天都陪在你们的左右，给你们带去无数美好的东西，不信吗？请听诗朗诵《我要为友谊歌唱》。

我要为友谊歌唱

我要为友谊歌唱！
春天这个开花的季节，
白玉兰的馨香是那么清远；
小鸽子的叫声从窗外传来，
温柔的风送来蜜蜂的乐章。

我要为友谊歌唱！
友谊驻留在菜花黄上，
是晶莹剔透的露珠；
友谊躲藏在木叶笛中，
轻轻一吹就有动人的旋律；
为河流奔向宽阔的海洋，
为渔船夜晚点亮的灯火。

我要为友谊歌唱！
友谊是人生的明灯，
照亮着孤独寂寞的长路，
温暖着冷冻受伤的心房；

我要为友谊歌唱，
她羞怯真纯的微语，
总是在你不经意的时候，
给你送去点点动人的泪光；
她轻盈飘荡的夜曲，
总是传唱在静静的玫瑰丛旁。

我要为友谊歌唱！
为百灵鸟给森林啼啭的恋曲，
为大鹏在长空拍击的翅羽。

我要为友谊歌唱！
她是无价的宝玉，
是命运最高的馈赠，
是友人最珍贵的财富，
她属于真实淳朴的心，
污浊的灵魂只会将她亵渎。

我要为友谊歌唱！
友谊呀像温暖的春风，
能扫荡寒流吹绿大地；
友谊呀如甜蜜的细雨，
能滋润小草浇灌大树。

我要为友谊歌唱！
友谊是天堂的神鸟，
给人不息的梦想；
友谊是人间的圣使，
增添万物永远的福祉。

我要为友谊歌唱！

友谊啊，友谊！

愿你永远如春水一般，

荡起层层美丽的涟漪，

流溢叠叠动人的波光！

朋友：其实我不只存在于同学中、邻里间，我也存在于世界的每个角落。只要有我在，那里就充满着温暖和关情，请听故事《伟大的友谊》。

伟大的友谊

马克思和恩格斯是好朋友。他们共同研究学问，共同领导国际工人运动，共同办报、编杂志，共同起草文件。著名的《共产党宣言》就是他们共同起草的。

马克思是共产主义理论的奠基人。他受反动政府的迫害，长期流亡在外，生活很穷苦。他常常跑到当铺把衣服当了钱买面包。由于到期付不出赊购货物的欠款，他常常受杂货店老板的责备。有时候他为了寄一篇文章到报馆去，竟要借钱买邮票。生活这样困窘，马克思毫不在意，还是坚持进行他的研究工作和革命活动。那时候，恩格斯竭尽全力在生活上给他很大的帮助。

恩格斯曾经在曼彻斯特一家工厂里做过事。有一个时期，为了维持马克思的生活，他宁愿经营自己十分厌恶的商业。他把挣来的钱分给马克思，十镑，一百镑，连续不断地给马克思汇去。

在生活上，恩格斯热忱地帮助马克思，更重要的是在共产主义事业上，他们互相关怀，互相帮助，亲密地合作。

他们同住在伦敦的时候，每天下午，恩格斯总到马克思家里去，他们讨论各种政治事件和科学问题，一连谈上好几个钟头，各抒己见，滔滔不绝，有时候还进行激烈的争论。天气晴朗的日子，他们就一起到郊外去散步。

后来他们分开了，马克思住在伦敦，恩格斯住在曼彻斯特。他们几乎每天通信，彼此交换对政治事件的意见和研究工作的成果。这些书信直到现在还保存着。

马克思和恩格斯的互相关怀是无微不至的，他们时时刻刻设法给对方以帮助，都为对方在事业上的成就感到骄傲。马克思答应给一家英文报纸写通讯的时候，还没精通英文，恩格斯就帮他翻译，必要时甚至代他写。恩格斯从事著述的时候，马克思也往往放下自己的工作，编写其中的某些部分。马克思逝世的时候，他的伟大著作《资本论》还没最后写成。恩格斯毅然放下自己的研究工作，竭尽全力从事《资本论》最后两卷的出版工作。

马克思和恩格斯合作了四十年，共同创造了伟大的马克思主义。在四十年里头，在向着共同目标的奋斗中，他们建立了伟大的友谊。

朋友：刚才的故事讲得多精彩呀！是的，心中有朋友，愿意为别人着想，这是我们人类这个大家庭中不可缺少的生活主题，更是结交朋友的必要条件。

主持人：伟人之间的故事自然动人，那我们这些普通人，平常的学生之间的友谊是什么样的呢？请看小品《友谊的萌发》。

友谊的萌发

登场人物：

主人公：姗姗——女，活泼开朗，乐于助人

佳佳——女，刚转来的新生，文静内向

姗姗的爸爸

故事背景：

四年级三班是一个温暖的大家庭，就在这个班，有个女生叫姗姗，她为人开朗大方，乐于助人。

有一天要上自然课了，班里新转来的同学——佳佳却没有自然课用具，她非常着急，这时，教室门口来了一位叔叔，他是佳佳的同桌姗姗的爸爸。他来给姗姗请病假，并拿来一袋自然课用具请老师转交给佳佳。

这是怎么回事？原来自然课需要的用具佳佳没有，姗姗头一天热情地答应帮她准备一份，不巧今天姗姗病了，但是她没有忘记这件事。拿着姗姗爸爸送来的用具，佳佳很感动，放学了，她打听了姗姗的地址去看望她……从此，她俩成了好朋友。

朋友：在同学有困难的时候，姗姗真诚地给予帮助，在自己不能上学的情况下，还请爸爸把用具送到学校，她说到做到，遵守着自己的诺言。她以她的真诚守信交上了新朋友，她的行动也正说明了真诚守信是交友的第一准则。真诚就是真实诚恳，没有一点虚假；守信就是讲信用。假如姗姗不是诚心诚意地想帮助别人或者答应别人的事根本不去办，不讲信用，你想她会交上朋友吗？

同学们，你们也一定希望拥有朋友，这并不难。以真诚的心对待别人，不要夸口，而是根据自己的能力许下诺言，答应别人的事就要做到，如果有特殊情况不能做到，应向对方讲清楚原因，对方不仅能理解你，更能感受到你的诚意。

主持人：是呀！我也做了一个小小的调查，期末语文考试的作文题目是《我的好友》，全班竟有三分之二的同学写的是陈夕。

一个同学这样写：

……去年夏天我不小心把脚摔折了。陈夕来看我，答应天天放学来给我补课。大家学习都很忙，我没指望她能来。陈夕真的天天都来，不畏酷热炎炎，一直坚持到我上学。陈夕的真诚守信令我万分感动，她是我最好的朋友……

另一个同学这样写：

在我的抽屉里珍藏着七个彩色纸鹤。那次手工课上，陈夕的纸鹤折得漂亮极了，我真羡慕，因为我怎么也折不好。陈夕看到我很着急，答应帮我折。我以为她是为了劝我说说罢了，没想到第二天她真的给我带来了七个颜色不一的精美的小纸鹤。也许陈夕并不知道我把她当做自己最好的朋友，不知道我珍藏着纸鹤，但她的确是我的好朋友。她是那么真诚，她是那么信守诺言……

……

朋友（抢着说）：是呀！是呀！想要找到我，不在豪言壮语，不在伟大的举动。俗话说，种瓜得瓜，种豆得豆。同样，你播种真诚守信，收获的将是无价的友谊，不信去试试看。

主持人：我也送大家一句话：真诚守信是友谊诞生的基石，也是友谊永葆青春的秘诀，更是友谊周围灿烂的光芒。

朋友：快看那边怎么那么热闹。

主持人：那是朋友论坛的现场，咱们快去看看！

2. 朋友论坛

主持人：同学们，大家好！今天，在这难得的日子里，我们又相聚在朋友论坛节目中了。我是主持人，我们的朋友论坛是第二次和大家见面，上学期朋友班会时和大家是见过面的，我相信"朋友"这个词大家不会陌生。那我要问问大家了，你认为什么是朋友？准确些说，你觉得朋友的定义是什么？

甲：我觉得，朋友就是能真正了解我、理解我的人。

乙：朋友就是在自己最需要帮助的时刻给予帮助，使他人脱离困境的人。

丙：经查阅字典，朋友的意思是彼此有交情的人。细细体会后，我认为就是两个人交情深，友谊浓厚。

丁：我觉得朋友是能在关键时候支持我，投我一票，让我充满自信的人。

戊：顾名思义，朋友就是自己最亲密的人，和我关系最好的人。

主持人：好了，同学们对朋友的了解认识还挺棒！涵盖了很多方面，那同学们都有自己的真心朋友吗？

齐：有！

主持人：你们的朋友是什么样的呢？

甲：我的朋友很多，主要是我交友面很广，我的朋友活泼开朗。

乙：我的朋友和我时而漫步草地，时而促膝聊天，她是内向温柔的。

丙：我的朋友只有一个，他是我的真心朋友，我们经常在一起讨论世界大事、国内新闻、同学之间发生的一些小事、对班级的意见等等。

丁：我的朋友是真正了解我内心世界的好朋友、好伙伴。

戊：我和我的朋友都很乐观，很爱笑。

主持人：下面我们来讨论一个话题。你的朋友做的什么事让你记忆犹新呢？

甲：有一次班里竞选，他支持我，鼓励我竞选，结果我成功了，我很感激他对我的指点。

乙：有一次，有些同学非说我拿了同学的东西，我的朋友为我挺身而出，帮我找出了拿同学东西的人，这件事我一直没有忘记。

丙：有一天我病了，没去上学，她晚上给我打了一个电话，告诉我今天的作业，又问了问我的情况，我很感动，心想我有一个这么好的朋友真是难得呀！

主持人：你们觉得男生女生做朋友好不好呢？

甲：我觉得，男生应该和女生做做朋友。

乙：我同意前面一位同学说的，因为交友嘛，范围就应该广一些，其实男女生做朋友没什么不好。

丙：我觉得同学们都有自己的主业——学习。要在不影响学习的情况下，再做朋友，这也不错嘛！

主持人：看来同学们都觉得男女生可以交朋友了。那你对咱们班的某些行为有什么看法呢？

甲：我认为，咱们班的某些同学真正成了真心朋友，一起聊天，这很值得提倡！

乙：朋友在一起共处，并不影响咱们班的形象，但要提醒同学们注意学业！

主持人：我比较提倡男女生交朋友。那你们觉得交友时要注意什么呢？

甲：首先希望同学们不要说闲话，免得影响朋友之间的友谊，损坏朋友之间的感情。

乙：要交好朋友，首先要自己管住自己，把学习学好，这样才能取长补短，拥有美好的回忆。

主持人：今天呢，我们对交朋友这个话题进行了讨论，我想大家受到的启发一定不少吧！希望各位同学们珍惜学校的生活，能够互帮互助，团结一致。好了，同学们，我们这期朋友论坛到此结束了，下期再见！

朋友：在金色的阳光下，友情在萌动；银铃般的笑声，谱写着跳动的音符。

主持人：无论在天涯，无论在海角，我的心都会陪伴在你的身旁。无论在何时，无论在何方，朋友都为你祝福快乐和健康。

（小合唱《朋友》（略））

朋友、主持人：我们在欢乐的人群中记录着唱不完的歌，在充满无限生机的人群中去寻找属于我们的友谊。让友谊之花常驻我们的心田。

中队辅导员讲话：今天的中队会开得很成功，我受到了很大的教育。你们没有辜负老师的期望，你们长大了，知道什么是对，什么是错，什么是真朋友，什么是假友谊！让我们手握手，肩并肩，为美好的未来共同前进吧！

朋友、主持人：是的，只要人人都真心付出，那你的世界一定美好，你的朋友一定满天下。

3. 队会结束仪式（在《朋友》的乐曲中结束中队会）

（四）活动后的反思

班会结束后，班里那种无理的争吵少了，指责别人的现象少了。却常常听见这样的声音："我来帮你！""别急，有我们大家呢！我们一起来努力！"……在孩子心中已经有为别人着想的思想，能主动伸出真诚、友爱的臂膀去帮助他人，这正是友谊产生的基础。在我与家长的交流中，有的家长说"我家孩子开朗了许多，自信了许多，经常听她说起她与朋友之间的事。朋友与她互助、共同进步。我真为自己的女儿感到高兴。只有这样她才能成为一个身心健康发展的孩子。"是啊，二十一世纪的人才，不仅要掌握科学文化知识，还要学会与人相处、与人合作。不善于团结、与人协作的人，将很难在社会上竞争和生存。现在的孩子是在蜜罐里面长大的一代，他们都渴望得到朋友，可是又不知应该如何与人交往。通过班会等一系列的活动，孩子们认清了自我，了解了他人，懂得了应该如何与人相处。正如学生所说："友情更像一棵树，只要你细心，它就可以枝繁叶茂。但是这棵树的有些枝条要好好地保护，而有些枝条却要果断地修剪掉。当友情这棵树上只剩下真诚、关怀、信任这些枝条时，大树就会旺盛地生长。此时，我们会发现树的顶端有一只饱满而红艳的友情果实正高挂着，等我们来采摘。"真心希望通过这次活动，学生能够为以后的人生扫除一些障碍，带去一些欢乐。

四、培养学生对学校及恩师的情感

学生在学校生活很长时间，但对母校及老师的辛苦培育没有深入的认识，又因他们从小习惯于受到各种照顾，不能深刻地感受他人的给予之恩，因此对母校、对恩师的爱浮于表面。而且，学生临近毕业，心情有些浮躁，在各方面对自己要求不够严格，对老师的劳动不够尊重。

（一）如何培养学生对学校及恩师的情感

1. 使学生了解母校的辉煌校史，了解母校从过去到现在所发生的巨大变化，增强集体自豪感，加深对母校的留恋之情。

2. 使学生了解老师们是怎样在教育事业上辛勤耕耘、无私奉献的，从而真正感受老师的培育之恩，并以实际行动报答母校，报答恩师。

3. 在实践中，培养学生搜集信息、运用信息的能力，培养学生的创新能力。

4. 弘扬中华传统美德，尊敬师长；落实五爱教育，懂得用真诚回报真情。

（二）活动前的准备

1. 指导思想

针对学生出现的问题，最好的教育方法莫过于活动育人。使学生了解母校的辉煌会增添其集体荣誉感和自豪感，并潜移默化地提高自我约束力。使学生了解教师的辛苦和无私，会增强学生对教师的热爱和感激之情，以情通理，才能更有效地引导学生把爱师情感落实于行动上。

2. 班会动员

以学生的一则日记《母校，我的家》为切入点，引导学生思考：我们母校历史悠久，不仅有着令人赞誉的过去，更有着辉煌的现在。在母校就读了几年了，但是你了解自己的母校吗？你了解辛勤的教师们是怎样在教育战线上无私奉献的吗？作为一名即将毕业的学生，你将怎样报答母校的培育之恩呢？

3. 教师构思

（1）成立此次班会的组委会，由组委会负责本次班会各项组织工作，在班委会工作过程中，给予指引和点拨。

（2）前期开展调查采访，收集各种有关的资料。

（3）班会分为三个部分进行：调查反馈，感受交流，表演节目。

（4）班会后的教育延伸：开展各项评比，有计划，有监督，有评价。

4. 知识准备

（1）校史、校绩、校舍变化、教师辛勤工作的感人事例等文字、图片、录像资料。

（2）查找及创作有关赞母校、谢师恩方面的诗歌、相声、快板、小品、图画、配乐等。

（3）班长献词、班主任讲话、主持人串词。

（4）另准备鲜花若干束。

5. 教室布置

（1）出一期以"赞母校，谢师恩"为主题的板报。

（2）黑板上写明本次班会的主题，并配有图案。

（3）座位背靠四壁摆放，主席台摆放花束。

（4）教室两侧悬挂有关学校活动以及教师工作照片（配有说明）的展板。

6. 学生及教师参与

（1）全班学生分小组进行各项调查采访工作。（查阅有关校史的文字资料及多年来所取得的成绩；采访领导，了解母校巨大变化及母校教师奋斗的历程；走访离退休教师及在校教师，了解他们在教育战线辛勤耕耘的经历；走访母校毕业的学生，了解其亲身感受到的师爱。）

（2）指导学生对调查采访所得的资料进行整理，采取小组讨论汇报的方式，制作录相、图片等资料，并上报组委会。

（3）组织学生自愿结合，根据自己喜欢的方式来抒发对母校、对恩师的赞美、感激与留恋之情。（班会节目，重在创新，提倡自创诗、歌、画等，用自己的心写出、画出、唱出对母校、对恩师的爱。）

（4）指导班会组委会的小干部设计班会内容及形式。

（5）指导主持人写串词。

（三）具体活动的过程

导入：班长讲话，宣布班会开始，唱校歌。

第一部分：了解母校，回忆师恩

（1）主持人甲、乙："悠久的学校，美丽的校园，教育为本传四方，灰色的瓦房古色古香，四合院内古树参天……（校歌歌词）"这就是我们美丽可爱的母校。母校给予了我们金子般的童年，让我们在这里快乐成长，可是，你又对母校了解多少呢？让我们来看看母校的变化，听听母校的辉煌吧。

第一组：利用录像介绍母校的历史及在校舍设施等方面的巨大变化。

第二组：利用奖杯、奖状、证书等图片来展示母校师生近年来在全国、市、区所取得的各项优异成绩。

（2）主持人甲：看到母校日新月异的巨大变化，看到全校师生所取得的那让人欢欣鼓舞的成绩，怎么能不让我们为我们亲爱的母校自豪和骄傲呢？让我们也创作一首歌，来表达一下我们此刻的心情吧。

集体合唱《×××（校名）之歌》（由本班文艺小组自创）。

（3）主持人乙："母校情义重，师恩永难忘。"说起母校的辉煌，我们又怎么能忘记在母校辛勤耕耘的老师们呢？让我们再来听几段真实的故事，感受一下老师的恩情吧。

第四组：讲述调查来的几段真实感人的师爱的事例。

例1：一位教师在寒风刺骨的冬天，为手术后在家休养的学生连续补课一周。

例2……例3……（略）

（4）主持人乙：像这样感人的事情，在我们的身边不也一样发生着吗？还记得那次刘老师发着烧，嗓子哑得说不出话来，还坚持为我们上课的情景吗？那一次，多少同学是含泪听的课呀！六年来，我们无时无刻不感受到老师对我们的慈母般的爱。请你把你的亲身感受和大家说说吧。学生即兴发言：

甲：沙子迷了眼，无法取出，老师用舌头将沙子舔出来……

乙：老师们为了让学生有一个好的学习环境，跪在地上擦那一块块油污……

丙：我每天晚饭后散步经过学校，常见老师的办公室里还亮着灯……

（5）主持人甲、乙：多好的母校，多好的老师，让我们为我们的恩师唱上一曲我们心中的歌，表达我们深深的谢意。合唱《每当我走过老师窗前》，为老师献词献花。（学生在音乐的伴奏下合唱此曲，中间哼唱的部分，学生献词，并为在座的教师献花。此情此景非常感人，学生和老师都流下了眼泪，浓浓的师生情在教室里回荡，师生的心在此刻贴得更紧。）

第二部分：赞美母校，感谢恩师

（1）主持人甲：老师是妈妈，学校是我家，多少恩情多少爱，此生此世难忘怀。下面，让我们用自己的心来赞美母校，感谢恩师……

小组配乐诗朗诵《思念》（由本班习作小组自创）。

一片片绿荫，

一声声欢笑，

一缕缕喷泉，

一阵阵欢跳。

这就是我们美丽可爱的学校

——亲爱的母校。

多少次，

迎着朝阳走近你，

寻着晚霞离开你，

捧着鲜花心系你，

踩着落叶思念你……

无论我们是天真无邪的儿童，

还是稍有学识的少年，

我们都会永远把你思念。

一种剪不断的情在我们之间，

一种剪不断的爱连接着我们的心，

直到永远、永远……

（2）主持人乙："一种剪不断的爱连接着我们和母校的心，直到永远永远……"这就是我们全体同学的心声。同学们在调查采访之后心情久久不能平静，许多同学做了充分的准备，用自己的方式来表达对母校对恩师的感谢与留恋之情。下面，就请继续欣赏同学们的精彩节目。

a. 小快板《搭错车》（选自语文书第十二册活动部分）（略）。

b. 相声《校园好事赞》（学生自创）（略）。

c. 管乐合奏：《我爱你，母校》（略）。

d. 英文诗朗诵：《Oh，My School，I Love You》（学生自创）（略）。

e. 配乐诗朗诵：《校园组诗》（选自《校园诗集》）（略）。

第三部分：报答母校，拥抱明天

（1）主持人甲、乙：六年来，母校给了我们欢乐的童年，老师给了我们慈母般的爱。离别的时刻就要到了，什么样的语言才能帮我们倾诉对母校的留恋，什么样的方式才能表达出我们对恩师的思念？让我们为母校送上我们自创的歌曲，让我们为母校送上最美的画卷，母校、恩师，您将永远记挂在我们的心间。

a. 合唱《为了母校的重托，拥抱明天》（词、曲均由学生集体创作）。

b. 随歌声出示图画（由本班宣传小组成员创作）。

c. 各小组派代表为画题词，表达自己对母校、恩师的情感（学生们表情凝重，认真地写下自己的心声）。

注：上述三个环节同步进行。

附：《为了母校的重托，拥抱明天》歌词：

在那美丽的校园，有着我们美好的童年，花香蝶飞，鸟儿鸣唱，碧水中映照欢乐的笑脸。我们拥有远大的理想，我们拥有美好的未来，为了母校六年的恩情，我们立志发奋向前，将来会有那么一天，我们将走得很远很远，无论我们身在何处，我们将永远把您想念。将来会有那么一天，我们会走得很远很远，带着老师深切的期望，展翅在祖国的蓝天。我们的承诺是母校重托，我们带着承诺去拥抱明天，我们的承诺是母校重托，我们为了承诺去拥抱明天，明天！

（2）主持人乙（结束语）：亲爱的母校，亲爱的老师，无论我们身在何处，我们都将永远把您思念。亲爱的母校，亲爱的恩师，明天我们展翅飞翔，在祖国的蓝天上，我们那矫健的雄姿不会让您失望。我们的承诺是您的重托，我们带着对您的承诺去拥抱明天！（结束语在歌声中结束。）

（3）班主任讲话

同学们，这次班会是由你们独立策划和筹备的，在你们即将毕业的特殊时刻，召开这次班会，同学们投入了极大的热情，都想利用这个机会来表达你们对母校的留恋，对老师的感谢。这次班会充分展示了你们的才能，表达了你们对母校的热爱。所以，首先，我要祝贺你们，这次班会开得非常成功。

六年以来，你们在母校这块沃土上活泼、健康地成长。你们顽强拼搏，奋发向上，一次又一次地为学校为集体争得了荣誉。你们用自己的实际行动表达着对母校的爱，对老师的爱。你们的爱使母校这片土地更加肥沃。你们为学校做出的贡献，老师和同学们将永远记在心中，它必将载入母校的史册。

两个月后，你们就要成为新学校新集体的一员了，希望你们能继续发扬这种集体主义精神，把新学校当做自己的家，一言一行，为集体利益着想，热爱学校，为校争光，相信不久之后，你们一定会给母校带来一个又一个喜讯……

同学们，展开你们矫健的双翅，扬起你们理想的风帆，用你们的爱心，你们的热情，你们的智慧，继续为集体为社会贡献你们的力量吧。我将为曾拥有你们这样的学生而感到骄傲和自豪。

（四）活动后的反思

1. 教育延续

教师在召开班会后引导学生认识到，爱不能停留在嘴上，要落实于行动中，从现在做起，从小事做起。班会组委会组织同学们开展"我为母校增光彩"活动，并做到周周有评比，并将此活动一直延续到毕业。

2. 活动效果

（1）此次活动使学生心灵受到了很大的震动，都表示在即将毕业之际，只有在各方面更加严格要求自己，才能不辜负母校殷切的期望，才能报答老师们辛勤培育之恩。活动达到了预期的效果。

（2）此次班会受到被邀参会教师们的一致赞扬，会场气氛浓烈，老师们多次被学生真挚的话语所感动，双眼溢满泪水。

（3）此次班会中，班会组委会成员共七人；全班参与调查采访的学生有五十人，参与班会演出、发言的学生为五十人，参与诗、歌、画等创作的有十五人。充分发挥了学生的主体作用，使学生在实践活动中不仅受到了锻炼，而且培养了学生的创新意识，提高了学生的自信心。

（4）此次班会在我校首届班队会评选中，名列全校榜首。

3. 深入思考

此次活动，对学生的教育是巨大的，对学生的影响是深远的。它给我们带来的启发和思考也是深刻的：在活动中将教育渗透于学生的内心世界，呼唤其真挚的情感，对学生一生的发展有着非常重要的意义；同时，给学生一个宽松的空间，给学生一个实践的机会，充分挖掘他们的潜能，激发他们创作的欲望，对培养学生的创新意识、合作精神，有着重要的作用！

五、培养学生的自信心

班组里男生和女生都多才多艺，喜欢展示自己，所以在活动中和学习上经常展开竞赛，在增强各方面能力的同时，也产生一些负面效应，就是男女生之间互相不服气，不能够好好团结合作，甚至有时候闹一些矛盾。

（一）培养学生自信的目标

1. 给学生展示自己才华的机会，树立"我很棒"的自信心。

2. 班会上，通过男女生之间由不服气的竞争到互相佩服，认识到男生、女生各有优势，应该取长补短、团结一致才能取得更大进步的道理。

（二）活动前的准备

1. 学生通过阅读，了解著名人物的事迹，男生找男性的，女生找女性的。

2. 男女生积极排练自己的节目，互相保密。

3. 举行画画比赛，为班会做准备。

4. 教室布置成擂台形式。

（三）具体活动过程

1. 主持人上场

第一部分："对战"

男：我是男生。

女：我是女生。

齐：我们都很棒！主题班会现在开始！

男：我们班有个奇怪的现象：当老师向男生竖起大拇指说：男生真棒！就会有女生站出来说（女）：没什么了不起的，要是让我们女生来做肯定会更棒！

女：当老师笑眯眯地夸奖我们女生：女生真棒！就会有男生站出来说（男）：没什么了不起的，我们男生才不会像你们女生那样就会围在老师身边叽叽喳喳，我们靠实力取胜！

2. 男女生各站一排，形成对垒之势，开始辩论

男：男生聪明，数学得一百分的都是男生。

女：女生也不笨呀，还细心呢！在语文考试当中更容易取得好成绩。

男：男生胆子大，不怕走夜路。

女：我认为遇到困难去动脑子解决，才是真正的勇敢。

男：让我们用事实说话吧！许多著名科学家都是男的，比如科学家爱迪生，他一生大大小小的二百多项发明改变了二十世纪人类的生活，怎么样？

女：居里夫人也是伟大的科学家呀，她原名玛丽，青少年时期就刻苦学习，后来她和丈夫一起在艰难困苦的条件下提炼出了镭这种非常有用的放射性物质。在丈夫去世后，她还忍着巨大的悲痛，继续投身于自己钟爱的科学研究事业，最后她还无偿地把自己和丈夫用多年心血浇灌的结晶——镭，献给了世界人民。她难道不是一个伟大的女性吗？

男：在战场上，最能体现出男儿的英雄本色，想想看，黄继光奋不顾身地用自己的身体堵住了敌人扫射的机枪，董存瑞在发起冲锋的最后关头，高举炸药包，和敌人的暗堡同归于尽，罗盛教为救朝鲜儿童，永远地长眠在了异国的土地上——勇士们抛头颅、洒热血，才换来了中国人民今

天的幸福生活，这不都是铁的事实吗？

女：你说得没错，可难道我们女性没有在战争中出过力吗？江姐在丈夫遇害后还坚持留在敌区冒着极大危险搞地下活动，被捕后面对敌人的严刑拷打坚贞不屈。刘胡兰宁可牺牲在敌人的铡刀下，也不泄露党的机密，这些女性都可以称之为英雄啊！

男：在共和国的建设时期，我们男性更是起着不可替代的作用，比如大家都知道的石油工人王进喜，他有着火一般的工作热情，有着钢铁一般的坚强意志，他是工人阶级的偶像，他的铁人精神一直在激励着人们。

女：女性的作用也不可小觑，新中国第一代妇产科医生——林巧稚就是女性的骄傲，她精湛的医术和无与伦比的爱心，一直为人们所称道。

男：让我们来看看为国争光的体育健儿吧。李宁，他已成为了世界闻名的体操王子。他从小练习体操，在训练中不怕吃苦，流血流汗都成了家常便饭，他代表中国参加了好几次奥运会，夺回了好几块金牌，他那优美的动作、谦和的风度，被永远载入了奥运史册，中国还特地为他发行了一套邮票呢！他是我们男性的骄傲！

女：说起体育运动来，我们女性可不输给你们男性。就说乒乓球运动员邓亚萍吧，她可是乒坛的常胜将军，她凌厉的发球和使对手胆寒的气势给世界人民留下了深刻的印象，她敢于拼搏的精神还受到了国际奥委会主席萨马兰奇的赏识！

男：自古英雄出少年。赖宁就是我们中的一员，他热爱学习，团结同学，更重要的是，他有一颗美好的心灵和过人的胆识，他为扑灭大火而献出了自己年轻宝贵的生命，他的形象和精神会永远被人们铭记！

女：还记得龙梅和玉荣吗？这对草原英雄小姐妹，为了找回集体丢失的羊群，冒着风雪长途跋涉，保护了集体的羊群，而姐妹俩却冻伤了自己，她们用行动告诉我们少先队员这个称号是多么光荣！

女：宋庆龄，伟大的民主主义战士，她的一生都在为解放事业做着不懈的斗争，新中国成立后，她被尊为国母！

男：同学们，二十世纪最伟大的中国人是谁？（全体男生：毛泽东！）对！毛泽东，是他点燃了星星之火，高举明灯，带领中国人民推翻了压在头上的三座大山，救中国人民于水深火热之中，他是解放事业开天辟地的第一人！他——也是男性！

3. 主持人上场，男女队下

女：大家停一停，刚才同学们说得都很有道理，可是离我们的生活太遥远了。

男：对，不如这样吧，下面由我们班的同学来展示自己的风采，看一看到底是男生棒还是女生棒。女士优先，请女生先来吧！

女：好，下面就请大家欣赏女同学编排的舞蹈《向前冲》。

（音乐响起，几个女生上场表演舞蹈。）

4. 主持人上场

男：你们的舞跳得不错嘛！

女：谢谢！我们认为，只有我们女生才能穿上漂亮的衣服翩翩起舞，男生嘛，这样的机会就少了。我说的对不对呀？（女生齐答：对!）

男：我们男生虽然不太喜欢跳舞，可是体育场上到处活跃着我们的身影。下面就请欣赏一组体育竞技表演。

（两个男生上场，伴随着激昂的音乐表演一组篮球技术动作——花样运球和跳投。）

女：这些动作看起来很简单嘛！

男：没关系，我们可以找两个女生来做做。谁来试试？

（两女生出场，音乐响起，她们手忙脚乱，做得不好，很多人笑了。）

男：怎么样，这些动作看起来简单，可确实有难度吧？下面再请看颠球表演。

（一男生出场伴随世界杯主题曲开始颠球，全班一起数数。球掉后停住。）

男：请问，你一次最多能颠球多少个呀？

（男生答：一百多个，今天紧张没发挥好。）

男：你的表现已经很不错了！请回。

（全体男生唱加油歌——对面的女孩看过来，看过来，看过来，这里的表演很精彩，请不要假装不理不睬!）

女：你们男生在体育活动中确实比我们女生要强一些，可是我们女生心灵手巧，在乐器方面更胜一筹。这里就请听长笛二重奏《送别》。

（两女生上场：我们把这首曲子送给在座的老师们，希望老师们投我们女生一票。）

女：怎么样，我看到不少男生都听得入迷了。

男：那当然，悦耳的音乐能打动所有的人。不过，我们男生认为，不是只有音乐才能愉悦观众，还有许多其他方式，比如说，充满感情的诗朗诵。

女：老师经常在语文课上夸你们朗读不错，这回你们想怎样展示？

男：我们几个男生编写了一首小诗，题目是《我是男生》。

女：好，请听诗朗诵《我是男生》。

我是男生，

可有时候真想变成女生！

什么？——问我为什么？

说起来理由一大堆。

当眼泪在眼眶里打转时，

马上就会有人说——

哟！还男生呢！

什么？就因为是男生，

连哭的权利都没有了？

女生哭了，家长哄，同学问，

甚至连老师都往怀里搂。

看看！多不公平！

都说时代不同了，

男女都一样！

要命的还在后面，

如果女生的眼泪

跟你有一点点关系——

那你可遭殃了，

这个时候最好收起你的全部自尊心，

士可杀不可辱那套全都要忘掉，

要恭恭敬敬地站在一旁，

陪笑脸，说好话，

她破涕一笑不给你告老师那是最好的了。

对了，别忘了加上一句：

我错了，我以后一定改！

其实，当一个男生也不错，

我们可以骑上单车洒下一路欢快的口哨声，

而不必理会别人的目光；

可以在劳动时赤膊上阵，挥汗如雨；

还可以在足球场上狂奔如飞，尽显男儿本色。

数学课上，我们积极思考，手持万能钥匙，

打开一道上了锁的难题。

语文课上，有我们精彩的发言和充满感情的朗读。

课外活动中，要是少了我们的身影，

简直不可想像——

渐渐的，我们读懂了老师眼中的赞许，

体会出家长殷切的期望，

也看到了女生偶尔露出的羡慕神色。

还是当个男生吧，

哭的时候找个没人的地方好了，

哭过之后，我还是男生！

我骄傲，我自豪——

因为——

我是男生！

5. 主持人上场

男：怎么样，这首诗道出了我们男生的心声吧。

女：原来男生也有烦恼呀，我有点了解你们了。不过，比赛还要进行，还没分出胜负来呢！

男：好，接下来，比赛继续进行。我们男生最爱画画了。

女：这回可好了，我们女生也爱画画。

男：那正好比一比。我们把自己的作品拿出来展示一下。

（男生女生各两队，拿好画举起来进行展示，并向观众介绍自己的画。）

男1：这是我画的太空船，它的外壳是由一种非常轻、非常薄，但是又很坚固的稀有金属制成，这保证它在宇宙航行中能增加速度，还能有效地承受外来阻力，保护宇航员的安全。看，我把它画成闪闪发光的银色，漂亮吗？它还有个名字，叫长城一号，它是属于中国的！我有个理想，我长大后要亲手制作它，所以我要好好学习，我相信最终我的梦想会变成现实的。

男2：这是我画的机器人餐厅，我觉得餐厅的劳动是简单机械的劳动，人们去做太浪费时间和精力，人应该去做更有意义的工作，所以我想开一家机器人餐厅，让机器人为大家服务，这样就节省了人力资源。看，画面上这个机器人正在给客人找钱，还有这个，在给客人插吸管，怎么样，服务周到吧，包你满意。不过，我的发明有缺点，就是机器人的样子不漂亮，下次我会让它们个个长得都像大明星。

男3：你能看懂我这幅图画的是什么吗？我来告诉你，这是一台万能环保机，大家都知道，现在环保是个热门话题。全世界的人都关心环境问题。我们中国的环保事业才刚刚起步，我很着急，我画的这个万能环保机能够吸净空气中的有害气体，并释放出氧气来，同绿色植物光合作用的道理差不多。有人说，多种树不就得了吗？可是我国现在干旱的沙漠地区太多，来不及种那么多树，我画的这个万能环保机就派上了用场，你喜欢它吗？

男4：我画的是中国人第一个登上某星球的场景。看！他们把五星红旗插在了那个星球的陆地上，然后互相拥抱欢呼着，这个巨大的成功标志着中国已成为科技强国！

男5：我画的是基因动物园，因为基因技术在飞速地发展着，克隆技术也将被广泛地运用，科学家们在基因动物园里搞试验，制造出各式各样的动物，既可以用来研究，休息日还可以开放参观。看！一只羊长着鹿角，一只猴子张开翅膀飞了过去——有意思吧。

女1：我画的是狐狸和乌鸦的故事。看，画面上的狐狸得手了，它得意地冲着乌鸦在说什么。我们的乌鸦呢？捶胸顿足，后悔得不得了，谁让它没自知之明，轻信狐狸的！看看它们俩的神态，我画得有趣吗？

女2：你们猜一猜，画面上美丽的姑娘是谁呀？不错，她就是人鱼公主，她为了得到王子的爱，喝了下巫婆的药水，已经失掉了自己的鱼尾得到了人类的双腿，但是每走一步所带来的痛楚让她蓝色的大眼睛里含满了泪水，为什么她的嘴边还挂着一丝微笑？因为她仿佛看到了王子向她伸出的双手。

女3：大家都听过小红帽的故事吧，我画的是她提着篮子去往外婆家的路上，她穿着漂亮的新衣服，嘴里哼着欢快的曲调，思念着她的外婆，她是那么高兴地想着心事，都没注意到身后树林里，一只大灰狼在偷偷地跟着她，打着坏主意——看，这只大灰狼眨着绿莹莹的眼睛，多么阴险。我画得还可以吧！

女4：童话故事里总有美丽的公主，我最喜欢这些外表和心灵都美的主人公了，所以我这张画把她们画在了一起——这个是人鱼公主，她正在深海中优美而欢快地游着；船上的这个是驴皮公主，她刚刚恢复了公主的身份，由王子陪伴观赏着周围的景色；这个是拇指公主，娇小玲珑的她正在一片树叶上荡秋千。你们大家觉得哪个公主最美丽啊？

6. 主持人上场

男：好，那咱们请同学来评判一下吧！认为男生画得好的请举手！（全体男生举手。）

女：认为女生画得好的请举手！（全体女生举手。）

男：你发现了吗？我们男生喜欢画科幻作品，你们女生喜欢画童话中的人物。

女：糟糕的是，我还发现男生认为男生画得好，女生认为女生画得好。比来比去，还是旗鼓相当，怎么办呀？

男：我觉得，咱们的班会要继续进行下去，非得请老师出马不可了。

女：好的，我这就去请。

第二部分：合作

老师：同学们，你们刚才的表现都非常出色，都很棒，不论男生还是女生都充分展示了自己的特长，老师能感觉到你们是那么的自信。要知道，自信心是成功的一半。你们能认识到自身的长处，不甘落后的精神真让老师感到高兴。不过，在刚才的活动中，你们也分别看到了对方的长处和自己的短处，老师准备了一段录像，请同学们观看，我想，它会对你们有所启发的。

（放录像。由本班同学根据真事改编，并扮演其中的角色，其中有男生、女生和一个小孩。）

男：今天是学雷锋日，可到了我大显身手的时候了！（自豪的样子）

女：说什么呢？有我在呢，没看见吗？（不服气的样子）

男：得了，你们女生能自己照顾好自己就不错了，还……（不屑）

女：你说什么？你有什么本领呀，我可是三好学生，你呢？哼！（气愤）

男：得，那就比一比，看看谁行！

女：比就比，怕什么！走啊。

（二人边走边试图发现点什么，果然，两人看到一个小孩子坐在马路边上哭泣，一看就知道是走丢了，或是找不到妈妈了。）

男：哈，机会来了！我来！（把女生推一边去，抢上前。）

男：小孩！哭什么！怎么了？（粗声大气）

（小孩抬头看了一眼，哭得更凶了。）

男：什么事跟哥哥说说！别哭了！（有点不耐烦）

（小孩头也不抬，继续哭。）

男：哎，你怎么回事呀！不是不让你哭了么！找不到家了吧，哥哥带你回家！（胸有成竹地拍着胸脯）

小孩带着哭腔：你是谁呀，妈妈不让我跟陌生人说话，让我有事找警察。

男：我能算陌生人吗？我不像警察吗？（自觉很像警察，得意）

小孩小声说：不像，像坏人。

男：啊？什么！你——你敢说我像坏人？（生气了，吼着）

（小孩大哭，周围人纷纷往这边看，男生满头大汗，不知所措。）

（女生赶紧过来，扯下男生——快一边去，看我的。）

女：小妹妹，你哭什么呢？跟姐姐说说好吗？（和气地、耐心地）

（小孩不理，还哭。）

女：不想说也没关系，不过呢——刚才姐姐可看见，那儿有个比你小的小孩笑你呢！

小孩忙擦干眼泪，不好意思再哭了：哪儿呢？

女：她走了，不过你要是再哭，人家都会笑你的。

（小孩安静了，开始听女生说话。）

女：姐姐有个故事你想听吗？

小孩说：想听。

女：好的，可有意思啦。（开始搂着小孩讲故事，小孩听得入神。）

男（旁白）：看不出来她还真有两下子，以后还真不能小看她了。

女：好，故事讲完了，现在你能告诉我怎么一回事了吗？

小孩：嗯，我出来玩，找不到家了。

女：你们家住在哪儿啊？我送你回去好不好呀？

（小孩告之家庭住址门牌号码。）

小孩：可是，刚才我把脚扭了，走不了路呀。

女：没关系，我来背你。（犹豫了一下，蹲下身子，可是还没背起来，就和小孩一起摔了，小孩号啕大哭。）

男（跑上来）：让我来吧！（很轻松地背上了小孩，三人同时下。）

（转换场景，男生女生上。）

女：那天是我们俩一起把小孩子送回了家。

男：通过这件事我们俩明白了一个道理，就是——

女：嘘，你就别说了，让同学们自己体会一下吧。

7. 主持人上场

女：看完录像，我好像明白了什么，你呢？

男：我也是，同学们一定也有许多话要说。这样吧，请同学们先讨论讨论，过一会儿，大家就这件事发表一下自己的看法。

（学生议论纷纷，给三分钟时间。）

学生1：我觉得录像中，那个男生的短处是太凶，好心却办不成好事，他都把小孩子吓哭了。

学生2：女生说话很温柔，小孩子就很听话，比如讲故事什么的，这就是男生所欠缺的。

学生3：可是你没注意到吗，最后可是男生把小孩子送回家的呀。

学生4：不能这样说，没有女生哄那个小孩，小孩子能让他背吗？看那个小孩子哭得那么凶，都快把警察招来了，那个时候，男生没准会被当成坏人抓起来了。

学生5：对，在这件事中，男女生都有擅长和不擅长的，男生不会哄小孩子，可是力气大，女生很温柔，可是背不动小孩。

学生6：对，我认为正是他们都有自己的长处和短处，所以取长补短，互相帮助，才能把小孩子顺利地送回家。

学生7：我同意他的观点，这件事无论少了哪一方都不可能完成，是他们共同合作才办成了好事。

学生8：我们男生和女生都有遇到困难的时候，这个时候应该发挥自己所长去帮助对方，才能一起进步。比如上次我有一道数学题怎么也不会做，男生甲就耐心地给我讲，又画图，又联系实际，终于，我会做了。我想，如果没有他的帮助，我是很难完成作业的。

学生9：乙也帮助过我，记得我刚转来的时候，不会吹口琴，看见大家都能吹出优美的旋律，而我只能在一边看着，心里别提多难受了，这时候女生乙主动来教我，可我半天连音阶都吹不出来，我自己都不好意思了，就说不练了，可是她却耐心地一点点教我，耽误了她不少的课余时间，我才学会，我真应该好好感谢她。

学生10：这学期的开学典礼上，我们班负责搬主席台上的椅子，女生丁个子小，搬起来很费力气，这时候，男生丙看见了，二话没说，跑过去就帮着搬，一人搬了两把椅子，还连说不累不累。

学生11：其实想一想，有不少事男生女生合作会更好些，比如说大扫除吧，女生擦玻璃细心点，更容易擦干净，男生力气大，拖地更合适，这样分工合作，我们班环境卫生不就更容易搞好了吗？

学生12：还有啊，就比如这次班会吧，男生的节目和女生的节目都不错，可是放在一起才会很精彩，才是一个整体，想想看，没有哪一方的参与，都会失色很多呀。

学生13：我觉得不光是男生和女生要团结合作，咱们班的同学都要拧成一股绳，团结就是力量嘛。跳绳比赛刚结束，我们班取得了总分第一的

好成绩，这就是我们大家团结合作，共同努力的结果啊！（热烈鼓掌）

8. 主持人上场

男：我们是男生。

女：我们是女生。

男：我们在宽敞明亮的教室里一起学习。

女：我们在祖国妈妈的怀抱里一起成长。

男：下课铃响了，我们还像从前一样，奔跑在操场上。

女：回到家里，我们仍旧抱起我们心爱的布娃娃。

男：但是，从今天起，我们会为彼此的成功而感到骄傲。

女：因为我们知道，我们都很棒，只有取长补短，才能取得更大的成功。

男：我提议，男生和女生一起来表演最后一个节目：口琴合奏《布娃娃和小熊跳舞》。

女：全体起立，让我们的班会在美妙的音乐声中结束吧。（电子琴伴奏，同学起立表演口琴合奏。）

9. 齐：五年级一班《我是男生，我是女生，我们都很棒！》主题班会到此结束！

（四）活动后的反思

这次班会所有节目由学生自己编排，在准备和表演过程中，学生充分展示了自己的才华，满足了强烈的表现欲，并且重新认识了自我，肯定了自我。在教师的引导和学生的思考后，又解决了班中男女生不够团结的实际问题，由于前半部分内容和后半部分内容的内在联系，班会成为一个有机的整体，比较成功地完成了两个预定的活动目的。经过观察，这次班会后，学生都认识到了自身的长处与短处，也懂得了团结合作，在以后的活动中，不断涌现出了互相帮助的好人好事，预期效果得到了实现。

通过这次班会，教师认识到，一堂主题鲜明、内容生动的班队会就是一次深刻的思想品德教育，它胜过教师日复一日千百次的机械说教，所以要好好抓住这个机会。要达到教育目的，教师还必须认识到学生作为活动的主体将起到的作用，要相信学生的能力，放手让学生去准备，尊重学生的意愿，尽量采取学生喜闻乐见的形式，以便为活动的目的更好地服务。

第三章　中学生学习方式培养案例

一、学习方式的培养

初中年级的学习生活更加紧张充实，这是学生容易形成两极分化的关键阶段，也是学生最易感到困惑艰难的时期。有的同学能在知识的海洋里自由驰骋、勇往直前，而有的同学却屡屡触礁碰壁、遭受挫折。面对这些现象，能够给同学们一种正确的引导和良好的学习方法很重要，因此我班结合这一主题召开了一次主题班会——"学习门诊部"。

（一）培养学习方式的意义

这次班会紧紧围绕同学们遇到的各种学习问题，力求切合班级现状，针对班级特点，通过班会的组织和实施过程，使每个同学都能够更为深入准确地了解自身的学习状况，及时发现自己在学习上存在的问题，并努力寻找到解决问题的方法。其实质是一种学习方法的交流和总结，旨在帮助学生达到以下三个目的：

1. 帮助学生了解自身学习现状，发现问题，分析问题。

2. 引导学生树立信心和勇气，寻求正确的学习方法，为日后的学习成功奠定基础。

3. 培养学生认识自我、完善自我，并不断创造自我的能力。

（二）活动前的准备

我班同学热情、单纯、活泼，从对他们的观察中，我发现，他们总习惯于你说什么他干什么，因此多数同学思维很被动，意志品质差，学习韧劲不足。这反映在学习中，也是一直令人头疼的问题。要提高学习水平，就必须跳出这种思维定势，尽可能把每个同学的潜能挖掘出来。为此，我采取了一种特别贴近生活的"学习门诊部"形式，把传统的学习经验交流总结活动以崭新的形式开展，学生喜闻乐见又乐于接受。

1. 总结学习方式的主要问题。我做了很全面的调查了解，发现同学们的主要问题表现在：

（1）学习习惯不良，听课时注意力不集中，课堂上小动作多；

（2）学习惰性大，作业的质量存在明显差距，动手动脑能力不一致；

（3）学习缺乏目标，没有动力，学习愿望不够强烈，思路仅局限于现状。

而这些问题很具有代表性，如果能帮助他们认识清楚，我想对他们现在乃至一生的帮助都是非常大的，为此我决定要认真地准备好本次班会。

2. 确定班会形式。当然传统的说教形式就显得很苍白无力了，要让同学们真正理解、懂得这些问题并致力于改进，只有选择他们乐于接受的形式，用他们自己的语言讲述给他们，才有可能收到一定的预期效果。于是我用看病就诊的方式帮助同学们认识自我，把学习中的各种问题用不同疑难杂症去表现，引领他们学会诊治病痛，告诉他们勤劳和智慧是祛除病痛的良方益药。最终，学生的能力和热情被充分调动起来了，每个人也真正在自我体验中获益了。

3. 寻找解决途径。首先我利用班会进行动员，给每个同学布置了任务——"准备药方"。主要是由学生自评和互评，通过同学之间和任课老师的评价找到自己的学习问题和解决方法，作出书面总结；其次是对总结经验再加工，依照药物说明的形式制作成卡片，分别将上述内容以疾病症状、治疗措施和服药注意事项的形式书写在卡片上，其中服药注意事项是每个同学选择的对自己影响最深的名人名言。整个"药方"的制作过程包含了每位同学对自己学习方法和问题的了解和总结，也充分发挥了学生的主观能动性。

4. 针对问题，着手诊病治病环节的准备。以五个小组为单位，分别由各科课代表为负责人，与各科老师沟通，总结出各科的学习特点及有效方法；也通过了解到的班级同学们暴露出来的主要问题汇总，编写出病例短剧的内容。这一环节的准备过程充分发挥了学生的创造力和想象力，也锻炼了同学们的团结协作精神。同学们不仅发挥出丰富的想象力，把短剧情节设置得生动形象有趣味，而且每个小组也利用课余时间进行角色排练，各小组长的总结也达到了画龙点睛的作用，起到了学习方法和经验交流总结的效果。

在构思中，整个班会表现的是"学习门诊部"的一天，和去医院就诊一样安排为主诉病症——医生诊治——开方取药等几个环节，学生对此有生活体验，因此很容易展开情节。我把全班同学按照他们的学习状况分为五个小组，分别称之为"外语科、语文科、数学科、物理科和综合科"，针对初二年级四门主科和其他科的问题特点，由各小组分别组织汇总各科的"病例"，将各科学习中的主要问题编成短剧，并以就诊形式表现出来。在这个环节的准备过程中，每个同学既是"病人"又是"医生"，他们所表现出来的能力和想象力是我未曾想到的，可以说在这个环节中学生的自我教育能力充分地显露了出来。各小组不仅剧情丰富，而且每个组员都积极出谋划策，并且有着精彩的画龙点睛之笔，同学们的集体观念和荣誉感也得到了提高。

通过班会主要环节的组织准备，每个同学都直接或间接找到了自己的"学习病症"所在，每个同学都得到了治疗病症的良方。也正是通过这种求医问药的生动方式，我确实把要对他们所说的话淋漓尽致地告诉了他们，用他们最能心领神会的方式教给了他们。

此外，我也针对班级中同学们普遍存在的偏科问题，结合未来人才的需求标准为"预防科"的同学们安排了内容。事实证明，他们很出色地利用了电教手段把这个环节就像专家会诊一样告诫了每个"病人"，我想这不仅仅是在"看病"，而且让每个同学都了解了未来发展对自身的要求，更坚定了他们好好学习，争取进步的信心。

5. 有关细节的准备：（1）预防科的同学认真准备了病例会诊环节，用投影将病例展示出来，并总结出病例分析内容；（2）另一方面，预防科的同学结合思想政治课内容，为班级同学做好了未来人才要求的介绍，帮助更多的同学明确学习目的，增强学习动力；（3）最后班级宣传小组进行板报设计与绘制，版面主要以医院门诊的图案为背景，以医疗片断情景为绘画内容，"学习门诊部"五个主题红字居于版面中央，为班会创设情境；
（4）全班同学还对会场环境进行布置，分五组环绕式安排好座位，并打印
了各种病症的名称。我还借来了护士服和医生穿的白大褂，为主持人和扮
演医生的同学做了较为逼真的装扮，旨在使班会气氛更为生动逼真，使同
学们在良好的环境渲染下自然地表现出来。

（三）具体活动过程

1. 语文科

引子：我们的母语是伟大的，它博大精深，内涵丰富。有几位同学在
语文学习方面存在着不同的问题，他们来到了语文科。

病人甲考试心理素质差，作文水平低。设计了作文改错环节及必要的
心理调节指导。

病人乙课堂听讲习惯不好，注意力不集中。

小结：病人通过取药，总结出语文学科的学习特点和方法。

2. 数学科

引子：这是一些对数学学习有困难的同学。数学是理科学习的基础，
它重在理解和运用。下面让我们看一看这些同学有哪些困难，数学科的医
生又是怎样帮助他们解决问题的呢？

病人甲存在对数学理解认识的偏差。

病人乙对学习缺乏总结和复习，没有对知识进行消化吸收。

病人丙的学习方法较死板，解题灵活性差，不能熟练运用，缺乏技巧。

小结：归纳数学学习的特点、方法和经验，并将预习、听课、复习、
作业四个环节展示出来进行介绍。

3. 外语科

引子：英语门诊部来了两位病人——

病人甲听讲质量低，抓不住重点，记笔记的方法需改进。医生为病人
开出优秀笔记的范例药方，病人用药后复诊掌握了听讲的主要方法，取得
了外语科学习的进步。

病人乙学习环节不完整，缺乏语言环境和语感培养，阅读能力低。
医生向病人介绍了环境创造的重要性，并为病人安排了每天的阅读训练。

小结：班级中去美国参加过外语夏令营的同学总结出外语学习的体会及小窍门，为同学们介绍了英语学习的经验与方法。

4. 物理科

情景剧：《你来诊断》。（略）

采取互动的活动形式，由在场同学会诊讨论，主要针对影响学习的情绪因素。

小结：物理学科的学习规律。

5. 综合科

小品：《他的一天》。描述了一个同学由于课下贪玩电子游戏从而影响了上课，每天无精打采，课下抄袭作业，形成了恶性循环。

小结：警示同学们避开误区，明确认识。

6. 预防科

专家会诊"偏科"的危害性。

专家结论：二十一世纪人才的衡量标准。

7. 取药科

将每位同学的就诊药方发放给每位病人，给每位同学制定治病目标及观察日期，为日后学习改进做好准备。

8. 班会结尾

班主任总结：同学们！今天的班会给我印象最深的就是真实。咱们班是一个团结友爱的集体，一直以来学习中存在的问题困扰着大家。今天学习门诊部的医生帮助我们找到了病因。俗语说，"良药苦口利于病"，下一步我们只有不怕苦不怕累，配合医生的治疗和老师的教导，才能成为学习中的健康人。我也希望同学们有坚强的意志和坚持不懈的精神，战胜疾病，取得进步。只有具备健康学习素质的人，在面对未来的挑战时才能立于不败之地。

主持人结束语。

（四）活动后的反思

1. 班主任自评

（1）此次班会形式新颖，寓教于乐，充分发挥了学生的主体性和能动性，真正实现了学生自育。较之说教形式，这种班会形式对学生影响更深，学生很喜欢这种形式。

（2）学生在整个班会的准备和实施过程中受到的教育远远超过了班会本身表现的作用，学生通过自身的听、看和理解，深刻了解、认识了各科学习的方法和特点。通过调查，90％的同学对自身学习问题认识较以前有了明显的提高，70％的同学初步确定了自身需改进的问题和措施，85％以上的同学对未来学习要求有了较明确的认识。

（3）班会的成功还在于对班级学生自信心的培养上。同学们从成功的喜悦中看到了团结协作的力量，看到了自身具备的潜能，增强了自信心，这从班会后同学们高涨的学习热情上是可以看到的。同时，在随之而来的期中考试中我班数学成绩有了明显提高，步入年级中等行列。

当然，对学生学习方法的指导工作是长期的，不可能在一次班会中完成。但是这次班会的成功，也确实给我提供了有益的启示，更增强了我创新教育的信心。

2. 学生评价

例1：

班会是班级解决问题、沟通交流的很好的方法，但一般的班会形式单一，内容不丰富，起到的作用也就不大。我们班的班会中，给我印象最深的就是"学习门诊部"那次班会。

当时，正是我们班学习气氛最差的时候，老师当即就召集班委们，把这一方案告诉我们，布置、实施得也很快，班会马上就开了。为什么会这么快呢？正是因为它吸引人。它分为五个部门：语文、数学、英语、物理和综合，分别把各自的特点，以及同学们在各科中容易产生的问题和解决方法，以看病的形式，生动形象地表演出来了。同学们都很配合，很主动。在演出时，很多地方都引人入胜。最后，还以开方取药的方式，把各位"病人"的医"病"方法着实传达给了"病人"自己与观众。在这次班会中，几乎所有人都动员起来了，这是我认为最好的一点，最能让人印象深刻。

这次班会是由一个很有创新观念的集体共同合作的成果，班会总结出同学们应该运用的学习方法，选择哪些适合自己的学习方法。也就是我们的"药"，自从给了"病人"们，看来效果还是不错，可以说是药到病除了。我自己认为这种班会形式新颖，内容平实而丰富，真正起到了班会应起的作用，同学们对学习更感兴趣了。

例2：

上初中以来，我们班开过很多次班会，而要问哪一次给我们留下的印象最深刻，大家一定会说是初二的一次名为"学习门诊部"的主题班会。

那次班会主要是针对同学们在平时学习中遇到的问题，碰到的困难，通过"看病"的方式来为大家解决。由于主题内容与每一位同学的实际情况紧密联系，大家也想找出自己学习上的问题到底出在哪儿，因此从一开始的准备工作到真正表演，几乎全班每一位同学都参与了。大家的积极性很高，都愿意找出自身的困难，请各位"小医生"为他们治疗。充分的准备、同学们高涨的热情使班会开得十分成功，每位同学通过这次班会或多或少都有一定的收获，找出了自己的差距，了解其他同学的学习方法，并在今后的学习中借鉴，使自己更快地提高。大家都表示希望班内多搞这样的活动，让同学们在提高的同时也增长了学习热情。

——节选自《班级主题活动操作与案例》

二、掌握正确的学习方法

如果你注意观察的话，也许会发现，在我们身边，有不少同学学习是非常勤奋的。除了白天学习外，晚上还要加班到深夜，有的同学甚至课间的十分钟也要用于学习，可是却成绩平平，这就是学习方法不对头所造成的。

看未来，看发展，方法比单纯的知识更重要。许多教育专家认为，将来的"文盲"，不再是目不识丁的人，而是一些没有学会如何获取知识，不会自己钻研问题，没有预见力的人。这就要求学生不仅要掌握知识，更重要的是必须学会如何学习。科学的方法是点金术，是通向成功的桥梁。尤其是在知识更新日益加速的今天，掌握科学的学习方法，具备独立获取知识的能力显得特别重要。一个只能被动学习，不会主动探求知识的学生，在他们日后的工作、学习中必将遇到许多麻烦，甚至完全无法适应周围的环境。只有既学到了知识，又掌握了科学的学习方法，才能适应社会的飞速发展，并能为社会做出创造性的贡献。所以我们需要加强对学生学习方法的指导和教育。

（一）如何正确掌握学习方法

1. 加强对学生的学习方法的指导和教育，使学生学会学习。

2. 端正学生的学习态度，使学生养成谦虚好学，虚心求教的学习习惯。

3. 培养学生的自信心，使学生得到成功帮助他人的体验。

4. 使终身学习成为可能。

（二）活动前的准备

1. 班主任的准备工作

（1）班主任准备相关案例、故事，并设计好问题。

（2）选好发言学生，要求具有代表性，能够帮助其他学生的学习。

2. 发言同学做好准备

（三）具体活动过程

1. 班主任引出话题

班主任：今天我先给大家讲一个故事：有一天，一个很有自信的健壮青年来到一个伐木林场，看见门口挂着一个告示，上面记载了某个人一日劈柴的最高纪录；这位青年很有把握地向场主表示：虽然他没有算过自己的纪录，但只要给他三天的时间，他自信能够打破最高纪录。场主听了很高兴，便给他一把利斧，并表示愿意提供高额的破纪录奖金，大家也对他寄予厚望。

第一天，年轻人很努力地劈柴，果然不负众望，只差最高纪录一点点。他心想：只要我明天早点起床，再努力点，打破纪录一定没有问题。

第二天，他起得很早，并且更卖力，但没想到成果却比昨天落后了些。他心想：一定是睡眠不足、体力减退的关系。所以他当晚很早就睡了。

　　第三天天未亮，他便精神抖擞地开始劈柴，比前两天更认真，但一天下来，他劈的柴却更少了。

　　那年轻人觉得很奇怪，他那么努力，为什么柴却越劈越少？场主也很纳闷地和大家一起探讨，后来才发现虽然给了年轻人上好的斧头，但这把斧头一连三天都没有磨过，所以越用越钝，成绩才会无法突破。

　　你会给这个故事起一个什么样的名字呢？

　　学生1：磨刀不误砍柴工。

　　班主任：你从这个故事中想到什么呢？

　　学生2：做事情不能蛮干，要掌握方法。

　　2. 检验学生的学习方法是否恰当

　　班主任：每个人有每个人的学习方法，你的学习方法得当吗？我们现在就来测试一下。

　　下面是十个问题，你实际上是怎么做的、怎么想的，就怎么回答。每个问题有三个可供选择的答案：是、不一定、否。请把相应的答案写在题目后面。

　　（1）学习除了书本还是书本吗？

　　（2）你对书本的观点、内容从来不加怀疑和批评吗？

　　（3）除了小说等一些有趣的书外，其他理论书你根本不看吗？

　　（4）你读书从来不做任何笔记吗？

　　（5）除了学会运用公式定理，你知道它们是如何推导的吗？

　　（6）你认为课堂上的基础知识没啥好学，只有看高深的大著作才过瘾吗？

　　（7）你能够经常使用各种工具书吗？

　　（8）上课或自学你都能聚精会神吗？

　　（9）你能够利用点滴时间学习吗？

　　（10）你常找同学争论学习上的问题吗？

　　第1、2、3、4、6题回答"否"表示正确，其他问题回答"是"表示正确。正确的给10分，错误的不给分。回答"不一定"的题目都给5分。最后计算总分。

　　总分85分以上，学习方法很好；总分65—80分，学习方法好；总分

45—60分，学习方法一般；总分40分以下，学习方法较差。

班主任：现在大家对自己的学习方法是否正确有了一个大概的了解了吗？

3. 请有经验的学生讲述自己的学习方法

班主任：学习和砍柴一样，也要掌握好的方法。下面我们再来看一个小故事：有一个天真的孩子不知天堂和地狱为何物，便去请教一位哲学家。于是，哲学家把孩子领到一个地方，小孩看到，在很大很深的池子旁坐着一群老者，他们在用很长很长的勺子十分费力地从池子中舀汤喝，尽管空气中飘荡着汤的鲜美味道，这些老者却长得瘦骨嶙峋。哲学家告诉孩子，这就是地狱。

紧接着，孩子又跟着哲学家来到另一个地方。同样宽阔的池子，同样的汤，同样长长的勺子，不同的是这些老者在用长勺给对面的老者舀汤喝，同时，也喝到了对方送过来的汤。小孩子发现这些老者们个个红光满面，神采飞扬。小孩子若有所思地说："我知道了，这里就是天堂。"

同样的池子，同样的汤，同样的人，但天堂与地狱中的景象却形成了天壤之别，这二者究竟不同在哪里呢？

学生3："天堂"中的人们互相帮助，而"地狱"中的人们只想着自己。

班主任：那你们是想生活在"天堂"中还是"地狱"中呢？

学生：当然是"天堂"中。

班主任：那好，我们就互相帮助，把我们班建设成"天堂"！下面我们请几位学习方法较好的同学为我们介绍一下他们是怎样学习的，好吗？

学生3：自信是成功的基础。

站在讲台前，我很紧张，因为这是我第一次站在讲台前面对全班同学发表演说。

也许这次我考得真的不错，但还没有达到我的目标，我会继续努力，我相信你们也会努力。在学习中，努力当然必不可少，但光靠努力是不够的，还需要自信。因为期中考试我考得不好，但我没有因考得不好而放弃，因为我相信，我有能力考得更好，所以我不但没有放弃，而且比以前更加努力。我也相信，在座的各位都有这个能力，都能取得更好的成绩。

无论这次你考得多差，只要你不放弃，充满自信，就一定能取得好成绩。也许有人不信，那么我就请大家听一个故事。

加拿大有一位长跑教练，因为在短时间内培养出几位长跑冠军而闻名。他成功的秘密是因为有一个神奇的陪练，这个陪练不是人，而是一只凶猛的狼。他这样做是有原因的。他训练的是长跑运动员，每天的第一课就是让运动员从家里跑过来。有一个队员每天都是最后一个，而他家也不是离得最远。教练甚至都对他说过让他改行去干别的。但突然有一天，他比其他人早到了二十分钟。教练知道他离家的时间，教练粗估了一下，惊奇地发现，这个队员今天的速度几乎可以超过世界纪录。这个队员气喘吁吁地描述着他今天的遭遇：他在离开家不久穿过五公里的野路时遇到了一只狼。那野狼拼命地追他，他拼命地往前跑，那只野狼竟被他给甩下了。

听到这里，也许大家已经明白了：我们中的许多人在日常生活中大都犯了这样一个致命的错误：总在诅咒我们的敌人，或总在庆幸自己没有遇到可怕的敌人，或者因为自己遇到了敌人而失魂落魄。这恰恰错了，我们应该为有一个敌人或者是强大的敌人而庆幸，为自己遇到艰难的境遇而庆幸，因为这正是你脱颖而出的机会。

挥去对挫折的担忧和焦虑，努力去发现每一种处境中积极的因素，这就是自信所起的重要作用。

其实，站在这里，我有点愧疚，因为这个位置是为优秀的学生而设，而我不是优秀的，我经常犯错误，经常挨批评，也许这就是所谓的困境。但我会努力改正，努力寻找走出困境的道路，我不会放弃，我有信心搞好学习，也希望和我处境相似的同学，你们也千万不要灰心，不要放弃。

至于学习方法，每个人都有自己量身定做的学习方法，别人的不一定就比你的好，也不一定就适合你，所以你只要相信自己，按照你自己的方法，坚持不懈地努力、拼搏，就能获得成功。

班主任：学习中，补充些课外资料也很必要，但要注意"滋补度"，不能盲补，最好不要"营养过剩"。也就是说，我们不能沉浸在大量的题海战术里而忽略了书本的重要性。俗话说"万变不离其宗"，书本才是最重要的课本。下面请听这位学生的发言。

学生4：以书本为主，资料为辅。

我在上学期的学习中坚持了"以书本为主，资料为辅"的学习方法。我们不可盲目地热衷于参考书，忽视了课本的重要性，而要把课本与资料有机结合，在明确重点，突破难点的基础上，加深对基础知识，基本技能的理解和利用，积累解题技巧，掌握各学科的不同思想方法，学会举一反三和融会贯通，还要从一点进行发散性联想。

课下工作对我们的学习也很重要，我们在课后还要对一些重点题目进行反复的再思考，再分析，再理解。要从基础知识的学习进一步到发散思维的延伸，然后总结规律，形成自己的知识网络，最后经过长期知识整理，形成自己的学习方法。

班主任：兴趣是人生的第一位老师。有了兴趣就不怕做不成事。而且兴趣也是慢慢培养的，不可急一时之功。希望下面一位同学的介绍能使你们有所收获。

学生5：惜时＋兴趣。

这次能在考试中取得优异的成绩，我很荣幸。下面我向大家介绍几点学习方法：

（1）俗话说"一寸光阴一寸金，寸金难买寸光阴"，其意是让人们知道时间的珍贵。我们应该珍惜时间，这里的时间是指该学习的时间，即从上课到下课。只要在这段时间里，真正把自己的精力投入学习之中，必将硕果累累。

（2）有的同学对有的科目不感兴趣，因此，学习效率不是很高，因此我建议大家看书应选恰当的时间，调整好学习时间提高学习效率。

（3）注重平时的学习。有的同学喜欢临时抱佛脚，虽然有一定的作用，但成果不大。在平日里多看书，多练习，巩固知识，最终才会事半功倍，从而取得好成绩，祝同学们在本学期中取得优异的成绩，谢谢！

班主任：每一门学科都有每一门学科的特点，因此每一科都有一些与众不同的学习诀窍。当然，预习与复习必不可少，那么现在让我们听一听这一位同学的成功宝典中的数学绝招吧！

学生6：抓好"课前、课堂、课后"三环节。

这次我来介绍一下数学的学习方法。主要分为课前、课堂和课后三个方面：

（1）课前预习。课前预习不必太深入，只要能把基础概念和例题看懂就可以了。因为老师在课堂上还要拓展，课后还要复习。如果太深入，就是浪费时间了。

（2）课堂听讲。某些同学课前也准备好要仔细听，但老师一讲课，他的头就发懵，这时就应该积极回答问题，即使不站起来回答，也应该在下面回答。当老师讲题的时候，学会做这一题是次要的，最主要的是听老师入手解这一类型题目的主要思路，以及对这一题的拓展。如果课堂上遗留下一些问题，一定要记下来，课后问老师或者是请教周围的同学。

（3）课后复习。课后复习并不一定要死做题目，对于同一类型的题目，顶多只要做两遍就可以了，再多就是浪费时间了。

上面只是我的一些浅见，我相信，肯定还有同学有比我更好的或者是更合适的学习方法，请同学们课后很好地交流吧。

班主任：著名教练米卢说过"态度决定一切"，良好的学习态度是成功的一半。诚然，抓紧课堂上四十五分钟的时间进行必要的巩固、合理的安排也举足轻重，下面请同学给我们交流一下他的学习方法。

学生7：注意学习中的四因素——"课堂、课后、时间、态度"。

（1）课堂四十五分钟。想要学好各科知识就必须以课堂四十五分钟为基础，认真对待每堂课，掌握知识要点，打好根基。尤其文科方面，大多是记忆性的知识，能够在课堂上掌握其基础知识要点，那么课后的巩固也就方便多了。

（2）课后的巩固。俗话说"熟能生巧"，光有了课堂四十五分钟的基础还不够，还需要对其巩固和记忆，这样以后才能对这些知识记忆犹新。这不仅对文科知识很重要，对理科知识也一样重要。理科知识需要做大量的题来巩固，也就是说我们课后必须做大量的训练。

（3）合理安排学习。比如：巩固理科知识要做大量的习题，但我们不能盲目地去做题。这样一点好处也没有，最后受了罪，却没有收获。因此，做题也要善于选择。要精益求精，做过题后能够举一反三，这样才会提高我们的成绩。

（4）要有好的态度。在学习过程中，大多数人可能都不专一、心浮气燥。比如有时在看一道例题时，怎么也看不懂，放下来去看别的吧，但心怎么也不能平定，这就需要有好的态度。

班主任：我们每天的学习总离不开解数学题，下面就请这位同学为我们介绍一下如何解数学题。

学生8：如何解数学题。

课前，认真做好预习，持之以恒。上课时，对老师讲解的概念、定义、例题要深刻理解。课后，做数学练习题前，首先要回顾课本上所学的相关内容，做到温故知新。做题时，要认真审题，思考解题方法。做完后，注意总结，即时纠正错误，不会的及时请教老师。

比如说，对于数学基础训练册，做之前，首先要看学习要求，回顾课本上的相关内容，是否完全掌握。做完这项工作后，做下面的习题；做题时，首先要认真审题，思考解题方法，尽量多想出一些新的方法，以扩展思维，选出最简便的方法；做完后，可归纳这类题目的解题技巧，提高解题速度；做错时及时纠正，不会的问老师，把每一道习题都弄懂。

班主任："师者，传道授业解惑也。"几千年前的人都知道这么重要的学习方法，我们何不借鉴一下呢？请听给我们一些启示的话，站在老师的肩膀上去摘星辰。

学生9：如何学习地理。

今天很荣幸，能够站在这里为同学们介绍学习方法。因为我的数理化三科成绩均不理想，又鉴于老师建议我们说些具体的东西。所以现在我向同学们说说我在学习地理方面的一些体会。

（1）对于书上的基本概念、性质之类的东西应牢记于心，脑子里应有清楚的轮廓。

（2）重在理解。老师在课堂上讲的听明白了，课后就不用抽时间去死背了，况且也不是死记就记得住的。我不赞成死记一些理解性的东西，所以我从不死记。

（3）练习中不会的要去请教老师，注意听老师分析做题的思路和方法。

以上是我的个人观点，仅供大家参考，如果同学们有什么好方法，希望与我交流，共同进步！

班主任：高昂的学习劲头令人鼓舞，但良好的复习计划也很重要！平时的复习至关重要，不要总临时抱佛脚。因为"临阵磨枪，光却不快"。下面请听这一位同学的复习方法。

学生10：考前的复习。

我认为学习要有一个计划，我这次讲的是在考试前的复习。

首先，你要了解自己的学习情况，在考试前的四五周内，制订一个适合自己的复习计划，而且要安排好自己每天的复习任务。

其次是认真地完成每天的复习任务，尤其对以前不明白的地方。比如数学复习时，在前两周内，你可以把重点放在课本上，熟悉学习过的知识点、定理、公式，并把课后习题彻底搞懂。后几周内，把自己的笔记拿出来，把老师讲过的习题有重点地看一遍，并把自己以前做错的题看一遍，找出错误的原因，避免再次出错。最后做一做这学期的综合试题。

班主任：学生最头疼的是考试。而学习生活中最频繁的也是考试。俗话说"考考考，老师的法宝"，可惜我们不能"抄抄抄"，那就让我们总结考试，爱上考试吧！下面请听下一位同学的考试态度。

学生11：对待考试的态度。

人的一生中会面临许多各式各样的考试，考试也许是我们学生生活中不可或缺的部分。对待考试，我们应该有正确的心态。

（1）要重视平时的学习，积极做好预习、练习、复习。

（2）对兴趣不大的学科，一定要给自己压力，要努力培养兴趣，切不可偏科。

（3）考试时，要放松心情，不必太在意结果，但也不能敷衍了事。要把考试当成对自己所学知识的检验。

（4）考试后要总结经验和教训。

4. 班主任总结发言，结束本次班会

班主任：听了以上几位同学的发言，我感到大家讲得很实在，很切合同学们的实际。希望同学们对照自己的学习实际，找到适合自己的学习方法。这里我针对咱们班的实际情况，在学习上提出以下几点希望：

（1）同学们心中要有明确的奋斗目标。

一个人没有目标，人生必定以挫败结局；有了目标，人生就变得充满意义，一切事情都会清晰、明朗地摆在你面前。什么是应该做的，什么是不应该做的，为什么而做，应该怎样做。

这里我举个例子，德国法兰克福的钳工汉斯·季默，从小便迷上了音乐，他的心中有一个始终不变的奋斗目标——当音乐大师，尽管买不起昂贵的钢琴，但他用钢板制作的模拟黑白键盘，练贝多芬的《命运交响曲》时，竟把十指磨出了老茧。后来，他用作曲挣来的稿费买了架"老爷"钢琴，有了钢琴的他如虎添翼，并最后成为好莱坞电影音乐的主创人员。

他作曲时走火入魔，时常忘了与恋人的约会，惹得许多女孩"骂"他是"音乐白痴""神经病"。他不论走路或乘地铁，总忘不了在本子上记下即兴的乐句，当做创作新曲的素材。有时他还从梦中醒来，打着手电筒写曲子。

汉斯·季默在第六十七届奥斯卡颁奖大会上，以闻名于世的《狮子王》荣获最佳音乐奖。这天，是他的三十七岁生日。

由上例可以看出，在他成功的背后，除了有付出的艰辛外，更重要的是他心中始终有一个清晰的人生奋斗目标——当音乐大师。

（2）同学们要有锲而不舍的拼搏精神。

在成功学中有"蜗牛行为"一词，是指没有计划的行进，没有拼搏意识，速度就会慢得惊人。同学们必须明白，进取的力量能把一个弱者塑造为强者，因为进取能够激励一个人做自己极力想做的事，并且浑身充满干劲。

不知道同学们是否知道鲅鱼和鲦鱼的习性？鲅鱼喜欢吃鲦鱼，鲦鱼总是躲避鲅鱼。有人曾经用这两种鱼做了一个实验：实验者用玻璃板把一个水池隔成两半，把一条鲅鱼和一条鲦鱼分别放在玻璃隔板的两侧。开始的时候，鲅鱼要吃鲦鱼，飞快地向鲦鱼游去，可一次次都撞在玻璃隔板上，游不过去。过了一会儿工夫，鲅鱼放弃了努力，不再向鲦鱼那边游去。更有趣的是，当实验者将玻璃板抽出来之后，鲅鱼也不再尝试去吃鲦鱼。鲅鱼失去了吃掉鲦鱼的信心，放弃了已经可以达到目的的努力。

其实，作为万物之灵的人，有时也犯鲅鱼那样的错误。记得四分钟跑完一英里的故事吧？自古希腊以来，人们一直试图达到四分钟跑完一英里的目标（6.704m/s）。人们为了达到这个目标，曾让狮子追赶奔跑者，但是也没实现。于是，许许多多的医生、教练员和运动员断言：要人在四分钟内跑完一英里的路程，那是绝不可能的。因为，我们的骨骼结构不对头，肺活量不够，风的阻力又太大，理由实在很多很多。

然而，有一个人首先开创了四分钟跑完一英里的记录，证明断言都错了。这个人就是罗杰·班尼斯特。更令人惊叹的是，一马当先，引来了万马奔腾。在此之后的一年，又有三百名运动员在四分钟内跑完了一英里的路程。

训练技术并没有更大突破，人类的骨骼结构也没有突然改善，数十年前被认为是根本不可能的事情，为什么变成了可能的事情？是因为有人没有放弃努力，有坚韧不拔的毅力，有顽强拼搏进取的精神。

（3）同学们要掌握正确的思考方法。

善于思考能让人避开盲目性。古希腊伟大的思想家柏拉图说："思考的危机决定了一个人一生的危机。"同样，思考的失败也决定了一个人一生的挫败。一个不善于思考难题的人，会遇到许多取舍不定的问题；相反，正确的思考能发生巨大作用，可以决定一个人应该采取什么样的行动。

古希腊的佛里几亚国王葛第士以非常奇妙的方法，在战车的轭上打了一串结。他预言：谁能打开这个结，就可以征服亚洲。一直到公元前334年，还没有一个人能够成功地将结打开。这时，亚历山大率军侵入小亚细亚，他来到葛第士绳结之前，不加考虑，便拔剑砍断了绳结。后来，他果然一举占领了比希腊大五十倍的波斯帝国。

又如一个孩子在山里割草，被毒蛇咬伤了脚。孩子疼痛难忍，而医院在远处的小镇上。孩子毫不犹豫地用镰刀割断受伤的脚趾，然后，忍着巨痛艰难地走到了医院。虽然缺少了一个脚趾，但孩子以短暂的疼痛保住了自己的生命。

再如一个下岗工人到一家餐厅应征做钟点工。老板问：在人群密集的餐厅里，如果你发现手上的托盘不稳，即将跌落，该怎么办？许多应征者都答非所问。这位下岗工人答道：如果四周都是客人，我就要尽全力把托盘倾向自己。最后，他成功地被录用了。

亚历山大果断地剑砍绳结，说明他摒弃了传统的思维方式；小孩子果断地舍弃脚趾，以短痛换取了生命；服务员果断地将即将倾倒的托盘投向自己，才保证了顾客的利益。在某个特定的时刻，你只有敢于舍弃，才有机会获取更长远的利益。即使遭受难以避免的挫折，你也要选择最佳的失败方式。

正确思考往往蕴涵于取舍之间，因为怎么做是由一个人的思考力决定的。不少人看似素质很高，但他们因为难以舍弃眼前的一时嗜好，而忽视了更长远的目标。成功者有时仅仅在于抓住了一两次被别人忽视了的机遇，而能否抓住机遇关键在于你是否能够在人生道路上进行正确的思考和果敢的取舍。

所有计划、目标和成就，都是思考的产物。你的思考能力是你唯一能完全控制的东西，你可以以智能，或是以愚蠢的方式运用你的思想，但无论如何运用它，它都会显现出一定的力量。愿同学们不断总结正确的思考方法，为实现自己的远大理想铺平道路。

（四）活动后的反思

本次活动交流了学习方法，学生从自己的角度向同学介绍了自己的学习方法，贴近学生实际情况，有助于学生借鉴模仿。此外，班主任最后的总结发言起到画龙点睛的作用。学生毕竟总结概括能力不太强，班主任有条理、系统的总结能帮助学生学习他人的方法，深刻理解他人的经验。

此外，本活动开始的两个小故事生动有趣、富有哲理，是本次活动的亮点之一。

三、沟通使师生共同成长

班级进入到高年级，我从学生的日记和言谈中发现，学生们与老师间尤其是与科任老师间的排斥心理日益加剧，矛盾也日益加深。通过一段时间的仔细观察，我发现问题出在师生间的沟通不够上，为了促进师生间的互相理解，我们决定召开一次主题班会，并利用主题班会在师生间搭起一座心灵之桥，让师生携手并肩前进。

（一）怎样通过沟通实现共同成长

（1）通过引导学生对教师的工作提出建议和教师对学生的学习提出希望，来不断增进师生间的情感交流，密切师生关系。

（2）通过有益的活动使学生与教师相互了解，共同提高。

（二）活动前的准备

（1）教室布置：将学生与教师座位混放在一起，墙壁上贴着学生与各科教师一起活动的照片，黑板上写好主题班会的名称。

（2）邀请所有班级的任课教师参加，聘请校长当嘉宾——心语热线主持人。

（3）培训若干小记者，安排一人做本次活动的主持人。

（4）准备游戏"师生一家亲"的道具（长型拖鞋）。

（5）在班会前，班主任走访本班的各科任课教师，了解本班存在的问题（有些学生不重视科任教师所教的课，有些教师对学生的管理使学生反感）。

（6）问卷调查，摸清学生的思想（有些老师在教学中有明显的偏向倾向，有些学生感到老师不喜欢自己）。

（三）具体活动过程

1. 主持人宣布《小手牵大手，共架知心桥》主题班会开始

2. 第一章节：敬师爱生

（1）主持人：亲爱的同学们，自从我们跨进学校的大门，我们就生活在老师的身边，从一个爱哭的孩子，长成了一个有知识的少年，虽然离开妈妈的怀抱，红领巾却抱住了我们的双肩，这一点一滴的进步，包含了老师多少辛劳血汗。为了表达我们对老师们的敬意，请听各科课代表代表全班同学献上的一封敬师信。

（2）口述敬师信：

班级的各科课代表上台，每人说一句，连成一封敬师信（要求情真意切、语句通顺，表达出全班学生对每位教师的敬意）。

老师，这个称呼是如此的亲切；

老师，这个称呼是如此的动听；

从我们走进校门的那一天起，

我们的生活中

就印满了您忙碌的身影，

您用您的双手

为我们打开知识的宝库，

让我们在知识的海洋中

尽情遨游；

是您让我们知道了

一加一等于二；

是您教会我们

写自己的姓和名；

因为有了您，

我们才知道世界有多大；

因为有了您，

我们才会唱1、2、3；

您告诉我们

祖国有五千多年的文明史；

您教会我们

用双手创造一件件工艺品；

老师，我们感谢您。

因为您用您的爱心

温暖着我们；

老师，我们热爱您。

因为您是我们心中

最伟大的人！

（3）主持人：敬爱的老师，在我们的心中，您的微笑构成了一片亮丽的天空，它滋润我们的心田，使我们感到是那样的温暖与亲切，老师，您知道在我们的心灵相册中保留有您怎样的相片吗？

（4）全班学生自由谈心目中老师的亲切形象。讲述日常生活中的点滴小事。

学生1：瞿老师上自然课时的态度最亲切，他总是给我鼓励的微笑。在做试验的时候，每当我有困难的时候，他总会微笑着出现在我的身旁，给我鼓励，给我战胜困难的力量。所以我特别爱上自然课，上他的课我一点也不感觉紧张。

学生2：李老师知识最渊博，上他的课最有意思，他会使你感到学习知识是一件十分愉快的事情，从不会令你感到枯燥。更可贵的是，在学习课文的同时，我们还领悟到了做人的道理。这一点给我的印象最深，每逢上语文课的时候，我都会感到时间在不知不觉中就过去了。

学生3：周老师的数学课上得最轻松。因为在这里，你从不会感到势单力薄，总会感到成功就在你的眼前。连我这样一个以前不喜欢数学的孩子，现在也十分爱上数学课了，这还真与周老师调动我的积极性是分不开的！在这里，我衷心地对周老师说一声："谢谢您！"

学生4：我爱上美术课，因为郑老师的绘画本领真高，几个简单的线条在老师的手中便会演变成各种图案。我十分喜爱上郑老师的美术课，在这里我会感到世界上到处都存在着美。

学生5：体育孙老师对我们最好，上次我在跑步的时候由于风大，没跑几步就吐了，是孙老师搀扶我到医务室，那时，我感觉孙老师的手好温暖。在课下，孙老师还十分关切地询问我的病情，当时我感到自己受到老师的爱护是最幸福的！

（5）主持人：亲爱的同学们，在每位老师的心中，也有一本珍藏的相册，那里面也保留着我们的生活模样，是什么样呢？让我们静静地聆听老师的描述。

（6）请各位任课老师谈心中学生的形象，讲述生活中的点滴小事。

老师1：咱们班的同学最热情，教师节那天，几位班级代表一大早就来到我的办公室，又是打扫卫生，又是送慰问信，帮我干了许多工作，让我特有成就感。我当时觉得自己的人生价值实现了！我认为教师是世界上最最光荣的职业！看到你们这么好的孩子，我更要在自己的工作中努力，努力，再努力！把自己的工作做得更好！

老师2：说起心灵手巧，咱们班的同学可是年级的佼佼者，瞧，课代表送给我的中国结，多精致，我会保存好的，因为这红红的中国结中包含了我与咱们班同学间深厚的情感。这种情感是别人体会不到的，是人间最纯真的情感！

老师3：作为科任教师，评论一个班的好坏我最有发言权。咱们班在咱们年级中的确是好样的！每次学校开学之时，都要搬运同学们的学习材料和教具，我这个科任老师可犯了难。因为我教的班级多，因而学习材料等东西自然就多。每逢在我犯难的时候，咱们班的同学总是热情而主动地帮助我，看着同学们一趟又一趟地搬运东西，大汗淋漓的样子，我的心真的很感动！这种热情是少有的！

……

（7）主持人：在平时的学习生活中，老师们常常碰到一些调皮、学习习惯差的同学。我们也会见到爱生气、给学生冷眼的老师，由此使得某些同学对老师反感，而老师也不愿意与某些同学说话，这中间的隔阂也会越来越深。那么，如何解决这个问题呢？今天我们就安排了这样一个小品，你将会看到老师与学生的大反串，从中我想大家会有一番感触的。

3. 第二章节：心绪袒露

（1）小品：《放学以后》

剧情大意：由一名与本班关系较为紧张的老师扮演学生王甲，由一名平时表现欠佳的学生出演这位老师。课堂上王甲由于未交作业，又忘带用具，还在课堂上说话，于是老师在放学后将王甲留下。老师千方百计地进行教育，而王甲百般申辩。小品在激烈争吵中结束。

（2）主持人：在刚才的小品中，老师成了学生，而学生成了老师，如果师生都能够站在对方的角度看问题，那么师生间肯定会少了许多隔阂，多了几分理解。今天，我们就特地请来了心语热线的主持人，请她到现场为我们排忧解难。

4. 第三章节：热线传真

（1）心语热线主持人现场解答：

学生1：为什么老师总对成绩好的同学另眼相待，对后进同学则缺少热情？

学生2：没有按老师的意思办就是目中无人吗？

学生3：为什么老师不喜欢我？

心语热线主持人答问：

回答1：老师对成绩好的同学另眼相待，是因为从这些学生的身上，老师看到了他们劳动的回报，这一点我想每个人都会理解的。谁不希望自己的学生成绩优异呢？当然，老师的这种做法是有其片面性的，遇到这种情况，我们应该先想一想：我在学习上是否尽了自己的全力，然后再去同老师沟通，提出你的想法，寻求老师的帮助。这样问题会迎刃而解的。不信你就试试吧。

回答2：这要看你的行为是否正确，如果正确，你应该和老师及时沟通，因为他们关心你们，才会在你做事的时候为你出主意。如果你能让老师相信你的判断力，我想，老师就会由辅导你转变为关注你。如果你的行为有问题，那你就辜负了老师对你的一番苦心。总而言之，只要你和老师能及时沟通，我想问题会很好解决的，老师认为你目中无人是因为他们不清楚你的内心所想。

回答3：这只是你自己的感觉，首先问问自己，你喜欢这个老师吗？我想你肯定是喜欢老师，希望能得到老师的认可，因为你希望老师关注你，所以你才会有这样的感受，其实老师喜欢他的每一名学生，如果不放心，就大胆地问问老师，我相信你会得到自己满意的答案的。

教师1：为什么我的课上总是那几名学生调皮？

教师2：为什么有的学生对我的要求记不住？

教师3：为什么有的学生对我抱有偏见？

心语热线主持人答问：

回答1：学生调皮的原因首先是不能集中注意力，如果对完成某件具体的事情没有动力，大概就不会把注意力集中在这件事情上，如果我们能让学生平静下来，激发他们对所学的知识产生兴趣，我想问题也就解决了。

回答2：谁都会有遗忘的时候，开始时，如果我们没有注意，就会让学生形成心理定势，因而会出现这种情况，解决的办法就在于我们应通过多种方法帮学生打破定势，培养他们良好的习惯。

回答3：这个问题的根源我看还是出在沟通上。为什么学生会对我们有偏见？这偏见从何而来？看来还是需要我们与学生坐到一起，消除误会。偏见止于沟通，只有理解学生，才能更好地教育学生。

（2）小记者采访个别同学与老师，请他们谈谈听了刚才问答的感受，并请学生对老师的工作多提建议，请老师对学生的学习提出要求和希望。

学生1：听了刚才心语热线主持人的话，我知道了老师也是很不容易的。他们早出晚归，精心准备并上好每一节课，为的就是让我们成为祖国的栋梁之材！如果我们没有认真去做的话，那也就辜负了老师的心愿！我想，我在今后的学习中会做得令老师满意的！

学习2：听了主持人的话，我明白了，我之所以不喜欢老师，主要是因为我不喜欢这门课程。老师没错，主要是自己将对学科的成见带到了老师的身上。因而，也就造成我和老师的关系紧张，认为老师不喜欢我。现如今明白了，老师是喜欢他所教的每一个学生的，学生就是老师的孩子，老师会通过不同的方式爱他们！严格也是一种爱！

学生3：我也知道了，老师并不是不好接触的，他们是为学生服务的，我们的正当要求他们是会考虑的。有的时候，我们也要站在老师的角度来想一想，这样我们之间也就能沟通了。

教师1：看了学生们的表演，听了心语主持人的话，我感到自己的教育方法是有些与学生脱节，主要是自己与学生沟通不够！彼此不了解，这样在教学中也就形成了学生与自己不配合，现在我知道了，作为一名受学生欢迎的教师，首先要了解学生，尤其要了解学生的心理。

教师2：现如今的学生真是很不容易的。他们有的时候不爱上我的课，我原来认为这是学生对我有偏见。可听了心语主持人的话后，我明白了，这不是学生的错，错误主要出在我这里。自己的教育观念太落后，教学的方法又不是很多样，不能吸引学生，使学生不爱上自己的课，这一点我有责任。今后我也要在教学中多从学生的角度出发考虑问题，看看自己的要求是否符合学生的实际情况？从心理上与学生拉近距离。

教师3：教育家提出"无错原则"，这是有一定依据的。平时自己只知道对学生一味地批评，而现如今静下心来想想，自己也有不对的地方。学生作为受教育者，在学校中犯错误是正常的事，可是自己却不顾这个规律，甚至有的做法还违背这一规律。学生可能因为这样或那样的原因，导致他们对于老师的一些要求记不住，因此自己就从维护老师的面子出发，而不从学生的角度考虑问题。看来自己今后在教育教学中还要注意这一点！

……

（3）主持人：其实老师的胸膛里跃动着的是一颗童心，也喜欢运动和玩耍，也拥有坦诚、质朴与率真，只是由于工作的原因，他们不得不放弃许多娱乐的时间，也只让我们看到了老师工作中的一面。下面我们就和老师们一起来做个游戏，让我们了解生活中老师们的另一面。

5. 第四章节：手儿相牵

游戏《师生一家亲》

（1）《师生并肩朝前走》

共分五组，每组六人，包括两位老师和四名同学，穿上长拖鞋，完成三十米折返，以先完成的为优胜。

（2）《师生心相通》

每组由六名学生和一位任课老师组成，老师的背筐接学生投出的小球，三十秒内相互配合，以接球多的为胜。

（3）主持人：古人云，天地君亲师，可见老师在人的一生中所起到的重要作用。的确，在我们的学习中，老师甘做阶梯，为我们的成长日夜操劳。让我们伸出自己的双手，牵起老师温暖的大手，在师生间架起知心的桥梁，把人间最甜最美的微笑留在彼此的心间。

6. 在掌声中主持人宣布班会结束。

（四）活动后的反思

一次寻常的班会，因为用了不寻常的手法，解决了学校教育中一个最难解决的问题——师生矛盾。此矛盾自古有之，如何能有效地化解矛盾，如何能给师生间（尤其是学生与科任老师间）创设沟通的条件，是每位班主任都曾遇到过的问题。这次班会最为成功的地方就在于能够让老师在学生面前敞开心扉，让学生在老师面前直言不讳，在老师与学生间架起一座理解的桥梁。在课下，活动进行了延续：

（1）进行一次《老师，听听我们的心里话》和《同学，我想对你说》的师生通信活动，给予学生和老师更为宽松广阔的交流沟通空间，让师生自由交流自己的感受。

（2）设立班级的知心时刻、知心电话。定期了解学生的想法，使学生逐步形成良好的处世方法与心态。

四、培养学生的求知意识

（一）培养学生求知的意识

促进学生形成"爱科学，讲科学，学科学，用科学"的良好风尚，培养学生的动手能力（搜集资料、做实验）、思维能力、表达能力和创造能力，使学生养成追求知识、勤奋好学的良好品质和严谨、求实的科学态度，从而提高学生的综合素质。

（二）活动前的准备

1. 动员

带领学生参加学校科学节开幕式后，让他们谈一谈自己的感受，在此基础上宣布准备召开一次《我们是未来的科学家》主题班会，激发学生的参与热情。

2. 提前两周布置，让学生做如下准备

（1）搜集科学家少年时期的小故事（可以从书中，也可以从光盘、网上查找）。

（2）搜集科学家画像挂图。

（3）搜集并摘抄古今中外科学家名言。

（4）根据自己的能力，结合生活实际准备一些科学小实验，要求能讲明实验的科学原理。

（5）让个别同学准备配乐磁带或光盘（以轻音乐为主）。

（6）班委提前设计好班会板报，并布置墙报（以"异想天开"为主题的科学画展）。

（7）宣传委员负责写好请柬（班主任事先安排好请哪些领导、老师参加）。

（三）具体活动过程

主持人1、主持人2合：《我们是未来的科学家》主题班会现在开始！

主持人1：首先让我们以热烈的掌声欢迎老师参加我们的班会！

主持人2：我校第十五届科学节已经拉开了序幕，我们二（2）班全体同学积极投入到了各项活动中。大家知道，古今中外，有许多科学家为人类的进步做出了巨大的贡献。下面请王亮、张刚、李强、何欣同学给大家介绍几位著名的科学家，大家欢迎！

王亮介绍毕昇：毕昇是北宋时代的发明家，活字印刷术的发明者。活字版印刷术是我国著名的"四大发明"之一，比欧洲应用活字印刷技术早了四百年，它对人类社会文化的发展起了巨大的作用，在世界科学技术史上占有十分重要的地位。

张刚介绍李时珍：李时珍是明代杰出的医学家，经过二十七年的艰苦努力，著成《本草纲目》，收录原有诸家《本草》所载药物共1518种，新增药物374种。全书总结了十六世纪以前我国劳动人民丰富的药物经验，对后世药物学的发展做出了重大贡献。

李强介绍瓦特：瓦特是英国发明家。对当时已出现的原始蒸汽机做了一系列的改进和发明，提高了蒸汽机的热效率和工作可靠性，使蒸汽机在工业上得到广泛的应用，被人们誉为蒸汽机大王。

何欣介绍爱迪生：爱迪生是美国发明家、企业家。1877—1879年发明留声机；实验并改进了白炽灯和电话。后又提出并采用直流三线系统，制成当时容量最大的发电机。1883年发现热电子发射现象，被命名为"爱迪生效应"。在电影技术、矿业、铁道电气化、建筑、化工等方面也有不少著名的发明。

主持人1：同学们，你们还知道有哪些科学家吗？（学生纷纷发言）

主持人2：很多同学利用课余时间摘抄了一些科学家的名言警句，谁

来给大家读一读？（指名，学生到前面读）

人生在勤，不索何获。——张衡

广泛的求知欲能使一个人成为系统的博物学家。——达尔文

什么是天才，终身努力，便成天才。——门捷列夫

人的天职在于努力探索真理。——哥白尼

我们应该有恒心，尤其要有自信心。——居里夫人

主持人1：有很多科学家在小时候就非常爱动脑筋，肯于钻研，为以后的成功打下了坚实的基础。接下来请同学1和同学2给大家讲两个小故事，大家鼓掌欢迎。

同学1：故事的名字叫《数星星的孩子》。

（主要内容）很久很久以前，一天晚上，一个孩子坐在院子里数星星。奶奶说星星太多，数不清。孩子认为每颗星之间总是那么远，不是在乱动，能数得清。爷爷夸奖他说得对，看得仔细，告诉他祖先把星星分成一组一组的，给它们起了名字，并且告诉他北斗星总是绕着北极星转。孩子在这个晚上多次起来看星星，果然是爷爷说的那样。这个孩子名叫张衡，是汉朝人。他长大后刻苦钻研天文，成了著名的天文学家。

同学2：故事的名字叫《壶盖为什么会动》。

（主要内容）二百多年前，英国有一位著名的科学家叫瓦特。他小时候特别爱动脑筋提问题。有一天，他看见炉子上的一壶水开了，壶盖不住地往上跳动。他很好奇，就问奶奶，奶奶也说不清。以后，瓦特就常常坐在炉子旁边仔细地看。他发现壶盖动是蒸汽推动的，并联想到用很大的锅烧水，就可以推动更重的东西。长大后，他经过多次试验，又学习了别人的经验，终于发明了蒸汽机。

主持人2：我们班同学也要向科学家学习，很多同学利用课余时间做了一些科学小实验，下面就请他们给大家演示一下，大家欢迎。

第一小组：

不倒的棋子塔

实验材料：8、9粒象棋棋子，一把直尺。

实验过程：在一张光滑的桌子上，把棋子一粒粒叠放好，摆成一个"棋子塔"。用直尺沿水平方向，对准最下面的棋子很快一击，棋子被打出

去了，而"棋子塔"竟然没有倒，只是下降了一个棋子的高度。

原理解释：为什么"棋子塔"不倒，仍然竖立着呢？这是惯性的原因——一切物体都不愿意离开它原来的位置。

第二小组：

硬币哪儿去了

实验材料：一个深一些的碗，一个厚一点的玻璃杯，一枚硬币，水。

实验过程：碗中装上水，在碗中央放上一枚硬币，在硬币上再加上玻璃杯。注意，玻璃杯要直着放下去，不要让空气跑出。现在，你透过玻璃杯的侧面观察，硬币怎么不见了？换个角度，从玻璃杯的上方往下看，硬币好好地在碗中。这是怎么回事？

原理解释：这是因为从硬币上射出的光线，在水和玻璃的交界处全部被反射了，所以你看不见硬币。

第三小组：

吹不动的小纸桥

实验材料：一张十五厘米长、五厘米宽的卡片纸。

实验过程：把小卡片纸两头折弯，做成一座小桥，放在桌上，然后使劲从桥洞下吹气。原以为吹动这么个小纸桥不费吹灰之力，可是你却发现：不管你用多大的力气，不管桌面有多光滑，小纸桥却像生了根似的，在桌上贴得牢牢的。别急，再换个方向吹一下小桥。站在桥墩那边吹，没用多大力气，小桥就被吹跑了。

原理解释：这个现象源自于一条自然规律，速度越大，压力越小。当我们往桥下吹气时，桥下的空气压力比桥上要低。这样，桥上的空气就往桥下压，小桥就被"压"在桌子上动不了了。

第四小组：

神奇的火焰

实验材料：蜡烛一根，杯子一个，火柴一盒。

实验过程：(1) 将蜡烛点燃。

(2) 用杯子扣在燃烧的蜡烛上。

(3) 观察蜡烛的燃烧情况。

(4) 盖上杯子后，蜡烛渐渐熄灭了。

原理解释：蜡烛燃烧时需要氧气，当燃烧着的蜡烛将杯子中的氧气用完了，火就灭了。

第五小组：

杯子吸杯

实验材料：两个杯子，水。

实验过程：（1）在一个杯子里装些水，把另一个杯子放入其中。

（2）突然把两只杯子一起倒过来。

（3）你会惊奇地看到，下面的玻璃杯被吸住不掉。用手扭它一下，杯子还会倒悬着旋转呢！

原理解释：这个实验惊而不险，因为在两个杯子之间没有空气，大气压这个无形的手"托"住了杯子。

第六小组：

会游动的纸鱼

实验材料：一盆水，一张卡片纸，一把剪刀，蜡笔，油。

实验过程：（1）在卡片纸上用蜡笔画一条鱼，然后剪下来。

（2）在鱼的中间，剪出一个圆洞和一条与鱼尾巴相通的"水道"。

（3）把鱼小心地放在水面上，注意别让鱼的上面沾上水。

（4）把一滴油滴到圆洞里，你会看到鱼开始向前游动了。

原理解释：油比水轻，所以能浮在水面上。滴在圆洞中的油，只能沿着"水道"向外，也就是向后流动。油的反作用力就推动鱼向前游了。

第七小组：

摩擦起电

实验材料：碎纸片，气球。

实验过程：（1）吹鼓气球。

（2）将气球在头发上快速摩擦。

（3）把气球接近碎纸片。

（4）当气球接近碎纸片时，碎纸片就会被吸到气球表面。

原理解释：用摩擦的方法使气球带静电。由于纸片上带有与气球上性质不同的电荷，异种电荷相互吸引。因此，当气球接近纸片时纸片迅速被吸到气球上。物理学把用摩擦的方法使物体带电叫做摩擦起电。

第八小组：

哪根蜡烛先掉"泪"

实验材料：两根蜡烛，一根蜡芯留得较长，一根蜡芯剪得很短。

实验过程：同时点燃它们，结果哪支蜡烛先掉"泪"呢？一定是蜡芯短的蜡烛先掉"泪"。

原理解释：蜡烛掉"泪"——淌蜡液，是因为蜡融化的速度大于蜡燃烧消耗的速度，所以才会流泪。蜡芯短，火焰小，消耗蜡的速度慢了，而蜡融化的速度几乎没变，所以就更容易淌蜡液。

主持人1：看了他们做的精彩实验，同学们有什么感想？

学生1：从他们的实验中，我又学到了一些科学知识，懂得了一些科学道理。

学生2：我觉得他们很爱动脑筋，我们进入了二十一世纪，科学发展不会仅停留在这上面。我还要努力学习，争取将来能发明更多的高科技产品。

学生3：今后，我也要多动脑筋，做一些科学小实验。

学生4：我希望今后班里能多搞一些这样的活动，让同学们开阔视野，学到课本上学不到的知识。

……

主持人2：同学们，我们是未来的科学家，从小就要培养探索科学奥秘的精神。用我们所学的知识，把我们的祖国建设得更加强大。下面请班主任秦老师讲话。

班主任：今天我们的班会开得很成功，我要表扬每一位同学。在这次科学节的各项活动中，同学们积极参加，自己动手搜集资料，做科学小实验、小制作、绘画、摄影，观看科学电影，了解科学家的贡献及事迹，摘录科学家名言，访问科学家等等。总之，收获很大。现在我们不仅要学好各门课程，还要敢于想像，大胆创新，勇于探索，相信未来的科学家中会有我们在座的同学！

主持人1、2（合）：《我们是未来的科学家》主题班会到此结束！

(四) 活动后的反思

（1）通过这次班会，我感到学生已经对科学产生了浓厚的兴趣。我们要爱护这份好奇心，并给予合理地引导，使他们走上科学探索之路。班会的整个过程，从准备到召开基本上都是孩子们自己独立完成的，所以我们要相信他们的能力，给他们创造展示自己才能的机会，提供表演的舞台。

（2）学生非常喜欢这种形式的活动，他们自己动手做实验的兴趣越来越高，所以我们的教育要寓于活动之中，避免枯燥、单调。

（3）班会同时得到了很多家长的支持与帮助，说明家长也非常重视孩子能力的形成，我们要和家长配合好，学校、家庭、社会三位一体，共同构建良好的教育环境，培养新世纪的合格人才。

五、培养学生对科学的兴趣

开展丰富多彩的科技活动可以为队员们搭建起一个"学知识、练技能、显身手、展风采"的舞台。而且，科学技术与我们的生产、生活也息息相关，有着密切的联系，它给我们的生产、生活带来了巨大的变化。所以，当又一个"爱科学月"来到的时候，所有热爱科学的孩子们都充分展现出了自己高涨的热情。为了开阔他们的视野，增强他们的动手能力，于是，我们中队决定开展一次爱科学的活动，题目就定为《中国爱迪生，就在你我中》。

(一) 培养学生对科学的兴趣的意义

1. 通过开展本次活动，开阔学生的视野，增强他们的动手能力，使学生在活动中了解科学技术具有为人类造福的无穷力量，掌握基本的自然科学知识，进一步激发学生的求知欲和对科学技术的热爱之情。

2. 从小培养他们对科学的兴趣和热爱科学、勇于创新的好品质，使他们养成善于观察、思考的好习惯。

(二) 活动前的准备

1. 寻找"生活中的为什么"。

如：为什么会有日食和月食现象？彩虹为什么会有七种颜色？下雨时为什么会打雷？海水为什么又苦又咸？为什么一年要分为四季？火山爆发是怎么回事？地震是怎样发生的？……

2. 组织学生参观科技馆。

3. 发动学生到图书馆查找、搜集有关的科技资料和图片，以及有关科学家的故事。

4. 组织学生每人画一张科学幻想画或制作一件小制作。

5. 准备科技小实验。

6. 教室布置：教室四周贴上学生画的科幻画和科技小报，前面黑板的中央书写"中国爱迪生，就在你我中"几个大字，并配有插图。学生以小队为单位围坐在教室四周。

(三) 具体活动过程

1. 宣布队会开始

主持人1：十一月的风，犹如秋收之后的甜美，那般充盈，那般多情。

主持人2：十一月的风，又如夺冠之后的幸福，胸脯高挺，眼放光明。

主持人1：十一月的科技之风，吹进我们的校园，吹进我们的心灵。

合：《中国爱迪生，就在你我中》主题中队会现在开始。

主持人2：首先请中队长讲话。

中队长：亲爱的同学们，一年一度的"爱科学月"又来到了，我们作为二十一世纪的少先队员，应该掌握一定的科技知识，收集一些科技信息，并用自己的智慧去创造科技小制作和小发明，让科技的种子在同学们的心中深深扎根，让科技之花开满我们的校园。

2. 队会仪式（略）

3. 科技小游戏

(1) 游戏一：接以"科"字打头的词语

主持人1：同学们，我们首先来做一个游戏。我们以小队为单位，来接以"科"字打头的词语，哪个小队没接上来，就接受惩罚（接不上来的回答问题）。

选择题：a. 鲸最多可以潜多深？

（1000米，2000米，3000米，5000米）

b. 海龟蛋的成活率是多少？

（1%，10%，50%，100%）

c. 与我们相对的地球的另一面是哪个国家？

（美国，阿根廷）

d. 天空上有南极吗？

（有，没有，不知道）

（2）游戏二：对号入座

主持人1：现在请每个小队派一名代表到台上来选一个信封。（主持人读里面的故事，同学猜一猜讲的是哪位科学家。）

主持人2：猜猜他是谁？一位伟大的物理学家，出生于德国，发表了三篇物理论文，创立了"狭义相对论"和"广义相对论"，1992年荣获诺贝尔物理奖。（爱因斯坦）

主持人1：猜猜他是谁？英国的一位伟大的科学家，是近代自然科学的奠基人，创立了二项式定理和微积分学，发现了著名的万有引力。（牛顿）

主持人2：猜猜他是谁？一位真正的发明者，出生于英国，发明了蒸汽机，后人为了纪念他，还把发电机和电动机的功率计算单位以他的名字来命名。（瓦特）

主持人1：猜猜他是谁？他也是一位英国人，曾经历时五年进行环球考察，《物种起源》是他的代表作，后来，他又出版了第二部著作《动物和植物在家养下的变异》，并提出物种的变异和遗传、生物的生存斗争和自然选择的重要论点。（达尔文）

主持人2：猜猜他是谁？意大利物理学家、天文学家和哲学家，近代实验科学的先驱者。1590年，他在比萨斜塔上做了"两个铁球同时落地"的著名实验。1609年，他创制了天文望远镜，并用来观测天体。同时，他还发现了月球表面的凹凸不平，并亲手绘制了第一幅月面图。（伽利略）

主持人1：猜猜他是谁？一位举世闻名的科学家、发明家，他是美国人，他的一生共有两千多项发明，其中他发明的电灯给人们带来了光明，为人类的文明和进步做出了巨大的贡献。（爱迪生）

4. 介绍科技小知识

主持人2：同学们，你们可真棒！知道的科学家还真不少。

主持人1：那当然了！不仅如此，还有更多的呢！不信，就接着往下看吧！

（学生介绍科技小知识。）

① 为什么会出现日食和月食现象？

学生1：日食：因为地球围绕着太阳转，月亮围绕着地球转。当月球转到地球和太阳之间，三者处在一条线上时，月球挡住了太阳，就发生了日食现象，白天就像夜晚一样。太阳被遮住一部分，叫日偏食；太阳全部被遮住，成了黑太阳时，叫日全食。月食：如果地球转到太阳和月亮之间，三者成一线时，等于月亮躲进地球的影子里，这就是月食现象。月食也分月偏食和月全食。

② 彩虹为什么会有七种颜色呢？

学生2：彩虹非常美丽，有赤橙黄绿青蓝紫七种颜色，为什么会有七种颜色而不是三种或十种呢？因为每当雨后，空中飘散着许多细小的雨珠时，太阳光照射雨珠会产生折射，把太阳本身的七种光折射出来，形成彩虹，所以，彩虹就是七种颜色。太阳在东方时，彩虹就出现在西方；太阳在西边时，彩虹就出现在东边。

③ 下雨时为什么会打雷？

学生3：打雷就是云层放电发出的响声，或者说，是闪电发出的响声。闪电发生时，放出强光，产生高温，使附近的空气突然受热膨胀，于是发出轰隆隆的巨响，像放炮似的，这就是打雷。至于为什么总是先看到闪电而后听到雷声，是因为光传播得快，声音传播得慢而造成的。

④ 海水为什么又苦又咸？

学生4：凡是到过大海的人，都知道海水是咸的，不少人还亲口尝过。为什么海水又苦又咸不好喝呢？因为海水里有盐，所以才是咸的。那么，盐是从哪里来到大海的呢？在海洋形成的时候，岩石里的盐就进入海水中，积存下来；另外，陆地上的盐分通过江河流入大海，海水逐年蒸发，盐分逐年积累，经过亿万年，海水就成为又苦又咸的了。

⑤ 为什么一年要分为四季？

学生5：我们都知道一年有四季，为什么一年要划分为四季呢？由于地球围绕着太阳旋转的位置不同，地球上的温度、气候就不同。在中国，3月、4月、5月天气暖和，被称为春季；6月、7月、8月天气炎热，为夏季；9月、10月、11月天气转凉，为秋季；12月、1月、2月天气寒冷，为冬季。所以，一年分为四季，四季变化在地球的温带地区明显，但在热带和寒带地区就不明显了。

⑥ 火山爆发是怎么回事？

学生6：为什么会出现火山爆发呢？因为地球内部有许多岩浆在流动，温度高达一万多摄氏度。这些岩浆老是想往地球外面跑，但是，地壳很厚，不容易冲破。可这些岩浆不死心，总在寻找地壳薄的地方往外冲。时间长了，一旦被找到薄弱的地壳，便冲破地面，将岩浆喷向高空，同时山崩地裂，很吓人的。不过，同学们不用害怕，火山爆发之前一般都有预兆，只要做好预防工作，就会减轻火山爆发带来的损失，而且，我们生活的城市也不是地壳薄的地方。

⑦ 地震是怎样发生的？

学生7：地震在世界上各个国家都会发生，一旦发生就会造成严重的损失。为什么会发生地震呢？简单说，地球内部的变动引起地球表面——地壳的震动，就产生了地震。地震分为陷落地震、火山地震和构造地震三种。地震的程度分为九级。最大的是九级，2.5级以下的地震人感觉不到，五级以上的地震就有感觉了。2008年，我国四川汶川就发生了大地震，达到了8.0级，破坏性十分严重。

⑧ 为什么蜗牛爬过的地方会留下一条线？

学生8：蜗牛是生活在陆地上的腹足类软体动物，雨后时常出没在菜田里，危害蔬菜和其他植物，所以它是有害动物。蜗牛在爬行时用它的足紧贴在别的物体上，足部肌肉做波状蠕动，这就能缓慢地向前爬行。蜗牛的足上生有一种腺体，叫做足腺。足腺能分泌出一种很粘的液体帮助它爬行，所以它爬过的地方，都留有从足腺分泌出来的粘液痕迹。这种粘液痕迹干了以后，就形成了一条闪闪发光的线。

主持人2：咱们班同学了解的科学知识还真不少！我可是大饱"耳"福了。

主持人1：百闻不如一见，更精彩的还在后面等着你呢！

主持人2：那你就别说了，我都等不及了，快带我去看看吧！

5.做科技小实验

实验一：让土豆学会游泳

学生1：同学们，我们都知道乒乓球、积木、塑料等东西都能浮在水面上，但铁球、土豆却沉入水底。铁球是因为太重的原因，那土豆是不是也因为太重了呢？下面我们就来做个小实验。

学生2：我们首先把土豆切成两半，放在水中，但它还是沉入水底；于是，我们接着把土豆切成小块儿，再放入水中，仍然沉下去，看来土豆的沉浮和土豆的大小、重量没关系！但是如果我们在水中放入一定量的盐，土豆就会很容易地浮起来，就像在水中游泳一样，自由自在。

实验二：写封密信

学生3：首先准备浆糊、毛笔、碘酒和一张白纸。然后，用毛笔蘸着浆糊写字，晾干后什么也看不见！那我到底写了些什么呢？

学生4：别着急，我有办法。我先拿来一些碘酒，把信放在盆中，盛少许水，再倒上一些碘酒，激动的时刻到了。快看吧！信上的字呈现出来了！哦！原来他约我这星期六和他一起去爬山。同学们，怎么样？我们的秘密信写得还不错吧？

实验三：乒乓球又圆了

学生5：首先准备一个瘪了的乒乓球和一个杯子，一壶开水。

学生6：把瘪了的乒乓球放在杯子中，倒入开水。不一会儿，瘪了乒乓球就又圆了。这个实验还挺实际的吧？

6.科技知识竞赛

主持人1：最后我们进行一次知识竞赛，看看哪些同学掌握的科技知识最多。

主持人2：首先我来提一下要求：

(1) 每个小队选一名同学来答题。

（2）第一轮是必答题，每人一道，要在三十秒之内做出回答，答对了加十分，答错了不扣分。

（3）第二轮是抢答题，谁在我说开始之后第一个先举手，谁就有抢答权，要求也在三十秒之内做出回答，答对了加十分，答错了扣十分。

主持人1：现在请同学做好准备，请听题。

题目：

（1）人体的 DNA 与黑猩猩的 DNA 完全一致吗？（人体的98％的 DNA 与黑猩猩的一致。）

（2）空气由哪些气体组成？（78％是氮气，21％是氧气，1％是二氧化碳、一氧化碳、水蒸气等。）

（3）冰岛是冰雪之岛吗？（不是。）

（4）地下为什么会有煤？（几亿年前，地球上到处是茂密的森林，到处是湖泊。树木自然死亡后，一批批堆积起来，在湿润地方的树木，渐渐成了泥煤，再经过若干年，地壳不断升降，被埋在地下的泥煤经过高压、高温变化，变得很硬，于是，慢慢地形成了现在我们看到和利用的煤。）

（5）什么是食物链？（第一种生物被第二种生物吃掉，第二种生物被第三种生物吃掉，这种关系就叫食物链。）

（6）为什么说不能破坏臭氧层？（臭氧是一种无色有臭味的气体，在距地面三十公里左右的天空有一个臭氧层，包围着地球。太阳放射出的紫外线，对人和动物有害，而臭氧层可以吸收百分之九十的紫外线，成为保护地球生物的屏障。如果这个屏障遭到破坏，不能吸收紫外线，人和动物就要受到严重的伤害了。）

（7）噪音有什么危害？（噪音可以使人心情烦躁，甚至精神失常。）

（8）天上为什么会下酸雨？（当发电厂、冶炼厂、汽车尾气、锅炉和家庭的烟囱等将烟雾灰尘排放到空中以后，其中的二氧化硫和氮氧化物会因空气潮湿变成硫酸和硝酸，同雨一起落到地面，就成了酸雨。）

7. 中队辅导员总结

通过此次活动，同学们迈进了科学知识的大门，更加热爱我们美丽的大自然，也使你们掌握了更多的科技知识，培养了你们勇于实践的求知精神，希望今后你们能多一份思考、多一份观察，争做一个勇于探索的"小问号"、"小博士"。我相信：中国的爱迪生就在你们当中！

8. 宣布大会结束

主持人 2：同学们，通过今天的主题队会，我们掌握了更多的科技知识，增强了动手能力，希望大家能通过此次活动，培养自己对科学的兴趣和热爱科学、勇于创新的好品质。同学们，让我们快快行动起来吧！我相信：中国爱迪生，就在你我中！

主持人合：《中国爱迪生，就在你我中》主题中队会到此结束。

（四） 活动后的反思

通过本次中队会，使同学们学到了许多课本上学不到的科学知识，增强了动手能力，有利于培养善于观察、思考的好习惯。同时也使他们知道大自然中还蕴藏着无穷无尽的秘密，等待着他们去探索，从而激发了学生们的求知欲，培养了勇于创新和热爱科学的好品质，也使科技的种子在同学们那幼小的心灵中生根、发芽，使科技之花开遍我们整个班级。

六、培养学生读书的兴趣

俄国作家高尔基说："书籍是人类进步的阶梯。"从三年级开始，我这个班许多学生就对书籍产生了兴趣。但随着图书市场的开放，一些外来的、盗版的书刊增多，使得一些不健康的读物乘虚而入。孩子们好奇心强，识别能力差，一度也受到这样那样的影响。有的孩子买了《大宇神奇系列》及《大宇惊魂系列》的连环画，在同学中传看。致使有的孩子看时感觉新奇刺激，而一到晚上就吓得不敢出门。有的甚至做恶梦，睡不好觉，第二天上课精神不集中，学习成绩下降，身心健康受到了很大影响。针对这种情况，我想作为班主任必须对学生全面负责，要对学生的阅读给予正确的引导。因此，我决定组织召开《和好书交朋友》的主题班会。

（一） 培养学生读书的意义

1. 明确什么是好书，使学生懂得只有多读好书才有利于人的提高和发展。

2. 畅谈读书的感想，交流读书的方法，激发学生的读书热情。

3. 明确读书目的，展示读书成果，提高学生读书的自觉性。

（二）活动前的准备

1. 国内外名人有关读书的格言二十三条，学生用彩色笔在八开纸上抄录。

2. 学生自制道具——各类图书八本。

3. 学生每人准备一本自己喜欢的图书，在班会上展示。

4.《找朋友》音乐录音磁带。

5. 黑板上写好班会的主题，并做适当的布置。

6. 评选出读书的先进个人。

（三）具体活动过程

主持人：同学们，今天我们在这里召开《和好书交朋友》主题班会。我们要围绕这个主题畅谈自己的感想，推荐喜欢的书籍，交流读书的方法，结识更多的新"朋友"。主持人话音刚落，四名同学走上前来，朗诵《书是我们的朋友》的诗歌。

学生1：今天，校园里为什么洒满阳光？

学生2：今天，礼堂里为什么格外明亮？

学生3：因为我们要召开《和好书交朋友》的班会，这当然是喜事一桩！

学生4：让我们共同感受读书的欢乐，让我们共同畅谈读书的感想

学生1：书能让我们变得聪明，

学生2：书能让我们变得高尚，

学生3：书能告诉我们怎样做人，

学生4：书能给我们美好的希望，

学生2：书能帮我们明辨是非，

学生3：书能给我们指引方向。

学生1：书是知识的宝库，

学生2：书是智慧的海洋，

学生3：书是我们的朋友，

学生4：书能给我们力量。

学生1：同学们，爱书吧！书是人类进步的阶梯，书是传播文化的课堂。

学生2：同学们，爱书吧！书是我们一生的老师，书是不可缺少的精神食粮。

学生3：同学们，爱书吧！书能帮我们走上成功之路，书能帮我们成为中华民族的脊梁！

学生4：同学们，爱书吧！

合：书能帮我们展翅高飞，书能带我们走向辉煌！

声情并茂的朗诵揭示了读书的意义，给同学们留下了深刻的印象。

主持人：什么是好书？哪些书可以作为我们的朋友呢？

"能传授科学知识的书是好书。"

"能使我们受教育的书是好书。"

"能丰富我们想像力的书是好书。"

"能开阔我们眼界的书是好书。"

……

同学们争相回答。

"我们清楚了什么是好书，就请每人向大家推荐一本你喜欢的书吧！"随后全班五十二名同学每人展示一本好书，并自豪地报出书名：《中学生十万个为什么》、《钢铁是怎样炼成的》、《红岩》、《安徒生童话》、《三国演义》、《岳飞传》、《在清华等你》……

"这么多的好书，都是我们的朋友。我们为什么要和好书交朋友呢？"主持人又问。

同学们引用名人的格言回答了这个问题。

俄国作家高尔基说："书籍是人类进步的阶梯。"法国作家雨果说："书籍是一种冷静和可靠的朋友。"唐代诗人杜甫说："读书破万卷，下笔如有神。"……

"书对我们有这么大的帮助，让我们赶快行动起来，找本好书做朋友吧！"音乐响起，同学们唱着："找呀找呀找朋友，找到一个好朋友……"

图书的扮演者们身着自制的道具——各类图书，表演自编的童话剧《找朋友》。在歌声中小读者们精心地挑选自己喜欢的书。

"这是《上下五千年》吗？我们俩交个朋友吧！"

"好啊。"

"《爱的教育》，我们俩交个朋友，好吗？"

"不行，我不愿和你做朋友，因为你不爱读书，和你做朋友我会感到孤独、寂寞。"

"对不起，那是我的过去，现在绝对不会啦！"

"好，那我们就交个朋友吧！"

"我是《大宇惊魂系列》，读过我的人都感到既刺激又过瘾，我俩交个朋友吧！"

"NO！NO！看你那张牙舞爪的样子，让人一见就害怕，我怎能和你做朋友？"

经过精心挑选，同学们都找到了理想的朋友，童话剧在欢快的乐曲声中结束。

"许多同学都找到了自己的朋友，请他们给我们介绍一下，让我们都成为好朋友。"主持人说完，八位同学上前朗读自己从书中选择的精彩片段（略）。

主持人：自开展读书活动以来，我班涌现了许多书的好朋友，学生1就是其中的一个，请他给我们谈谈读书的体会。

学生1：我读书多，问题也多，遇到了问题就查有关资料，查到了，弄明白了，就写下来，到目前为止已写出了两本《小论文集》，五十三期《方舟》小报，请大家观看。

"真是了不起！"同学们向他投去了钦佩的目光。

主持人：学生2喜欢诵读古诗文，请他背诵《论语八章》（略）。

像他们这样爱读书，并取得一定成绩的同学还有很多，我们评选出了十六名书的好朋友，请他们上台领奖（每人获得三本《中华活页文选》）。

这么多书的好朋友，他们是怎样合理安排读书时间的？有什么好的读书方法？读书的最大收获是什么？请接受小记者的采访。（小记者现场采访，同学们从不同的角度回答小记者提出的问题。）

　　书给我们知识，给我们力量，让我们行动起来，去爱书、读书吧！请听诗朗诵《和好书交朋友》。

　　学生1：好书是知识的源泉，

　　学生2：涓涓地灌溉着我们的心田。

　　学生3：好书是我们的老师，

　　学生4：把智慧输入我们的血管。

　　学生1、2：读一本好书，

　　　　　　　使我们懂得，

　　　　　　　天有多阔，

　　　　　　　地有多宽。

　　学生3、4：读一本好书，

　　　　　　　使我们明白，

　　　　　　　山有多高，

　　　　　　　路有多远。

　　学生1、3：读一本好书，

　　　　　　　能使我们

　　　　　　　拨开眼前的云烟，

　　　　　　　排除疑难。

　　学生2、4：读一本好书，

　　　　　　　能使我们

　　　　　　　看到前程灿烂，

　　　　　　　任重道远。

　　合：同学们，

　　　　读好书吧！

　　　　和好书交朋友，

　　　　我们的成长，

　　　　才会更加健康。

　　学生1：《牛虻》，

　　　　　　是我们的好朋友，

　　　　　　它教会我们，

不屈不挠，

抑恶扬善，

做一个对社会有用的人，

让生活更加充实。

学生2：《卓娅与舒拉的故事》，

也是我们的好朋友，

它教会我们，

从小立下斗志，

为真理而学习，

为真理做出贡献。

学生3：《十万个为什么》，

是我们的好朋友，

它懂得最多最多，

把知识播进我们的心田，

使我们揭开了

大千世界的幕幔，

使我们学会了，

在智慧的奥秘中

去探险。

学生4：当然，语文、数学课本，

也是我们的好朋友，

它们是知识的海洋，

漂起我们这些幼稚的小船。

我们要学习，

学习，

再学习。

在知识的大海里，

破浪向前。

合：我们有很多好书，

我们有很多好朋友。

和好书交朋友吧!

用知识武装我们的头脑,

用智慧丰富我们的心田。

让好书伴我们一起成长,

去建设祖国,

创造美好的明天。

主持人:我们班的读书活动得到了家长们的大力支持。今天来参加这个班会的还有家长代表,下面请学生3的妈妈陈阿姨给我们讲几句话……

班主任在总结时强调:这个班会开得很好,很有意义。这既是对前一段读书活动的总结,也是对下一步读书活动的推动。今后我们不但要继续深入开展课外阅读,还要开展通读中华古诗文活动。如果说老一辈革命家为中华之崛起而读书,我们新一辈就要为中华民族的强盛而读书。

(四) 活动后的反思

1. 因势利导,解决实际问题

学生传阅不健康的书刊,是多种因素造成的。一味地禁止或采取强硬措施限制,只能解决表面问题。而为什么不能看这种书,应该看什么样的书,还是不清楚。还会出现老师不让看,学生就偷着看的现象,甚至会挫伤学生课外阅读的积极性。我认为随着学生年龄增长和知识水平的提高,课外阅读逐渐成为一种需求,不但不能限制,还应该积极鼓励。因此,我没有简单地规定不许读这,不许读那,而是充分肯定学生阅读课外书籍是求知欲强的表现。我告诉他们应该阅读一些优秀的、有教育意义的书籍,只有这样才能丰富知识、受到教育,提高阅读能力和文学水平。我还告诉学生,书籍不但有好坏之分,还有适不适合阅读的问题,如果阅读了一本不适合自己的书籍,比不读书还要坏。因此一定要有选择地阅读。在老师的指导下,这样那样的"系列"悄悄地不见了,取代它们的是寓言、童话、科幻故事、小说等书籍。

2. 加强指导,完善教育过程

为了引导学生们读好书,和好书交朋友,我首先了解学生们爱读什么书。许多学生说他们喜欢看童话、寓言故事,有的学生说喜欢看小说,包括历史的和现代的。也有的孩子实事求是地告诉我他喜欢看连环画。我觉得学生喜欢看哪类书是与他们的知识水平和兴趣爱好相关的，无可非议。但看的书必须是健康的、有意义的，对人有启迪、激励人向上的。为了方便大家看书，我给同学们办理了东城图书馆的阅览证及借书证。除此之外，我还让学生到学校图书馆挑选了一些他们喜欢的书。利用早晨、午休的时间组织大家阅读，效果很好。我还认为读书的目的在于知识的积累，于是，我从四年级开始让学生做摘抄，凡是读过的书籍、报刊、杂志中的好词、好句、好的片段都可以摘抄下来。我告诉学生这就叫吸收，只有不断地吸收，才能知识丰富。为了激励学生更好地读书，我还经常进行读书笔记的展览与交流，树立榜样，让同学们相互学习，取长补短，共同提高。

3. 读书育人，班会初见实效

通过开展和好书交朋友的活动，同学们的思想积极向上，学习积极主动。随便有个人走进他们当中，都会感到他们是那么的精神饱满，信心十足。

读书拓宽了学生的知识面，读书陶冶了学生的情操，读书使学生懂得了做人的道理。读书是学生长知识、学做人的重要途径之一，应大力提倡。让学生和好书交朋友就等于把学生领入了一个更大的课堂，书籍成了他们的良师益友，他们可以从中学习更多的知识，从中受到不同方面、不同程度的教育影响，同时也培养了读书习惯，提高了学习的能力。

第四章 中学生心理健康培养案例

对于如今的青少年学生来说，网络带给他们的好处不言而喻。首先，网络上有着海量的信息，而且信息的更新速度、共享程度是其他媒体所不及的。其次，网络上的信息是以网状形式出现的，即信息的呈现方式是超文本的、非线性的、跳跃的，这改变了青少年学生固有的传统的线性思维模式，有利于培养青少年学生的创造性思维。培养他们利用先进的信息技术工具分析、解决问题的能力，这正是二十一世纪所需要的。此外，网络高效、快速、方便的信息传播方式满足了青少年学生沟通和理解的需求，使青少年学生在学习之余获得了更广泛的空间，仿佛进入了一个多彩的梦幻世界。

但是，由于青少年学生的心智尚未健全，对外界新鲜事物缺乏全面的认识能力，对自己的言行缺乏理性的思考和自控能力，网络给学生的生活带来了诸多负面影响：

1. 部分学生超时、无节制地沉溺网络，耽误了正常学习生活，影响学生的身心健康。

2. 网络中的"花花世界"使一些缺少自控力的学生玩物丧志、荒废学业，甚至不自觉地迷失于虚幻的世界而难以自拔。据了解，热衷 QQ 聊天的学生占 70%，选择玩游戏的占 55%，只有不到 20% 的学生上网是查找信息资料。

3. 互联网上品位低下、胡编乱造的网络语言、邪教色情、暴力等垃圾信息，污染着学生的精神世界，甚至引诱一些学生走上违法犯罪道路。

科学是一把双刃剑，具体到网络来说，当我们大谈网络经济时有关学生受害事件、网络犯罪问题又成为人们议论的焦点。学生上网本是件好事，但就目前而言，学生上网已带来了极大的危害。因为在毫无引导的情况下，放任学生在网上遨游，加上一些以赚钱为唯一目的的网站，无疑加速了青少年学生的堕落。作为教育者，学校、教师在帮助青少年学生树立正确的网络观念，安全、无害地上网方面担负着极大的责任，应该在学校广泛开展网络健康教育。

一、引导学生树立正确网络观念

1. 引导学生树立正确的网络观念，教育学生健康上网，上健康网。

2. 培养学生明辨是非的能力，正确区分网络信息的正误，学会辨别筛选网络信息。

3. 引导学生利用网络时效、快捷的特点，查找相关资料。

4. 帮助学生正确认识网络，做网络的主人。

（一）活动前的准备

1. 班主任培养学生正确网络观念的课前准备

上网查找《全国青少年网络文明公约》《遵守公约，文明上网营造健康的网络道德环境》倡议书及有关文明上网的法规、公约便于学生上课学习。编写一套小型的计算机、网络知识竞赛题目供课堂竞赛之用。

2. 学生应做的准备

了解互联网的发展史，增加对互联网的感性认识，制作网络作品，准备参加班级的评比活动。

（二）具体活动过程

1. 班主任发言，导入

自从网络被发明以来，它已经在人们的生活中发挥了重要的作用，请大家说一说，在日常生活中，我们有什么地方用到了网络？

（生回答：查找资料、浏览新闻、聊天、电脑游戏、看电影……）

正如同学们所言，网络在我们的生活中无处不在，现代人脱离了网络真不知该如何生存。凡事必有利弊，网络在带给我们极大便利的同时，也有一些负面影响频频出现，大家知道有哪些例子呢？

（生回答：黄色信息泛滥、犯罪现象充斥……）

这些不良内容的出现对我们学生的影响尤其巨大，因此，作为新世纪的主人，我们必须正确使用网络，真正做网络的主人。作为学校中的学生，加强网络健康教育就显得尤为重要。

2. 学习《全国青少年网络文明公约》

2001 年 12 月，共青团中央、教育部、文化部等部门正式发布了《全国青少年网络文明公约》，以规范青少年的网络行为。今天，我们就先来学习这份文件。

《全国青少年网络文明公约》内容包括：要善于网上学习，不浏览不良信息；要诚实友好交流，不侮辱欺诈他人；要增强自护意识，不随意约会网友；要维护网络安全，不破坏网络秩序；要有益身心健康，不沉溺虚拟时空。

3. 发起《健康文明上网倡议》

根据《全国青少年网络文明公约》的内容，同学们要严格做到"五要五不要"，为了更好地践行《公约》，我们先学习少先队大队部发出的倡议，再来根据自身情况，建立一份适合于我们班级、学校的《健康文明上网倡议》，先六人一小组讨论，拟定倡议条文，后全班同学共同商讨，建立适合班情的《倡议》。

附：倡议书

《遵守公约，文明上网，营造健康的网络道德环境》

同学们：

计算机互联网作为开放式信息传播和交流工具，已经走进了我们的生活。当它刚刚兴起时，我们曾站在潮头，以十分激动的心情迎接它的到来，如饥似渴地学习它，以求真务实的精神推动它的应用，以只争朝夕的作为促进它的发展；当它迅猛发展的时候，我们脚踏实地，以清醒的头脑关注它的走向。以满腔的热诚呼唤它的文明。由共青团中央、教育部、文化部、国务院新闻办、全国青联、全国学联、全国少工委、中国青少年网络协会等单位共同发布的《全国青少年网络文明公约》表达了我们的心声。在此，我们少先队大队部向少年朋友发出如下倡议：

遵守公约，争做网络道德的规范。我们要学习网络道德规范，懂得基本的对与错、是与非，增强网络道德意识，分清网上善恶美丑的界限，激发对美好的网络生活的向往和追求，形成良好的网络道德行为规范。

遵守公约，争做网络文明的使者。我们要认识网络文明的内涵，懂得崇尚科学、追求真知的道理，增强网络文明意识，使用网络文明的语言，在无限宽广的网络天地里倡导文明新风，营造健康的网络道德环境。

遵守公约，争做网络安全的卫士。了解网络安全的重要性，合法、合理地使用网络的资源，增强网络安全意识，监督和防范不安全的隐患，维护正常的网络运行秩序，促进网络的健康发展。

网络在我们面前展示了一幅全新的生活画面，同时，美好的网络生活也需要我们用自己的美德和文明共同创造。让我们认真贯彻《公民道德建设实施纲要》的要求，响应全国青少年网络文明公约的号召，从我做起，从现在做起，自尊、自律，上文明网，文明上网。

4. 开展计算机、网络知识小型竞赛

我们学校将于下个月开展计算机、网络知识竞赛，为了选拔最优秀的同学代表班级参加学校的这次竞赛，现在我们进行一次小型的知识竞赛。现在全班同学四人为一组（可自由组合）参加竞赛，竞赛分必答题和抢答题两种，请各组做好准备，下面开始竞赛。

必答题

（1）操作系统是一类重要的系统软件，下面几个软件中，不属于操作系统的是（   ）。

A. MS—DOS   B. UCDOS

C. PASCAL   D. WINDOWS95

（2）操作键盘的过程中，按正确指法击键，左手中指应击的字母键为（   ）。

A. R，D，X   B. E，D，C

C. U，J，M   D. O，K，M

（3）CPU 包括的两部分是（   ）。

A. 输入输出设备   B. 存储器与运算器

C. 运算器与控制器   D. 存储器与控制器

(4) MS—DOS 系统对磁盘信息进行管理和使用是以（   ）为单位的。

A. 文件　　　　　　　　　　　　B. 盘片

C. 字节　　　　　　　　　　　　D. 命令

(5) 在 DOS 状态下，键入命令 BB 后回车，此时计算机可执行相应的文件功能，该文件的全名除了 BB. COM 或 BB. EXE 外，还可能是（   ）。

A. BB. PRG　　　　　　　　　　B. BB. WPS

C. RR. BAS　　　　　　　　　　D. BB. BAT

(6) 在计算机内部，用来传送、存储、加工处理的数据或指令（命令）都是以（   ）形式进行的。

A. 十进制码　　　　　　　　　　B. 智能拼音码

C. 二进制码　　　　　　　　　　D. 五笔字型码

(7) 下面有关计算机的特点叙述，不正确的是（   ）。

A. 运算速度快；

B. 有记忆和逻辑判断能力；

C. 具有自动执行程序的能力；

D. 至今没有任何人能给出如何求解方法的难题，计算机也都能求出解来。

(8) 自 1946 年世界上第一台计算机 ENIAC 诞生至今，计算机性能和硬件技术获得了突飞猛进的发展，五十余年来大致可分为四代，现在应该是（   ）时代。

A. 电子管计算机；

B. 大规模、超大规模集成电路计算机；

C. 晶体管计算机；

D. 中小规模集成电路计算机。

(9) 将二进制数 11011 化为十进制数为（   ）。

A. 33　　　　　　　　　　　　　B. 63

C. 27　　　　　　　　　　　　　D. 19

(10) 将 A 盘上当前目录下以 W 开头的所有文件复制到 B 盘的当前目录下（只复制文件），应使用的命令是（   ）。

A. COPY W. ＊B：　　　　　　　B. COPY W？. ＊B：

C. COPY W ＊. ＊B：　　　　　　D. DISKCOPY A：B：

抢答题（判断）

（1）IP 电话是通过 Web 网来传送语音的一种新兴的通信方式。

（2）计算机病毒是一种能传染给计算机并具有破坏性的生物。

（3）计算机病毒不可能通过互联网线路传播。

（4）防火墙就是在可信网络和非可信网络之间建立和实施特定的访问控制策略。

（5）软件是计算机的灵魂，它赋予计算机以生命。

5. 学习网络法规专题

为了规范网民的上网行为，国家出台了一系列的网络法规，今天我们就来学习一些相关法规。

《文明上网自律公约》

自觉遵纪守法，倡导社会公德，促进绿色网络建设；

提倡先进文化，摒弃消极颓废，促进网络文明健康；

提倡自主创新，摒弃盗版剽窃，促进网络应用繁荣；

提倡互相尊重，摒弃造谣诽谤，促进网络和谐共处；

提倡诚实守信，摒弃弄虚作假，促进网络安全可信；

提倡社会关爱，摒弃低俗沉迷，促进少年健康成长；

提倡公平竞争，摒弃尔虞我诈，促进网络百花齐放；

提倡人人受益，消除数字鸿沟，促进信息资源共享。

中国互联网协会

2006.04.19

《互联网文明上网公约》

一、在互联网工作者中大力宣传、贯彻、落实胡锦涛总书记提出的以"八荣八耻"为主要内容的社会主义荣辱观，以传播弘扬热爱祖国、服务人民、崇尚科学、辛勤劳动、团结互助、诚实守信、遵纪守法、艰苦奋斗的内容为荣，坚持文明办网，把互联网办成宣传科学理论、传播先进文化、塑造美好心灵、弘扬社会正气的阵地。我们要坚持唱响"主旋律"，坚持传播有益于提高民族素质、推动经济社会发展的信息，努力营造积极向上、和谐文明的网上舆论氛围。

二、坚决抵制与社会公德和中华民族优秀传统美德相悖离的不良信息，自觉抵制网络低俗之风，净化网络环境。不刊载不健康文字和图片，不链接不健康网站，不提供不健康内容搜索，不发送不健康短（彩）信，不开设不健康声讯服务，不运行带有凶杀、色情内容的游戏，不登载不健康广告；不在网站社区、论坛、新闻跟帖、聊天室、博客等中发表、转载违法、庸俗、格调低下的言论、图片、音视频信息，积极营造网络文明新风。

三、坚持自我约束，实施行业自律。建立、健全网站内部管理制度，规范信息制作、发布流程，强化监管、惩处机制；加强对网站从业人员的职业道德、网上公德教育，增强社会责任感，推动互联网行业健康发展。

四、自觉接受管理，欢迎社会监督，开设举报电话、举报邮箱，建立全天候举报制度，对网民反映的问题认真整改，不断提高网络媒体的社会公信力，让社会信任，让家长放心，让广大网民文明上网。

2006.4.12

6. 开展网络作品征集评比活动

网络是先进科技的象征，同学们在日常的生活中很大一部分时间都在使用电脑，那么，你一定在使用网络的过程中自己制作了许多东西，就请来参加我们的网络作品征集活动吧！幻灯片、Flash 短片、DV 短片、网页等，只要是自己制作的，有愿意参加此项活动的同学请快动手，所有作品的征集截止下周五放学之前，请大家踊跃参与。

7. 班主任总结，结束本次班会

现代网络在我们面前展示了一幅全新的生活画面，同时，美好的网络生活也需要我们用自己的美德和文明共同创造。我们只有文明上网，自觉抵制各种不良思想的侵蚀，才能真正利用好网络，发挥网络在我们生活中的积极作用。让我们大家一起来践行《全国青少年网络文明公约》，做网络真正的主人。

（三）活动后的反思

如何利用科学的教育方式和学生易于接受的教育内容，引导学生上网，培养学生健康的网络道德素质，自觉地抵御网络"垃圾"和电子"海洛因"，对教育者而言是很大的考验，教师可以采用多种不同的形式，形象、具体地教育学生正确、健康上网。比如召开主题班会，针对"如何控制上网交流时间，如何选择真诚而有益于自己成长的网友，如何遵守'网德'，以尊重他人，如何警惕网络陷阱，拒绝'电子海洛因'，如何反对'黑客'，做一个合格的网民"等进行探讨。还可以举办网络法规专题讲座和宣传展览，引导学生懂得网上所有言行必须遵循符合现实社会的法律法规，每一个人都要有网络道德素质、网络法制的意识。同时，针对青少年学生的心理年龄特点，制定校网络文明公约，鼓励学生争当"网络文明先锋"。

二、培养学生缓解压力的能力

在大多数中学生心目中，大家所向往的青春应该是美好的，是充满阳光和激情的，更是丰富多彩的。然而在现实生活中，中学生所感受到更多的则是繁重的学习任务、枯燥的学习生活和激烈的竞争。随着年龄的增长，当初不谙世事的孩子也开始感受到压力和挫折。很多同学都在感叹："最早起床的是我，最晚睡觉的也是我。可我的成绩却从以前小学初中的班里前几名，落到了如今的几十名甚至是几百名。繁重的学习压力，已使我们喘不过气来。我们是一到考试就胃痛，一想成绩就头痛，真不知该如何迈过这个坎。"

对于不少同学而言，现在唯一的任务就是学习。很多同学感到学习负担过重，常给自己带来沉重的心理压力，因为学习压力而陷入痛苦的青少年屡见不鲜。这其中包括成绩优秀的学生，也包括成绩一般和成绩差一点的同学，其实大家的思想压力主要是来源于对学习现状的不满和不恰当的比较，不能接受自己的现状，过分注重结果，而体会不到学习的兴趣。另外，大部分中学生在成长的阶段，除了要面对自我的生理和心理的改变外，还要在家庭、学校、社会和同学、朋友中扮演不同的角色，这些也都为大家带来一连串的压力。

其实，在如今这个竞争的时代，压力是随时存在、不可避免的，甚至是生活的重要组成部分。关键是看我们如何积极地面对压力，战胜压力，从而使我们的校园生活充满快乐的绚丽色彩。站在教育者地位的老师，不应无谓地给学生增加太多的压力，而应该教育学生正确地对待压力，缓解压力，让原本灿烂的青春不再苍白。

（一）如何指导学生缓解压力

1. 帮助学生认清生活中压力的来源，尽量为自己减压。
2. 用伟人伟大抱负的事例教育学生要正确对待"抱负与期盼"。
3. 通过故事引导学生转化家长的期盼效应。
4. 交给学生一些适当缓解压力的办法，帮助学生减轻压力。

（二）活动前的准备

1. 班主任指导学生缓解压力的准备

准备心理测验的内容；查找故事：大学里的一堂心理健康教育课；查找故事：周恩来"为中华之崛起而读书"。

2. 学生应做的准备

想一想，自己生活中的压力是因为哪些原因引起的？并将它们列出来，抄写在白纸上。

（三）具体活动过程

1. 班主任发言，导入

青少年学生是祖国新世纪的希望，同时，更是家庭的希望。许多家长急切盼望自己的子女"成龙成凤"，因此施加给学生巨大的学习压力。学习压力，顾名思义，是指人在学习活动中所承受的精神负担。这种精神负担迫使人想要在学习活动中取得成功，获得理想的学习成绩。学习压力大的人，往往对学习成绩的好坏非常敏感，对学习成绩忧心忡忡，唯恐考不好。

构成学习压力的因素不外乎内外两个方面。从自身而言，他（她）要为自己的前程着想，也要为自己的尊严着想，因此就希望获得良好的学习成绩。另一方面，很多学生还要背负父母的期望，实现父母年轻时所未曾实现的理想，这也促使人努力获得好的学习成绩。这两种因素往往是交织在一起的。有的情况下，个人发展占优势，自己就是要考上大学，实现自己的梦想。当学习压力超过一定的极限后，就可能引发种种悲剧。因此，我们要学会在日常的学习生活中正确认识压力，适当缓解压力，保证自己健康成长。

2. 做有关心理承受能力的心理测验

这堂课上，我要对同学们进行一次心理测试，测验一下大家的心理承受能力。请大家按照真实想法填，不许舍劣取优。测试题如下：

A. 表示与自己的情况完全不同。B. 表示大部分不同。C. 表示拿不准。D. 表示大部分相同。E：表示完全相同。

(1) 我能和别人很好地相处。（　）

(2) 我看一个人时，总能看到他的优点，而不是总看到他的缺点。（　）

(3) 我没有"别人什么都不如我"的感觉。（　）

(4) 我讲话比较注意，从不贸然否定别人。（　）

(5) 我感到别人愿意和我交往。（　）

(6) 当别人没有按我的意图行事时，我不会感到十分不满，总会理解他。（　）

(7) 我常为别人设想，总是从他人的角度考虑问题。（　）

(8) 我能成功地运用一般人际交往的技巧。（　）

(9) 在和别人交往时，我很注意礼貌和礼节。（　）

(10) 我能平等待人，与人友好相处。（　）

(11) 在工作和竞争中，能够承受失败与挫折。（　）

(12) 我不是一个看重得失的人。（　）

(13) 当别人误解我的时候，我不会马上发怒，而是设法弄清事实真相。（　）

(14) 当我在生活中发生意外情况时，我不会茫然失措，而是积极想办法解决问题。（　）

得分标准：A　1分，B　2分，C　3分，D　4分，E　5分。

得分情况：将各题得分进行统计，写在题号下面。

题号	1	2	3	4	5	6	7	8	9	10	11	12	13	14	总分
得分															

得分评价：（根据得分进行评价分析）

测试结果：如果总分在 50 分以上，表明你的心理承受能力较强，能轻松愉快地生活，并且有不少的朋友；如果总分在 35—50 之间，那么你的心理承受能力一般，你的心理状态不够稳定，有时会充满信心，有时则惧怕失败，畏缩不前；如果总分在 35 分以下，应加强自我心理调节，努力使自己的心理状态保持平衡，从而提高自己的心理承受能力。

进行完这个心理测试以后，相信大家已经知道自己的心理承受能力是什么水平了，那么我们应该如何提高自己的心理承受能力，保证心理健康呢？请听完下面这个故事，再来讨论这个问题吧！

3. 故事：大学里的一堂心理健康教育课

在可以容纳五百多人的公开课教室里，一场别开生面的心理学授课正在进行中。

有位同学向周教授提了这样一个问题："我原本不想上大学，只是为了不让父母失望才来的，那我的大学该如何过呢？"他的话音还没落，立即就有很多同学鼓起掌来，看来这个问题非常"深入人心"。

"这是一个很典型的问题，谁来帮他出出主意？"周教授并没有直接回答他。而是把问题抛了出来。

一位同学站起来，说："我认为大学正是以往学习过程的延续，你应该从中找到乐趣……"

"那么，你找到乐趣了吗？"

"我没有。"

大家都笑了，周教授示意他坐下。

"我来问你几个问题吧？"周教授认真地走向那位提问的男孩儿，"你不愿意来财院对吗？"

"对。"

"假设你现在考上了清华或北大，你愿意去吗？"

"……您这个假设是没有意义的，我现在就在财院，我不想要假设，我只想知道我现在该怎么办。"

"嗯，好……"老师看起来并不介意这个有些敌对的答复，"我还有一个问题，你只是为了父母才选择继续上学的吗？"

"是的。我一直没有辍学，就是不想让父母失望。"

"坚决为了父母牺牲自己？"

"对。"

"好，我明白了。"

"我已经从这位同学的回答中找到了答案。"周教授缓缓地走上讲台，面对大家渴盼的目光。

周教授："我来讲几个原则：第一，快乐的秘诀，不是做你喜欢的事，而是喜欢你所做的事。快乐的秘诀，不是天天朝思暮想着章子怡，而是珍惜你身边的女朋友；快乐的秘诀，不是想着吃不到的龙虾，而是品味正拿在手中的烧饼——快乐的秘诀，是感激，是悦纳。

"第二，重视现在。其实这个同学刚刚已经说出来了，只是他自己没有意识到：我问他要是考上清华北大去不去？他说过'不要假设'，因为假设就是假设，是没有意义的——心理健康十大原则之一：重视现在。所有过得幸福快乐的人，都是'重视现在'的人。

"第三，弗洛伊德的人格理论。弗洛伊德把人格分为三类：本我、自我、超我。完全以本我行事的人，孩子气、不成熟，仅凭心愿生活。我想怎么样就怎么样——这是不可能的，谁都不能仅凭心愿生活。单以自我行事的人，表现为自私自利，以自我为中心。别人怎么样我才不管。仅以超我行事的人，是殉葬者。自己怎么样都行，只要别人好。这位男同学其实就是在做殉葬者，父母让上学我就上学；等到毕业了，父母在老家给找了一个媳妇儿，不管自己是否已经有了女朋友，也就要老家的那个了……这样的男生内心非常柔弱，没有自我。

"道家有一句经典：'道生一，一生二，二生三，三生万物。'凡事有三。人格的三个方面也是不能割裂开的，任何只以其中一条生活的人，都将与成功无缘。

"当然，我们分析问题不是仅为了分析问题，而是为了解决问题。下面，我写几种人，你们来猜猜看，哪一种人更需要有超强的心理素质……"

大家目不转睛地看着周教授在黑板上写下了：学者、科学家、商人、军人、政治家、工人、农民……超强的心理素质？科学家？政治家？大家莫衷一是。

"对军人而言，你领十万，我领十万，明天就得死十万，看本事吧——没本事，死的十万就是你的。这里要的是综合素质、心理素质，是挑战，所以军界的人是最强的。商界也是如此，投入两个亿，三个月以后，可能家破人亡，我干不干？——要的是同样的素质。而学术界则不同，它可以调整，可以反复一次不行两次，两次不行三次……永远不行都可以。

"我们来看看他们是怎样做的，有谁知道商人最信奉的生财之道是什么？"

"和——气——"五百多人异口同声。

"对，和气生财。"

"用现在一个最流行的词汇，叫做——"

"双——赢——"师生之间有着强烈的默契与共鸣。

"对，就是'双赢'，"周教授笑了，"戴尔本来也是不愿意上大学的，父母非逼着他上，他就选择了一个'双赢'的方式：从进大学开始一边上学、一边装电脑，规模大了一些以后，就租房子、招工人——当然，这一切都是他自己悄悄干的，一直做到自己注册公司。大一那一年里戴尔干了这么多事，到学期期末他给学校递了份休学报告，从此结束了他的大学生涯，因为他知道他的能量不在学校、不在学习，但他的本我又是十分善良的，不愿伤害父母，所以悄悄做自己想做的事。直到戴尔的父母也说：'听说戴尔电脑不错，要不咱也换一台？咦，怎么和咱儿子同名儿啊？不会就是他吧？问问他。'一问果然是。'你不是在上大学吗？''我早就休学了，我们学校的毕业生都在我公司里面打工呢，前一段校庆，捐了五十万，学校给我做了一个铜像还立在大门口呢……'——这个时候，他的父母还怎么会失望啊！"周教授用他那明亮的眼睛扫视了一下所有崇拜爱戴的目光，带着最亲切迷人的微笑继续他不凡的讲解，"你们的大学生活也可以'双赢'，就看你们的选择了。"

"这位同学，"周教授再一次走向那位提问的男孩儿，将麦克风递给他，"我想知道你现在的感受。"

"我想我会照着做的，谢谢您！"①

---

① 摘自 http：//www. ohedu. net. 瓯海教育论坛.

听完这个故事，我们再来回顾之前讨论的问题。现在，我们有些同学对待学习的态度很不端正，以为读书是一种沉重的负担，浪费了自己玩耍的时间；有的以为自己读书是为了父母，是对父母的一种迁就；现在，读了书又不会分配，有啥读头？这些不良的心理状态会使你们对学习产生消极思想，并逐渐演变为懒惰思想。正如故事中所讲的，周教授引导这个学生从另一个角度看问题，将"要我学"转变成"我要学"，以积极的态度对待学习，这才是学习成功的关键所在。这个故事很好地应照了题目中提出的抱负与期盼效应的转换。那么，在能够积极地对待学习的前提下，我们应该有怎样的抱负呢？下面我做个小测验，请大家来谈一谈八十分的感受。"如果你考了八十分，会有哪些感受？"课堂上几十只小手高高地举起来了，争先恐后地发言。一个同学说："如果我考了八十分，我会感到高兴，我觉得我进步了。"另一个同学说："如果我考了八十分，我就很难受，我觉得我的成绩下降了。"这就形成了鲜明的对比。有的同学考八十分就满足了，而有的同学认为考了八十分不够。这就是每个人的抱负水平不一样的结果。如果我们克服了学习上的消极心理，就要树立更高的理想，实现更高的抱负水平。

4. 谈论伟人的抱负，立志树立高远的志向

我们伟大的周总理就是一个拥有伟大抱负的人，正是由于他从小就有了远大的理想、抱负，才能促使他更加努力地学习，以至成了举世瞩目的一代伟人。还有钱学森、陈景润等也都是从小就树立了远大的抱负，长大后才有了伟大的成就。下面我们就来欣赏一下周恩来总理"为中华之崛起而读书"的伟大抱负。

1910年，十二岁的周恩来离开了故乡——江苏省淮安市，随伯父到沈阳读书。沈阳东关模范学校是一所新式小学，既教经书，也介绍西文资产阶级的"新学"课程。"新学"课程包括中外历史、地理、自然科学和外文。奋发勤学、好学不倦的周恩来各门功课都很好，尤以作文、书法和英文最为突出，国文老师经常为他的作文拍手叫好。

有一天，一位姓魏的校长给学生们上修身课，当讲到"立命"这一节时，老校长突然问："同学们为什么读书啊？"有的学生回答"为明礼而读书"，也有的答"为做官而读书"，还有的答"为家父而读书"，一些家境贫穷的学生则答"为挣钱，为吃穿，为不受欺侮而读书"，等等。老校长

对这些答案都不满意，连连摇头。

当问到周恩来"你为什么到学校来读书"时，周恩来从容不迫地站起来，清晰而有力地答道："我为中华之崛起而读书！"这铿锵有力的回答，使老校长为之一震，他万万没有料到这小小年纪的周恩来，竟有如此远大的理想。老校长高兴地连连点头称赞："好啊！为中华之崛起，为中华之崛起！有志者，当效周生啊！"

5. 请大家谈论自己的理想

我们看完了周总理的故事，心里有什么感受呢？

生讨论："周总理因为有伟大的理想，所以日后才能成为我们国家的重要领导人。""我也要向周总理学习，树立远大的理想。"……

正如同学们所言，周总理正因为从小树立了远大的抱负，并且不断为理想拼搏、奋斗，最终才能成另一位伟人。大家也应该向总理学习，从小树立自己的理想。下面就请同学来说一说，你的理想是什么？

生回答：科学家、宇航员、医生、教师、现代化的农民、成功的企业家、政治家、儿童文学家、动物学家等。

大家都有非常远大的理想，然而，只有理想而不付诸实践，理想最终也只能变成空想，为了美好理想的实现，就请大家从现在开始认真学习吧！

6. 班主任总结，结束本次班会

通过这次班会课，大家都认识到了提高心理承受能力，积极主动地"承担压力"，树立远大理想的重要性，在日常的学习、生活中，学会用适当的方式为自己减压，并在树立崇高理想的基础上不断奋斗，最终实现理想。

（四）活动后的反思

本次活动从学习抱负与期盼效应谈开来，讲到了学生的心理承受能力问题，将压力转化为动力的问题，树立崇高理想的问题，主旨皆在教育学生提高心理承受能力，减少压力，不断增加动力，拥有健康的心理理念。这样才能在学习过程中事半功倍，最终达成目标。从故事的角度切入，让学生从故事中领悟所要表达的内涵是本活动设计的一大特色。在教学活动中，应多加引导，着重体验故事的内涵。

三、培养学生调整焦虑心理的能力

考试时，最冤枉的事莫过于记住的知识想不起来，会做的题目束手无策，简单的运算出现错误，这种现象在考试中并不鲜见。

有的考生平时学习成绩很好，高考却失利，而另一些成绩一般的考生却反而通过了。这似乎不公平，于是有人把它归因于运气，其实应归因于考试时的心理状态。学生进入考场参加考试，情绪紧张是正常现象，它的产生不仅是必要的，而且是必须的，关键在于其强度是否适当。极低度的兴奋和紧张，甚至对考试抱无所谓态度，不能引起对考试内容的高度注意，作答速度缓慢，但高度的紧张又会导致怯场，甚至害怕考试。这就是考前焦虑问题，每个学生、教师及家长都非常注意考试前要有一个良好的状态，注意考前的心理调节。实际上学生考前的心态固然重要，但是学生考后的心态如何也不容忽视，考后的心理状态不仅会影响他们生活和学习的积极性，而且会影响他们今后的考试状态，因此，注意考后的心理调适显得尤为重要。

我借此次摸底考试后，大部分同学成绩不够理想，这几天班上一直萎靡不振的时机，进行此次活动，希望能够很好地帮助学生走出考后焦虑的误区。

（一）如何调整焦虑心理

1. 帮助学生正视学习成绩的波动。
2. 让学生学会调整考后焦虑心理。

（二）活动前的准备

1. 班主任培养学生调解焦虑心理的能力的课前准备

选取学生此次考试的典型试卷进行认真分析，并找学生谈心，初步了解学生的考后心态，查找北京师范大学心理学院心理测评所设计的"考试焦虑自陈量表"，用于学生进行课堂测试。联系学校的心理健康老师，在班会课上对学生进行考后心理调整的辅导。

2. 学生应做的准备

认真分析此次考试的试卷，找出自己成绩不理想的真正原因。并将它们列出来，写在一张白纸上。

（三）具体活动过程

1. 班主任发言，导入

此次考试已经结束，相信这几天以来，大家都对自己的试卷进行了认真的分析，也都找出了自己考得不理想的原因。那么，你找出的原因是否正确呢？面对这些缺陷，在以后的学习中该如何改进也是值得大家探讨的问题。今天，我们就来分析一下有关考后心理调整的问题。

2. 故事导入：青蛙实验的启示

首先，我给大家介绍一个著名的心理学实验——"青蛙实验"。这是美国康奈尔大学做过的一次著名的实验。听完这个实验后请大家帮我分析一下青蛙为什么会死？

一组实验研究人员，做了十分完善精心的策划和安排。

实验的第一部分：他们捉来一只健硕的青蛙，冷不防把它扔进一个煮沸的开水锅里。说时迟那时快，这只反应灵敏的青蛙在千钧一发的生死关头，用尽全力，跃出那势必让它葬身的水锅，安然逃生。

实验的第二部分：隔了半个小时，他们使用一个同样大小的铁锅，这一回往锅里放入冷水，然后把那只刚刚死里逃生的青蛙放进锅里。青蛙自在地在水中游来游去，接着实验人员在锅底偷偷地用火加热。青蛙不知底细，自然悠悠地在微温的水中享受"温暖"。

慢慢地，锅中的水越来越热，青蛙发觉不妙了，但等到它意识到锅中的水温已经熬受不住，必须奋力跳出才能活命时，却为时已晚，它欲跃乏力，全身发软，呆呆地躺在水里，坐以待毙，直至被煮死在锅里。

请大家想一想这只青蛙为什么第一次在开水锅里能死里逃生，而第二次会死亡呢？这个实验说明了什么？这个实验在告诉我们：事实上，最可怕的是缓慢渐进的危机降临，而不是突然的危机降临。很多同学经受上次考试失利的打击后都曾暗下决心：以后要好好学，可是一段时间以后，危机意识渐渐消退了。所以，我想通过心理学实验告诉这次考试成绩不理想的同学：这次考试失利对于你们来说不是一件坏事，它在一定程度上是一件好事，给你敲响了警钟，使你有了危机意识。

3. 讨论：此次考试后的心理分析

对于刚刚结束的考试，不知道同学们的心情怎么样，下面我们找几个同学谈一下：

学生1：我这次的成绩很高，没有什么需要担心的。

学生2：虽然这次考试我考得不是很好，但我尽了自己最大的努力，我问心无愧。

学生3：我这次考试的成绩又很差，再这样下去，我都不知道自己该怎么办了，我是不是天生就这么笨呢？

有的同学认为自己考得还可以，心情不错；但大多数同学还是认为自己考得不理想，比较伤心。最近有很多同学问我说："老师，我这次没考好怎么办？"

那么，请你们先回答我一个问题："你努力了吗？"

我要告诉你们的是：如果以前你没努力，现在努力还来得及；如果你努力了，但成绩不理想，这也不要紧。我们大家一起来分析一下有些同学努力了但成绩还是不理想的原因。

（1）前几天有个同学对我说："老师，我觉得我挺努力的，以前上中学时我都不怎么学，平常别人学习我玩，就临近考试学几天，成绩还行。现在上高中，我也知道努力了，每天晚上回家也知道学习了，有时学到十点多钟呢！我觉得我很努力了，可成绩提高得不明显，怎么办？"

分析：努力是相对而言的，你努力的同时，别人也在努力。你学到九十点钟，有的同学则学到十一二点钟。永远不要认为自己是最努力的，和你自己比的同时，也要和周围的同学比。

（2）有的同学谈到："老师，我上高中这几个月花了很多的精力和时间学英语，天天背单词，看课文。可是这次期中考试成绩也不见提高，怎么办？我没有信心了，这不白学了吗？"

分析：学习是一个知识积累的过程，学习成绩的提高不是立竿见影的，这两个月你很努力地学外语，但你学的知识不一定都是考点。可能你以前的基础有漏洞，使你的成绩不那么尽如人意。所以，一次考试说明不了什么，不要放弃，一定要坚持努力。

（3）有的同学谈到："老师，我平常学得挺好的，做题也都会，可一到考试就紧张，总是发挥失常。该会的题也不会了，怎么办？"

分析：这就是考试焦虑症状影响了你的正常发挥，接下来我们就来讨论一下考试焦虑的问题，首先一起做一下考试焦虑自测。

4. 考试焦虑自测

我们使用北京师范大学心理学院心理测评所设计的"考试焦虑自陈量表"进行测试。

考试焦虑自陈量表

如果你想了解自己是否有考试焦虑，以及这种焦虑的程度是否严重到影响自己考试成绩的地步，请做一下下面两个测验，时间最好放在一次较为重要的考试刚结束之后。

指导语：下面的每一个句子都是你可能有的或曾出现过的一般感受或体验，请认真阅读每一个句子，这里的答案无正确、错误之分，回答每一个问题时不必用太多时间去思考，但回答必须是最符合你通常感受的情况，每一个问题都要回答。每题有四个备选答案，每题只能选择一个答案，其相应字母的意义是：

A——很符合自己的情况　　　B——较符合自己的情况
C——不太符合自己的情况　　D——很不符合自己的情况

（1）在重要考试的前几天，我就坐立不安了。

（2）临近考试时，我就泻肚子。

（3）一想到考试即将来临，我的身体就会发僵。

（4）在考试前，我总感到苦恼。

（5）在考试前，我总感到烦躁，脾气变坏。

（6）在紧张的温课期间，我常会想到："这次考试要是得到个坏分数怎么办？"

（7）越临近考试，我的注意力越难集中。

（8）一想到马上就要考试了，我参加任何文娱活动都感到没劲。

（9）在考试前，我总预感到这次考试将要考坏。

（10）在考试前，我常做关于考试的梦。

（11）到了考试那天，我就不安起来。

（12）当听到开始考试的铃声响了，我的心马上紧张得疾跳起来。

（13）遇到重要的考试，我的脑子就变得比平时迟钝。

（14）看到考试题目越多、越难，我越感到不安。

（15）在考试中，我的手会变得冰凉。

（16）在考试时，我感到十分紧张。

（17）一遇到很难的考试，我就担心自己会不及格。

（18）在紧张的考试中，我却会想些与考试无关的事情，注意力集中不起来。

（19）在考试时，我会紧张得连平时记得滚瓜烂熟的知识也一点回忆不起来。

（20）在考试中，我会沉迷在空想之中，一时忘了自己是在考试。

（21）在考试中，我想上厕所的次数比平时多些。

（22）考试时，即使不热，我也会浑身出汗。

（23）在考试时，我紧张得手发僵，写字不流畅。

（24）考试时，我经常会看错题目。

（25）在进行重要的考试时，我的头会痛起来。

（26）发现剩下的时间来不及做完全部考题，我就急得手足无措，浑身大汗。

（27）如果我考了个坏分数，家长或教师会严厉指责我。

（28）在考试后，发现自己懂得的题没有答对时，就十分生自己的气。

（29）有几次在重要考试之后，我腹泻了。

（30）我对考试十分厌烦。

（31）只要考试不记成绩，我就会喜欢进行考试。

（32）考试不应在像现在这样的紧张状态下进行。

（33）要是不进行考试，我就能学到更多的知识。

评分：

统计你所圈的各个字母的次数，每圈一个 A 得 3 分，B 得 2 分，C 得 1 分，D 得 0 分，然后计算出你的总得分：总得分＝3 乘以圈 A 的次数＋2 乘以圈 B 的次数＋圈 C 的次数。

根据你的总分查下面评价表，就可知你的焦虑水平。

0—24 分：镇定

25—49 分：轻度焦虑

50—74 分：中度焦虑

75—99 分：重度焦虑

凡属"镇定"和"轻度焦虑"水平的同学，是没有问题的。许多实验表明：轻度的考试焦虑不仅不会给考试带来负面影响，在难度较大的考试中还会考出好的成绩。

中度焦虑的考生在难度较小的考试中成绩也不会受到影响，而且会激发人的思维灵敏性。只要把焦虑感控制在这个水平和很短的时间之内，是不会影响心理健康的。

若焦虑水平处于中度或重度焦虑上，就要引起重视。下面我们请心理健康老师给大家讲讲该如何调整考试焦虑现象。

5. 心理健康教师讲解"如何调整考试焦虑"

心理健康科室吴老师讲解：

考试焦虑症状易出现一些身体的异常现象。譬如腹泻、头痛、盗汗、口干、脸热、胸闷、入睡困难、睡眠质量不好、多梦，有时大脑出现短时失忆等诸多平时未曾出现的症状。这些"病症"多数是由于考生对考试"恐惧"引发的植物神经系统紊乱，从而造成的器质性或非器质性疾病，俗称考试焦虑"综合症"。

调整考试焦虑情绪可以从如下三个方面入手：

（1）考前心态调整

①保持平和的心态

a. 不要把考试看得太重，它只是对你最近一段时间学习成果的检测。请同学们记住：尝试但失败了所需要的勇气，并不比尝试而成功所需要的勇气少。

b. 考试前一天不要过早入睡，易导致失眠。

②给自己积极的心理暗示

考试时怯场可以通过适当的训练加以克服，如积极的自我暗示，做做深呼吸等。以下是一些自我暗示用语，大家不妨试试看。

A. 上次考不好，并不代表这次考不好；

B. 不要紧，考试按时交卷就可以了；

C. 今天精神真好，我一定能考好；

D. 紧张是正常的，没关系，做个深呼吸，放松。

（2）考试时心态调整

①掌握一定的放松技术

a. 冥想放松法。在安静的考场中，回忆过去一件愉快的事情，想得越具体、越生动、越形象越好。或者想象一件令自己称心如意的事情或画面，可以是自己没有经历过的美好设想。

b. 呼吸放松法。请同学按指导语做以下练习：放松地坐在椅子上，双眼微闭，两脚着地双手自然放在膝上，与肩同宽。然后集中注意进行腹部深呼吸3—4次。吸气时用鼻慢慢地吸，先扩张腹部（腹壁隆起）再扩张肺部，吸足气屏一屏气，然后同时用鼻与嘴将气慢慢吐出去，同时使腹壁下陷。这个过程为一次深呼吸。

②重度的考试焦虑采用"系统脱敏法"

这种方法是利用条件反射的原理，在放松的基础上，循序渐进地使学生对考试的过敏反应逐渐减弱，直至消除。

（3）考后心态调整

①适当地宣泄情绪

a. 写日记：可以把考试结束后的所思所想记录在日记里，这是你在青春期心路历程上成长的见证。同时，也可以让你理清思路，认真地总结一下期中考试失败的原因。

b. 适当的哭泣：心理学家说："有时候，眼泪是一剂良药；是不良情绪的宣泄。"

c. 向朋友（包括长辈）倾诉：向同龄人倾诉烦恼可以唤起情感的共鸣，但我建议大家也可适当地选择向一些年长的朋友倾诉，他们可以给你一些建设性的意见。

d. 从事自己感兴趣的运动：如到操场上踢足球，甚至到空旷的地方大声喊几嗓子宣泄一下等，都会起到放松的效果。

②学会转移自己的情绪

a. 音乐疗法。适当地听一些柔和明快的音乐可以达到调整情绪的目的，但不要长时间地用来麻痹自己，这样做不仅达不到调整情绪的目的还可能会导致耳膜受损。另外，自弹自唱也是调整情绪的一种方法。

b. 环境调整法。考试过后，自己的心绪不宁时可以散步，到大自然中走走。

c. 适当的自我评价。恰当地分析考试失利的主客观原因。

d. 从容地面对父母施加的压力。

6. 班主任总结，结束本次班会

"望子成龙""望女成凤"是人之常情，我们的父母也不例外。你可以将你的感激和焦虑告诉父母，让父母知道他们的关心让你感到压力，你不希望他们把你当做小孩子，你已经长大，你已经懂得了高考的重要性。当然对待这种来自家长的压力，除了要求家长合理处理外，从我们自己的角度也需作一下调整，我们不妨从认知上重新认识这种期望。父母对子女的关爱是一种人的本能，这种本能从他们升级为父母的那一天起就自然地产生了，可以说这是一种天性，这种爱不会以子女的成就差异发生变化。虽然父母对我们不太理想的考试成绩会表现出焦虑，甚至会有一些指责，这也是亲人们亲情的自然流露。反过来说，你对父母的爱感到压力，这也是一种爱，一种对父母的爱。

（四）*活动后的反思*

本节心理活动课是在中学一次摸底考试后进行的，可谓是一场及时雨，帮助学生缓解了考试后紧张焦虑的心理。整节心理活动课针对性强，思路清晰。师生互动效果好，教师为学生提供心理上的支持，做到关注、理解、尊重、鼓励。同时，教师敢于开放自我，让有心理困惑的学生感觉到温暖，感觉到教师的真诚。

四、人际沟通的培养

沟通是一门艺术，它对学生的人生发展有着非常重要的作用。学生的心理发育还不够成熟，加上大多数独生子女家庭教育的弊端，孩子往往容易以自我为中心，使得他们在人际沟通方面不善换位思考，更谈不上从对方的角度体察、理解对方的心理，从而严重影响与他人的交往。所以，提高中学生对人际沟通的认识，以及提高沟通能力都是非常重要的。

人际沟通的能力不是天生的，而是在后天的学习和实践中形成和发展起来的。学好这门艺术，努力改善自己沟通不良的状况，能为将来的成功奠定基础。

（一）培养学生人际关系的意义

1. 帮助学生了解沟通的重要性，可以知道缺乏沟通的危害。

2. 掌握一定的沟通技巧，并用这些技巧指导自己的人际交往。

3. 引导学生在人际交往中形成宽容的美德。

（二）活动前的准备

1. 班主任培养学生人际关系的准备

制作多媒体课件、Flash 动画。

2. 学生应做的准备

思考自己平时学习、生活中的沟通。

（三）具体活动过程

1. 班主任发言，导入

朋友是我们一生真正的财富。那么，在与朋友的交流过程中，是否会一帆风顺呢？如果出现了问题，我们要如何解决呢？今天我们就来探讨一下这个问题。

2. 游戏引入：撕纸

下面我们来进行一项游戏，请大家拿出一张三十二开的纸，准备好了以后我们就要开始了啊！好，首先，请大家闭上眼睛按我的指令操作，并且在完成指令的过程中不提出任何问题。

第一步，请把手中的纸对折；再对折；又对折；第二步，请把右上角撕下来；转九十度，把左上角也撕下来。好，大家都按照指令完成了操作，现在请睁开眼睛，看看自己手中的纸，大家会发现你们所撕出的图形之间有很大的区别，虽然是在同样的指令要求下进行的操作，形状却各不相同。好，我们再来进行一次游戏：请大家还是拿出一张三十二开的纸，请睁开眼睛按我的指令操作，并允许大家在接受指令的过程中，对指令存在疑问的可以提出问题。请大家把手中的纸对折；再对折；又对折；把右上角撕下来；转九十度，把左上角也撕下来。

（生不断提问：怎样对折？哪个右上角？撕多大？什么形状？怎样旋转？……）

下面请大家看看这次撕完的纸，会发现大家手中的纸大多比较相似，没有很大的差异。那为什么两次撕纸会有不同的结果呢？

（生讨论：第一次是因为闭着眼睛，操作不方便；第一次你没有说清楚到底怎么折，怎么撕；第二次撕纸的指令比较具体，告诉了我们具体的操作方法……）

大家的说法基本上都正确，其实在第二次撕纸的过程中，我们已经进行了有效的交流。从人际交往的角度来看，第二次通过交流，撕纸形状差异性会小一些；而第一次缺少交流，撕纸形状差异性就大。也就是说没有沟通就不能准确地领会对方的意图，也就容易导致误解产生，而消除误解的最好方式是什么呢？就是沟通。下面我们就来具体谈一下沟通问题。

3. 案例探讨：缺少沟通有什么影响

所谓沟通，就是指为了设定的目标，把信息、思想、情感在个人或群体之间传递，并达成协议的过程。它广泛存在于我们学习和生活中的各个方面，包括与同学、朋友间的沟通，与家长的沟通，与老师的沟通等等。

那么，缺乏沟通将会出现什么结果呢？请大家先来看一下这个故事（Flash 动画）。

故事内容：

旁白：甲、乙两人是非常要好的朋友，甲经常主动为家庭困难的乙买好吃的。

有一天，甲发现乙买了好吃的没给自己，却给了另一个同学丙。甲非常生气，认为乙不够朋友。从此不再理乙，并经常旁敲侧击地说些小话给乙听。一天，甲正与丙等人在一起聊天，见乙走来，便故意大声说——

甲：有些人可真没良心，只知道吃别人的，哼。

旁白：乙没说什么，低着头走了过去。甲又冲着丙说——

甲：还是你行啊，我这交往几年的，还不如你这交往几天的呢！你真行！

旁白：丙低头没说什么。

又一天，甲、乙相遇了。甲看见乙，头甩向一侧。不理睬她，生气地走了过去。乙想说什么，欲言又止，无奈地叹着气，流着泪走过去。就这样，两个人由好友变成了陌路人。

其实事情是这样的：丙丢了钱。没钱吃饭了，乙知道后，出于关心和同情就给丙买了面包和火腿肠，碰巧让甲看见了。

在这个故事中，甲和乙为什么最终变成陌路人了呢？

生讨论：甲太小气了，为了一点吃的，根本不值得嘛；乙和丙也真是的，说清楚多好啊……

是啊，正是由于误会才使得两个好朋友最终反目，如果他们能够很好地沟通，相信事情不会变成这样。误会的危害这么严重，我们更需要与别人加强沟通，那么怎么样才能很好地与别人沟通呢？

4. 故事引导，讨论沟通技巧

有的同学可能会说，沟通不就是把心里的想法跟对方说一说吗？其实不尽然，沟通并不等于坦白，说话时要注意一定的技巧，同样的意思，用不同的方式表达，效果就大不一样。我们先来看这个故事——解梦（多媒体展示）。

有个国王做了一个梦，梦见自己的牙齿一颗颗掉光了。他很不安，传了一个解梦者来解梦。这个解梦者说："陛下，这是一个不好的兆头。就像你一颗颗掉落的牙齿一样，你的家人也将一个个先于你死去。"国王听了大怒，命令将此人投入监狱，并吩咐再传一个解梦者来。第二个解梦者说："陛下，这是个好兆头。这个梦的意思是，你将比家里所有的人都活得长命。"国王听了非常高兴，赏了这个解梦者一大笔钱。

故事中的这两个人明明讲的是一样的意思，为什么一个被送入大牢，一个却得到了奖赏呢？看来掌握一定的说话艺术是非常重要的。下面我们就来结合这个故事，谈谈在和别人进行语言沟通时，可以有哪些技巧？要求各小组进行讨论，选代表将讨论的沟通技巧作总结性发言，然后把帮助几位同学消除误解的具体做法表演出来。

一组从丙的角度：侧重丙对甲很诚恳地说明情况，不希望因为自己而影响了老朋友的友谊。

二组从乙的角度：侧重乙很重视彼此的友谊，积极地去解释，求得对方的理解和原谅。

三组从甲的角度：侧重甲反思自己，换位思考、理解宽容他人。

同学们解决得很好，总体来看，包含了这样几方面的技巧：坦诚的态度、委婉的语言、真诚的赞美、合适的表达……

老师这里对沟通的技巧作了简单的整理，请大家记住（齐读）：

> 文明语言是法宝，与人沟通少不了。
>
> 换位思考很重要，学会倾听面带笑。
>
> 态度诚恳善宽容，平等尊重多友情。

下面我们就试着运用这些技巧来解决案例中的实际问题。

5. 实际情景：运用技巧解决

情景1：一次，我买了一支新钢笔，我把它给我的好朋友看。她也对我的钢笔赞不绝口。可没过几天，我的钢笔丢了。就在我丢钢笔的第二天，她也拿着一支和我一模一样的笔。我以为是她拿的，有时还对别的同学说她是小偷。同学们都用异样的眼光看待她，她很苦恼，委屈地哭了好几次。不久我又在一本书里找到了自己的钢笔。我错怪了她，很后悔，但又不知怎么办好。

解决：诚恳认错，相信凭你们的友谊，她是不会计较的，肯定会原谅你。

情景2：小明学习英语很吃力，想请某位英语成绩好的同学帮助。但又担心那位同学不帮他，小明该怎么办呢？

解决：赞美对方的英语学得好，说明自己的情况求他帮助，诚恳请教学习英语的方法等等。

在这两个情景的解决中，大家都很好地用到了刚才所说的沟通技巧，那么，在你的生活中有没有发生过因为缺少沟通而产生误会的现象？你是怎么解决的？通过今天的学习，你有什么更好的解决办法吗？我们请几个同学来讲一讲。

生发言：误会好友而不知该如何道歉；在一气之下说了和好友绝交的

话，现在不知该如何挽回……

6. 班主任总结，结束本次班会

通过刚才大家讲述的故事，我深受感动。在今后的学习、生活中，大家如果能开诚布公地讨论一些事情，误会就不会发生，我们之间就会更和谐地相处。愿我们在今后的生活中，多一些交流，少一些隔阂；多一些沟通，少一些误会；多一些快乐，少一些烦恼。让我们成为相亲相爱的一家人。最后请大家和我一起来唱这首《相亲相爱的一家人》，结束我们此次活动。

附：《相亲相爱的一家人》歌词

我喜欢一回家就有暖洋洋的灯光在等待，
我喜欢一起床就看到大家微笑的脸庞，
我喜欢一出门就为了家人和自己的理想打拼，
我喜欢一家人心朝着同一个方向眺望。哦！

我喜欢快乐时马上就想要和你一起分享，
我喜欢受伤时就想起你们温暖的怀抱，
我喜欢生气时就想到你们永远包容多么伟大，
我喜欢旅行时为你把美好记忆带回家。

因为我们是一家人，
相亲相爱的一家人，
有缘才能相聚，
有心才会珍惜，
何必让满天乌云遮住眼睛。

因为我们是一家人，
相亲相爱的一家人，
有福就该同享，有难必然同当，
用相知相守换地久天长。

我喜欢一回家就把乱糟糟的心情都忘掉，
我喜欢一起床就带给大家微笑的脸庞，
我喜欢一出门就为了个人和世界的美好打拼，
我喜欢一家人梦朝着同一个方向创造。哦！

当别人快乐时好像是自己获得幸福一样，
当别人受伤时我愿意敞开最真的怀抱，
当别人生气时告诉他就算观念不同不必激动，
当别人需要时我一定卷起袖子帮助他。

因为我们是一家人，
相亲相爱的一家人，
有缘才能相聚，有心才会珍惜，
何必让满天乌云遮住眼睛。

因为我们是一家人，
相亲相爱的一家人，
有福就该同享，有难必然同当。
用相知相守换地久天长。
处处为你忧心，一直最忧我情，
请你相信这份感情值得感激。哦！

因为我们是一家人，
相亲相爱的一家人，
有缘才能相聚，有心才会珍惜，
何必让满天乌云遮住眼睛。
因为我们是一家人，
相亲相爱的一家人，
有福就该同享，有难必然同当，
用相知相守换地久天长。

（四）活动后的反思

本次活动开头以游戏导入，揭示主题，并导出沟通的概念；借助案例体会缺少沟通会带来的危害；通过故事和讨论，总结沟通技巧；然后，通过解决实际情况的情景，应用沟通技巧；最后联系实际升华主题。整个活动过程浑然一体，能够帮助学生切实解决交往中存在的问题。

五、培养学生战胜困难的能力

生活有时真像魔术，会变出许多出人意料、令人难以置信的事情来，幸福总是伴着挫折、失败、痛苦，编织人生色彩的是酸甜苦辣、喜怒哀乐。有的人面对困难很自信，相信人生总是朝着好的方向发展，以此激励自己勇敢执著地战胜挫折和困难；而有的人遭受失败后便萎靡不振，自甘落后；有的人畏惧困难，遇事采取消极逃避的方法。学生的人生之路还很远很长，应该怎样教育他们直面困难，克服困难是我们教育工作者必须要考虑的问题。

（一）如何面对并战胜困难

1. 增强学生直面困难、笑对人生的意识。
2. 获得解决困难（挫折）的途径与策略。
3. 培养学生勇敢、自信、战胜困难的能力。

（二）活动前的准备

1. 班主任培养学生战胜困难的准备

调查了解生活、学习有困难的学生，确立重点辅导对象；收集古今中外勇战困难的经典故事，制成幻灯片。

2. 学生准备

认真分析自己学习、生活中出现的困难。

（三）具体活动过程

1. 班主任发言，导入

人们常说"苦难是人生的大学"，面对苦难，是我们成长中必须要做的事，那么，在我们的生活中，该怎样正确对待困难并克服困难呢？今天就让我们从下面这些人物中学习如何面对困难吧！

2. 案例探讨

松下幸之助求职

有一次，一个瘦弱的年轻人到一家电器工厂去谋职。他走进这家工厂的人事部，向一位负责人说明来意，请求安排一个哪怕是最低下的工作。

这位负责人看到他衣着肮脏，又瘦又小，觉得很不理想，但又不能直说，于是就找了一个理由：我们现在暂时不缺人，你一个月后再来看看吧。这本来是一个托辞，但没想到一个月后年轻人真的来了，那位负责人又推脱说此刻有事，过几天再说吧，隔了几天他又来了。

如此反复多次，这位负责人干脆说出了真正的理由："你这样脏兮兮的是进不了我们工厂的。"

于是，年轻人回去借了一些钱，买了一件整齐的衣服穿上又返回来。这人一看实在没有办法，便告诉他："关于电器方面的知识你知道得太少了，我们不能要你。"

两个月后，他再次来到这家企业，说："我已经学了不少有关电器方面的知识，您看我哪方面还有差距，我一项项来弥补。"

这位人事主管盯着他看了半天才说："我干这行几十年了，头一次遇到你这样来找工作的。我真佩服你的耐心和韧性。"结果年轻人的毅力打动了主管，他终于进了那家工厂。他就是后来又以超人的努力逐渐锻炼成为一个非凡人物的日本松下电器公司总裁松下幸之助。

松下幸之助的求职经历告诉我们这样一点：面对困难首先要有百折不挠的勇气，有"在哪儿跌倒，就在哪儿爬起来"的决心与意志。困难不仅是一种暂时的挫折，更是一种机会。

它说明你还存在某种不足和欠缺。找到它，补上这个缺口，你就增长了一些经验、能力和智慧，也就会离成功愈来愈近。

3. 案例探讨

乙武洋匡的成长故事

乙武洋匡是一个天生的残疾人——没有手脚。但是，他的父母并没有放弃养育他的责任。作为一个高度残疾的孩子，他却与普通孩子一同上完了小学和中学，学会了跳绳、游泳和打篮球，登过高山，拍过电影，并以优异的成绩考入赫赫有名的日本早稻田大学。乙武洋匡是如何走上一条成功之路的呢？

乙武洋匡的父母爱自己孩子的方式是让他自我锻炼。因此，他在上幼儿园的时候就学会了侧头把铅笔夹在脸和仅十多厘米的残臂之间，一笔一画地写字；他利用杠杆原理，靠残臂的平衡用力把盘中的刀叉交叉起来，从盘中吃饭；他把剪刀衔在口中，用残臂捧住另一边，轻轻摆动头部剪纸；他坐在地上身体呈 L 型，用臀部和同样只有十几厘米的残腿交互动作，一步一步地挪着"走路"。孩子自己能干的事情，父母尽量让他自己去干。

乙武洋匡刚上小学时，班主任老师对他说："没有老师的同意，你不能在学校里坐轮椅。"这样，无论寒冬还是盛夏，他只能用两条残腿撑在地上，靠着屁股挪动前行。屁股坐在地上，两条残腿撑在地上艰难挪动，乙武洋匡比任何人都更能痛彻地感受到大地的冷热。校园中，同学们呼吁他坐轮椅的呼声高涨，但班主任老师不为所动。老师说："乙武洋匡现在看上去是怪可怜的，但有些事必须他自己做。他的将来是他自己的，他要为他的将来做准备，这是我的任务。"大度的乙武洋匡的母亲只说了一句话："我们听老师的。"后来，乙武洋匡上了初中、高中和大学。他所进的学校大都没有方便残疾人的设施，但他靠的是在小学时的磨练，一切都能应付。许多年以后，乙武洋匡无不后怕地发了一通感慨："现在，我的看似艰难的却是自如的行动，多亏了当年班主任老师的严厉和坚决。假如我从小学一直坐着轮椅，那我可就真成了一刻也离不开轮椅的人了。"

听了这个故事，我们会联想到张海迪，她也是坐在轮椅上生活和写作的，我们要学习他们身上那种顽强不屈的精神，那种与命运抗争的性格和不屈不挠的毅力。残疾人尚且能如此，那我们这些四肢健全的人就更应该树立面对困难不屈不挠的勇气，不断拼搏，超越困难，如果我们缺少这种精神，那将比身体残疾还要可怕。

4. 案例探讨

科学家霍金

史蒂芬·霍金，是本世纪享有国际盛誉的伟人之一，现年六十岁，剑桥大学应用数学及理论物理学系教授，当代最重要的广义相对论和宇宙论家。七十年代他与彭罗斯一道证明了著名的奇性定理，为此他们共同获得了 1988 年的沃尔夫物理奖。他因此被誉为"继爱因斯坦之后世界上最著名的科学思想家和最杰出的理论物理学家"。他还证明了黑洞的面积定理。霍金的生平是非常富有传奇性的，在科学成就上，他是有史以来最杰出的科学家之一。他担任的职务是剑桥大学有史以来最为崇高的教授职务，那是牛顿和狄拉克担任过的卢卡逊数学教授。他拥有几个荣誉学位，是皇家学会会员。他因患卢伽雷氏症（肌萎缩性侧索硬化症），禁锢在一张轮椅上达二十年之久，他却身残志不残，使之化为优势，克服了残废之患而成为国际物理界的超新星。他不能写，甚至口齿不清，但他超越了相对论、量子力学、大爆炸等理论而迈入创造宇宙的"几何之舞"。尽管他那么无助地坐在轮椅上，他的思想却出色地遨游到广袤的时空，解开了宇宙之谜。

霍金教授还是现代科普小说家，他的代表作是 1988 年撰写的《时间简史》，这是一篇优秀的天文科普小说。作者想象丰富，构思奇妙，语言优美，字字珠玑，让人感受到世界之外，未来之变，是这样的神奇和美妙。这本书至今累计发行量已达两千五百万册，被译成近四十种语言。1992 年耗资三百五十万英镑的同名电影问世。霍金坚信关于宇宙的起源和生命的基本理念可以不用数学来表达，世人应当可以通过电影——这一视听媒介来了解他那深奥莫测的学说。本书是关于探索时间本质和宇宙最前沿的通俗读物，是一本当代有关宇宙科学思想最重要的经典著作，它改变了人类对宇宙的观念。本书一出版即在全世界引起巨大反响。

霍金是科学界的巨匠。像他一样身残志坚的人还有很多，他们用自己的事迹教育着我们，困难并不是不可战胜的，只要勇敢面对，不屈不挠地坚持下去，任何困难都将是"纸老虎"，我们最终会战胜困难。

困难之于每一个人都有不同的感受，面对困难，你选择什么？让我们来看看下面的诗歌吧！

5. 文章欣赏

面对困难，我们何去何从

长路漫漫，难免为困难所阻挡。

有人说，

困难是拦路石，阻挡了我们前进的步伐……

有人说，

困难是动力，催我奋进与勃发……

有人说，

困难像弹簧，你强它就弱，你弱它就强……

说法纷纭，不一而足。

面对困难，我们必须作出选择！

要么，

等待，渴望奇迹的出现……

要么，

转身，躲避困扰的纠缠……

要么，

想方设法，拨云见日……

做法种种，不胜枚举。

我开始我的选择，

我不会等待，更不会选择懦弱，但并不能说，我是勇者。

我有勇气，却势单力薄，许多时候面对困难有心却无力。

于是，我甘为小草，原本我就是一株小草……

没有花香，没有树高，我是一株无人知道的小草……

我会沿着缝隙爬，朝上，朝前，朝着微弱的光……

相信，我会在缝隙中活出自己的精彩！

你，

你们，

面对困难，又何去何从？

6. 相关的名言、警句收集

◆ 世上无难事，只怕有心人。

◆ 面对困难的时候，要勇敢、执著、不畏艰辛地去战胜它！

◆ 生活中没有困难，未免过于平淡。（英国）

◆ 天公把一种魅力隐藏在困难的事业中，只有敢于尽力从事困难的人

才能意识到这种魅力。（欧洲）

◆ 生活喜欢攀登上坡路，脚印只有在高峰才显得明亮。（比利时）

◆ 如果我们没有经历危难而得胜，就不是光荣的胜利。（英国）

◆ 本领是从困难中学会的。（古巴）

◆ 困难是人的教科书。（朝鲜）

◆ 逃避困难，就是决断力的丧失。（美国）

◆ 一个人如果没有任何阻碍，即将永远保持其满足和平庸的状态，那么他将既愚蠢又糊涂，像母牛一样的逸然自得。（布朗）

◆ 涂改和难产是天才的标志。（福楼拜）

◆ 懦夫把困难当成沉重的包袱，勇士把困难当做前进的阶梯。

◆ 哪里有困难，哪里就有力量。（阿尔巴尼亚）

◆ 有困难的地方就力量，有自由的地方就有知识。（埃塞俄比亚）

◆ 在生活道路上没有遇着困难的人，将不会成为真正的人。（阿尔及利亚）

◆ 艰难使你得到锻炼。（日本）

◆ 艰难困苦，玉汝于成。

◆ 患难虽不能使人富，但能使人贤。（英国）

◆ 要想捉大鱼，不能怕水深。

◆ 要想摘玫瑰，就得不怕刺。

◆ 最困难之时，就是我们离成功不远之日。（德国）

◆ 害怕攀登高峰的人，只能永远在洼地里徘徊。（阿拉伯）

◆ 在科学上没有平坦的大道，只有不畏劳苦，沿着陡峭山路攀登的人，才有希望达到光辉的顶点。（马克思）

◆ 敢于奋斗的人，心目中没有什么困难。（苏联）

◆ 只要卷起袖子来干，困难就会躲在一边。（哈萨克族）

◆ 大自然把人们困在黑暗之中，迫使人们永远向往光明。（歌德）

◆ 危难是生命的试金石。（希罗科夫）

◆ 只有在苦难中，才能认识自我。（希尔蒂）

◆ 患难困苦，是磨练人格之最高学校。（梁启超）

◆ 不认识痛苦，就不是一条好汉。（雨果）

◆ 困难是一个严厉的导师。(贝克)

◆ 困难产生于克服困难的努力中。(斯迈尔斯)

◆ 忧患激发天才。(霍勒斯)

◆ 对你有帮助的东西,并不都是唾手可得的。(弗格森)

◆ 如果人生的途程上没有障碍,人还有什么可做的呢?(俾斯麦)

◆ 凡事在成熟之前,都是有苦味的。(赛勒斯)

7.班主任总结,结束本次班会

欣赏过松下幸之助、乙武洋匡和霍金的故事,读过诗歌以后,我相信大家对困难、对如何对待困难都有了一个感性的认识,迎难而上是最可行的办法。对于我们学生而言,在生活中,经常会碰到考试成绩不尽如人意,和朋友吵架分手,家庭条件拮据等困难,当你遇到这些情况时,请记住,困难和挫折是暂时的,战胜困难和挫折将是你人生中一笔宝贵的财富。要不苛求周围环境,不推卸责任,有战胜困难的信心、勇气、毅力,并积极行动,努力战胜困难。

(四) 活动后的反思

本次活动设计采用了三个名人的事迹作为案例,更增加了其教育意义。榜样是最具有典范作用的,学生有了榜样以后,会向榜样学习。因此在本活动中,设计名人名事是具有显著作用的。其次,关于诗歌和名言的引用,则是从语言、思想两方面对学生进行引导,希望可以帮助学生正确认识直面困难的重要意义,并学会在困难面前不言放弃,"在哪儿跌倒,在哪儿爬起来",克服困难。

第五章 中学生理想培养案例

一、正确指导，成就未来

有些学校，学生的来源不十分理想，学生的学习漫无目标，存在着严重的厌学情绪。我们希望有种活动能使学生从中看到自己的长处，从而激发学生们努力学习、积极向上的内驱力，这也符合学生的自身发展需要。

通过职业指导活动，可以使一些认为"升学无望"、"择业无门"的"差生"有了奔头，使每个同学都能清醒看到自己的长处和不足，发挥其所长，补充其不足，使每个同学都能雄心勃勃，以成功的心态走上社会。

（一）怎样通过现在成就未来

实验从对社会职业群素质的调查入手，通过调查活动向学生展示社会各行各业对人员素质的要求，从而使学生领悟到今天的学习与未来的社会要求之间的密切联系，激发学生的求知欲望，还使学生广泛了解社会，正确认识自我，为毕业合理分流及选择未来职业做准备，以达到未来社会人职匹配的良好目的。

（二）活动前的准备

同学们按照各自的兴趣和特长，组成了几个兴趣小组，到社会上去进行参观调查，了解各种职业的现状及对人才素质的要求，回来写出自己的收获和体会，在班会上将自己的见闻和感想告诉大家，同学之间互相交流。还邀请一些家长和某些职业的代表来参加班会。

（三）具体活动过程

歌曲《北京晨曲》响起："星星在等待你，月亮在陪伴你，太阳每天迎接你，这世界需要你……"同时电视屏幕上出现画面：一轮红日冉冉升起，马路上川流不息，忙忙碌碌的人们纷纷奔赴各自的岗位。

主持人女：在那太阳升起的地方，有一群人，为了实现更高的理想，成为最佳，他们在努力，他们在创造。

主持人男：这就是各行各业的人们。同学们在仰慕职业成功者的成就，赞叹他们惊人的创造时，常常会提出这样一个问题：他们是怎么走向成功之路的呢？

主持人女：烹饪专家王仁兴、传奇式科学家武素功、说球能手宋世雄做了回答，是在中学阶段就奠定了获得职业成功的基础。

主持人男：我国现代化建设的各条战线都需要一大批优秀人才，需要能胜任各行各业需要的接班人，今天在学校中学习的我们，将成为未来现代化建设的接班人，为了适应社会需要，在中学阶段就要逐步选择职业方向，确立职业理想，职业方向和理想的选择往往又是从一个人的兴趣开始的。

主持人女：根据同学们的兴趣爱好，参加职业指导实验班的年级三个班的同学，组成了几个兴趣小组，走出教室、走向社会进行调查、参观，了解了社会的职业群，了解了各个职业对人才素质的要求，了解了现阶段所学的科学知识与未来从事的职业的关系。以便在校时就做好未来从业的准备。

主持人男：坐落在王府井大街路口的麦当劳快餐店，在京城已是家喻户晓，开业几年来，名声大振，有几名同学在老师的带领下，参观了麦当劳快餐店，下面请他们谈一谈此行的经过。

学生1：推门而入，室内空气清爽怡人，给人的感觉是温馨舒适，工作人员忙忙碌碌，但井然有序，接待员带我们参观了服务区和生产区，我们对此非常感兴趣，以前只知道吃快餐而不知道是怎样生产出来的，这下可以大饱眼福了，接待员还给我们讲解了麦当劳的创业史和发展史以及管理方法，我们也向接待员问了一些感兴趣的问题。参观结束，我们的感觉正如麦当劳的承诺：品质高，服务好，环境清洁，物有所值。同学们在麦当劳叔叔的塑像前和代表麦当劳标志的双拱门前留了影，我们要把这次参观永存于记忆之中，这或许也为我们这些喜欢烹调、餐饮服务的同学们将来事业的起步起到了奠定基础的作用吧！

主持人女："工作的时候拼命工作，玩的时候就要痛快地玩"，这句看似普遍的话，却隐含着深刻的含义，对于我们学生来讲，学习的时候要努力学习，该放松的时候也该放松一下。但一个人如果没有一点竞争意识，是干不成一番大事业的，同学们在走访麦当劳快餐店的同时，深深领悟到了这一点。

主持人男：尖端的科学技术需要优秀的科技人才，而作为一名普普通通的工人，也应具备一定的素质，北京第一机床厂之行，给同学们留下了深刻的印象。

学生2：对于我们这些生长在不愁吃、不愁穿的社会主义大家庭的孩子来说，简直是顶在头上怕摔着、含在嘴里怕化了的"小皇帝"，当然对工人叔叔阿姨们劳动的辛苦也只是耳闻而没有目睹过，因此在一个明媚的日子里，我们走进了北京第一机床厂。在那里，我们不但看到了工人叔叔是怎样操作电脑，让电脑自己来制造机器零件的，而且，我们也知道只有学好科学文化知识才能在生产零件时不会出差错。其实，我认为学好几何也是极其重要的，在生产建设和日常生活中，我们常常研究物体的形状、大小和位置关系，只有会认图、会看图，才会按图的意思来画，你只有知道平行线怎么画，才会把图画得更准确。几何这门课程，你看上去好像很难，但是你一旦掌握了基本规律，就会发现它是门 very interesting（很有趣）的课程。除几何外，我们还应该掌握动力学、计算机、中外文资料、机械制图、工艺学、物理力学……因为这些学科是指导制造机器零件的理论依据。同学们，为了我们在以后的工作中能为祖国制造出更精密的零件，能为祖国创造出更多价值，努力学习吧！走进第一机床厂，我想到的很多很多，将来在这个处处充满了竞争的时代，是需要我们这一代人付出百倍的努力，才有为国奉献的可能。将来是多么需要有学问，有本事，有身体素质的人才。为了能够适应高科技的年代，为了不辜负祖国，不辜负爸爸、妈妈、老师对我们的期望，努力学习吧。记住，未来是属于我们的！

主持人女：作为一名普通的机床工人，虽然不需要像宾馆服务员那样具有很强的社交能力，但是二者都需要有很强的操作能力和认知能力。许多同学常常带着骄傲的神情自豪地说："我长大了要当个一流的驾驶员，开上汽车，多威风。"真是说得怪轻巧的，做任何事情不付出一番心血，是达不到自己的愿望的，北京密云第三驾驶员学校，就是许多同学梦想的地方。

学生3：我们兴致勃勃地来到密云第三驾驶员学校，一进校门，首先看见那排列整齐的汽车好像等待检阅的仪仗队，不远处，耸立着一座雪白的教学楼，校长热情地接待了我们，他向我们介绍这所学校的创办史和发展史，并且对我们说：学校在抓学员交通安全方面要求很严，人人必须做到"马达一响，集中思想；车轮一动，想到群众；车轮一转，想到安全；驾驶本领高，安全要记牢；百年大计，安全第一"。这五点学员必须做到，因为汽车好比"铁老虎"，如果这只老虎在一个合格的"驯虎师"训练下，它会非常"温顺可爱"，如果遇到一个不合格的"驯虎师"，它会凶猛无比。就像学生在校学习一样，如果用心去学，你就会获得很多知识；如果抱着"当一天和尚撞一天钟"的学习态度，就会毫无所得。有的同学认为扳、蹬、踹学会了，车自然就开了，这就大错特错了，因为驾驶还包括很深的知识，比如说让你画一张汽车构造图，若没有几何知识是画不出来的；再比如说有人问这辆车的减震系统如何，你要是不具备物理知识是回答不上来的。总之，我们要想今后能在社会上找到自己的合适位置，现在就要认真学习，为今后能在社会上找到自己理想的职业而打好基础。当我听完校长这一番肺腑之言后，我受到了很深刻的教育，我要在这次亲身经历的社会实践中总结经验，树立理想，今后我要学好各门功课，努力实现自己的理想。

主持人男：有人认为开车只是简单的"扳，蹬，踹"，现在看来，也不是那么简单的事了。

去吉普汽车有限公司的参观使同学们深有感触，不信，您还是自己听听吧！

学生4（同时放映参观时的录像）：我们来到了位于南磨房的北京吉普

汽车有限公司，公关部的王同志带领我们开始了这次短暂而愉快的参观。进到里面，首先看到的是一条笔直的大道，两旁都是车间和厂房，我们先到装焊车间，这里有一条人工控制的流水线，但有些机床还须进口。接着我们又参观了喷漆车间，这里是由英国海顿公司设计的车身油漆生产线，采用当今国际最新技术——厚膜电脉，增补了中国汽车工业的一项空白。最后我们来到了总装车间，那里能同时加工两三种车辆，做好的车壳送来后，仅用七分钟就组装完毕。这样一个现代汽车制造公司，需要的是有理想、有道德、有文化、有纪律的四有人才，同时随着生产力的发展，各个环节都需要懂机械加工、工艺热处理和计算机等方面知识的人才，当然最首要的条件是有敬业精神，能够在汽车制造工业方面肯干、实干和创新。

"千里之行始于足下"，祖国建设需要人才，学校是培养人才的摇篮，我长大以后一定要有所作为，现在要珍惜时光，发奋读书，将来把知识献给祖国的建设事业。

主持人女：未来的中国，究竟是什么样子？这个问题似乎同我们联系得很紧，有些同学对未来进行了美好的设想，您看，这位同学对汽车的设想是不是很巧妙呢？

学生5（展示图片）：参观北京吉普汽车有限公司后，我设计了一辆车，里面隐藏着不少机关。车的外壳由若干形状大小不一的轻装甲构成，可防止歹徒的袭击。另有一套反弹道制导装置，可让歹徒搬起石头砸自己的脚。车窗及车灯由钢化玻璃制成，不易破碎。在车的底盘上装有可折叠机翼和喷气式垂直起降装置，无论有无跑道均可起飞。尾部有飞行时使用的喷气式助推器，如果潜水的话，只要按一下按钮，喷气式助推器则被密封起来换成螺旋桨式的。车身各部分装有雷达装置，就是开足马力也不会撞车。

谈了半天附件，现在该谈谈发动机了。能源是一个让人非常头疼的问题。用汽油作为能源既浪费又形成了污染；至今只利用太阳能作为无污染的廉价能源，而太阳能的功率比较小，在汽车上使用，时速最快也只能达到每小时四十多公里，靠这么低的速度上天是不行的，因此需要大功率的电源以及喷气机作为辅助动力才能达到要求，但一辆车所能携带的蓄电池数量毕竟有限，这就要求有一种新型能源。我这辆车不烧汽油，不带大量电池，只带有少量廉价金属——铝。把铝送入分解器，经过一系列复杂的化学反应，最终产生了电能。这种电源能量相当充足，可持续使用几十小时，而发动机的耗电量小，又配备了一个大容量蓄电池，每二十四小时自动充电一次。既节省了能源，又不影响发动机的功率。发动机的结构被简化。机械仓内还有一定的空间，这一部分空间可以用来装氧气储存装置。氧气分两种，一种是高压液氧，用来做推进器的助燃剂，另一种是供人呼吸的高压气化氧，由减压阀从驾驶室四面的微孔送入，多余的二氧化碳由安装在车座下的排气装置排出。车上还有车载电脑，可执行机器自检、地区性扫描等各种指令。车上还有无线通讯。整个车身用复合材料制成，密封性能和耐压性能非常好。

但是没有科学文化知识，把"一"说成"扁担"的睁眼瞎是不足以担此重任的，因此我们要努力学好知识，为将来打下坚实的基础。

主持人男：我们都知道二十一世纪将是生物的世纪，那么生产生物制品的单位是什么样的情形呢？

学生6：我们到坐落于北京朝阳区三间房的生物制品研究所进行参观学习，所里设立了十六个生产科、八个研究室，并有周密的销售网，所内每个人都坚信"质量是企业的生命"，因此进行质量监督，对产品严格检查，认真把关。这种对待工作一丝不苟的精神难道不值得我们将其运用到学习上去吗？八十多年来，所里研制成功的各种制品，减少了某些疾病的发病率，为国家做出了贡献。

不知不觉参观访问结束了，一连串的介绍，使我感触极深，对自己的未来已经在心里打起了小算盘。是的，一个人今后的发展前途是相当重要的。俗话说："三百六十行，行行出状元。"也许你对这句话已有些厌烦，但是它的确是实实在在的真理。清洁工人为了人民生活的健康、空气的清新，用双手、汗水铺洒出了一道道彩虹；建筑工人以他们的智慧和勤劳，筑起一座座拔地而起的人间天堂；白衣天使以她们善良纯洁的心灵屡次唤回危在旦夕的生命；人类灵魂的工程师把他们所有的炽热和关怀都献给了一个个充满笑意的花蕾，以他们蜡烛般的精神点亮一颗颗童稚的心。

榜样的力量是无穷的，我们要用各条战线先进人物的精神鞭策自己，让这种无形的力量变为自己行为的动力和准则。

　　同学们，我们是多么希望在不久的将来，能在自己理想的职业上做出成就，那就从现在做起，从小事做起，从一言一行做起。展望未来，我们任重而道远，有更多的新领域、新技术等着我们去开发。所以，从现在起，我们就要努力学习，立志为国家的蓬勃兴旺做出自己的贡献。

　　主持人女：未来的中国，科学技术将会有什么新发展？职业构成会发生什么变化？什么样的人才是社会迫切需要的？这些人才需要什么样的素质？下面让我们以热烈的掌声欢迎一位家长就基因工程对人才的素质要求给同学们谈一谈。

　　家长发言（同时展示图片）：基因工程对人才的要求，也是对现代生物制品研究和生产人才的素质要求。需要生物学、物理学和生物化学的知识，同时还需要免疫学、医学等方面的知识，这些专业知识必须在大学里才能学到，同时一定的外语水平也是不可缺少的，否则你就不能自己阅读国际上的最新资料，你就不会使用进口机器设备。

　　作为一名优秀的生物制品人员，光有业务素质还不行，还需要有一定的思想素质和身体素质，所以生物制品的工作人员必须是兢兢业业、认认真真、一丝不苟，必须有严格的组织纪律性，必须老老实实按照生物制品的操作去做。总而言之，"认真"是各行各业不可缺少的工作态度和学习态度，有了认真的态度，同学们就能学好自己的功课，今后就能够圆满完成本职工作。

　　主持人男：同学们，我们的国家还是发展中国家，经济、科学、国防等方面还不发达，因此未来是属于你们的！

　　主持人男：同学们又参观了另一科技单位——中国社会科学院的话务机务班。

　　学生7：一座高耸的大楼矗立在我的面前——中国社会科学院，我从闻听它的那一刻起，就觉得这座大楼很神秘，那天下午我有幸来到这座一直像磁铁一般吸引我的大楼，我们就这样走进了经济技术咨询研究公司。我们的第一站是总机房，好奇的我们一下子蜂拥而上，眼睛紧盯着机盘，只看见那绿灯、黄灯不停地闪，可这究竟表示什么，我们谁也说不出。热情的梁科长看出了我们的心思："同学们看得可真认真。好！下面我来给你们讲讲。"梁科长先给我们介绍了机盘的结构及组成，然后又具体地讲了绿灯一亮，就表示电话打进来了，就要拨一下和它相应的黑键，然后还要按号；黄灯一灭，就说明电话已挂断等等这些基本知识。我们看到那两位阿姨真够辛苦的，同时我们也由衷地佩服她们。这时梁科长说："同学们，你们要知道做一个合格优秀的话务员是多么不容易啊！手快、眼快、反应快这三快是做一个话务员必须具备的素质，你们看这两位阿姨的动作多么熟练，她们是曾经吃了一番苦后，才换来现在的甜的。在这两位阿姨的脑子里，有着众多的电话号码，像个小储存库似的。""话务员阿姨真是不简单。正是因为有了她们，才使得人与人之间得以沟通。"我感慨道。

我们的第二站来到了电话交换机室，一位看起来学识渊博的叔叔接待了我们。他对我们说，科学技术在不断发展，所以电话交换机也在不断更新换代，最早的是磁石式电话交换机和供电式的电话交换机，然后发展到西门子式、纵横式的，现在同学们看到的这间屋里的电话交换机就是906型纵横式的，他边说边指了指。其实现在最先进的电话交换机是程控式的，其中标志器就像一个模拟电话员，起了至关重要的作用。如果没有电话交换机，那么总机房也就失去作用了。因为电话是先通过电话交换机然后才显现到总机房的机盘上的。这位叔叔还对我们寄予了殷切的希望，他说："你们从现在起就要好好学习，去创造祖国的未来！"叔叔的话在我的脑海里深深地烙了印。

中国社会科学院之行，增长了我的知识，开阔了我的视野，深深地触动了我，我要奋发图强使祖国未来的科学技术更先进。

此时的我再仰望这座大楼，似乎它并不神秘，因为它是一座知识的大楼……

主持人女：通过参观，同学们深深体会到科学技术的发展对于一个国家的发展是多么的至关重要，为了使中国的科学技术越来越先进，我们将不懈地努力奋斗，那么我们现在所学的每一门功课都和未来从事的职业有着密切的联系。

主持人男：以上所说的是我们亲自参观的六个单位，而据我们以信访形式调查的六十二个职业中，每一职业都或多或少的涉及到我们目前的各科学习，"今天的学习是明天的基石"，因此我们要努力地学习，掌握过硬的科学文化知识。

主持人女：我们通过初步调查、访问，对社会的各行各业有了初步了解，树立了正确的职业观，学到了许多书本上学到的东西，学习劲头更足了，这其间凝聚着老师的心血、同学们的努力，更主要的是家长和社会对我们的支持。

主持人男：我们这次调查活动只是对社会职业群局部的调查，今后我们将更广泛地深入调查。

主持人女：同学们，今后的社会将是人才和职业互相选择的社会，我们在选择职业的同时，职业也在选择我们。在现阶段，既要打好德、智、体、美、劳各方面素质的基础，为未来获得职业成功做好全面准备，又要树立正确的职业观，努力学好各门功课，社会需要各行各业的人才，待到我们风华正茂、年轻有为、报效祖国之时，各行各业一定会群星灿烂，人才辈出，祖国的未来要靠我们去描绘美好的蓝图！

主持人女、男合：《指导现在，选择未来》主题班会到此结束！谢谢大家！

（四）活动后的反思

这个主题班会开得非常成功，我们邀请了部分学生家长及社会上有关人士，如搞职业指导的专家来参加，大家一致认为这个班会很有时代特色，充分调动了学生的积极性、主动性与创造性，体现了学生的主体参与性。通过这个活动，对于学生了解社会、了解自我，从而在初三毕业做到正确分流有很大的指导作用，为未来职业的选择奠定了基础，正如班会的主题——指导现在，选择未来！

学生们觉得，这个主题教育活动，完全是以学生自己为主体，锻炼了自己的能力，大开了眼界，了解了社会和各行各业的人才素质要求，更加清楚地认识了自己的长处与不足，"千里之行始于足下"，要从现在开始努力读书，从小树立职业意向，制定远大目标，我们真正懂得了"今天的学习是明天的基石"！

二、通过职业选择展现未来

随着科学技术的迅猛发展，人类社会已经跨入了以知识经济为标志的新纪元。在知识经济时代，新技术的迅速产业化使得经济结构不断调整，职业内容不断更新，市场对人才的需求也不断变化。因此，培养适应社会发展、市场需要的人才便成为教育成功与否的关键。

（一）如何通过职业选择未来

使学生重视并了解职业的现状、发展趋势，以及职业对人才素质的要求，并学会把明天职业的素质要求和今天的学习、生活有机地结合起来，学会发现、发展自己的特长和优势，重视并初步学会对初、高中两次升学、就业的科学合理的选择。

（二）活动前的准备

（1）多次组织学生、家长座谈。首先，在认识上与学生、家长达成共识，明确职业指导的意义。随后，在活动的不同阶段进行学生之间、师生之间的交流。

（2）填写调查表，做测试题，集报。先后组织学生填写有关性格、气质及职业方向的调查表、测试题，使学生对自己有所了解。组织学生收集报刊上一切与职业有关的文章、信息，从而初步了解职业及社会。

（3）组织学生听报告、讲座。先后组织学生听了东城职业介绍所梁主任的报告《目前市场就业情况及社会对人才的要求》和讲座《求职面试的技巧》，以及人民教育出版社编审魏老师有关增强生存能力的报告。

（4）组织参观、咨询和社会调查。先后组织学生参观了东城人才交流市场、首都图书馆、市档案馆、首都博物馆、石刻艺术博物馆。组织学生2—3人一组走上社会，到自己感兴趣的单位进行调查，并了解家长和周围人的就业经历及目前职业状况。

（5）准备班会。全班全员参与，经过选拔，推选出五名同学参加演讲。

（三）具体活动过程

主持人女：各位老师，各位同学，大家好！二十一世纪的钟声刚刚敲过，我们迈进了一个新的世纪。生产力的发展、社会的进步、国家的繁荣昌盛，使我们现在的物质、精神生活都极为丰富。作为跨时代的接班人，我们的未来又将何去何从呢？正在我们迷惘的时候，学校为我们开展了职业指导活动。一堂堂生动的讲座、一次次难忘的活动使我们受益匪浅，使我们找到了自己的位置、自己的目标。今天，我们在此召开班会，畅谈自己的感受。

好！现在我宣布，《面向未来——职业指导你、我、他》主题演讲班会现在开始！

职业是我们每个人都将面对的，我们应该如何选择职业呢？对于这个问题，同学们可能会给我许多不同的答案。同学1就认为选择职业应从兴趣、爱好出发。下面，我们就有请同学1谈谈他的想法。

学生1：演讲《兴趣与职业》

老师们，同学们：

大家好。

我今天演讲的题目是《兴趣与职业》。

今后的社会是一个优胜劣汰的社会，说人们之间最大的关系就是竞争也并不过分。这样，我们的职业选择就非常关键了。我今天要说的就是如何选择职业的问题。仔细想一想就会发现，古往今来，许多成功者的事业都是从兴趣开始的。当你对工作有兴趣时，枯燥的工作也会变得丰富多彩、趣味无穷。确实，职业兴趣可以调动人身心的积极性，使人以敏锐的观察力、高度集中的注意力和丰富的想像力投入工作，很多职业成功者的事例表明，兴趣是成功的重要保证。爱迪生在发明的王国里显示了杰出的才华，在课堂上"智力平平"的达尔文，在大自然的怀抱里显得异常聪明和敏锐。是什么原因使他们由"愚钝"变得聪明？是兴趣。兴趣给人们带来智慧、勇气和毅力，我的父亲曾经问过我这样两个问题：1. 你喜欢做什么？2. 你能干好什么？这两个问题听一听上去并不高深，但细细揣摩一下就会发现其中的问题了。

我喜欢什么职业呢？我可以很快地说出许多，我在很小的时候就梦想能在著名的维也纳新年音乐会的金色大厅中拉上一曲《蓝色的多瑙河》，成为一名小提琴家；或者驾驶一部 F1 赛车在圣马利诺拿到冠军，成为一名赛车手……但这些只是少儿时代的幻想罢了。

我能干好什么呢？这个问题我想每个人都问过自己，但我很难相信一个并不喜欢自己的职业的人会将工作做得很好，很多人都会同意我的观点。因为历史上太多的事实已经证明了，大发明家爱迪生不是也遭受过失败吗？和上面所说的一样，决定我们能干好什么的一大部分原因就是兴趣。

当我们走出校门后，我们会有一些就业的机会，但是如果那工作并不适合你，我建议你最好放弃。莎士比亚放弃了年薪四百五十英镑的高薪聘请才有了一个个美丽的故事，里根放弃了政府雇员职位才有了一个出色的总统；比尔·盖茨也放弃了成为房地产商的机会才有了今天的"Microsoft"（"微软公司"）。所以当你把你的兴趣变成职业的时候，就是你成功的职业开始之时。我们不奢望会再出现一个二十一世纪的莎士比亚或一个中国版的"Microsoft"，但至少你获得了事业和心理上的双重成功。又有什么比这更重要的呢？

谢谢大家！

主持人男：感谢甲同学精彩的演讲。甲同学的想法与我真是不谋而合，我也觉得一个人如果选择了他喜欢的职业，他是一定会有所作为的！哎，我看你的文采不错，又喜欢看书，你一定是想成为一名作家吧！

主持人女：你只说对了一半，我的确想当一名作家，但如果社会需要，我也会成为一名优秀的教师或网络工程师。因为我认为兴趣固然重要，但社会的需求才是最根本的择业标准。不信的话，让我们来听一听同学 2 的观点。

学生 2：演讲《适应社会——如何择业》

老师们，同学们：

大家好。

我今天演讲的题目是《适应社会——如何择业》。

我认为得找准自己的择业坐标点，选择职业是人生道路上重要的一步。对我们来说现在的学习成绩的确很重要，但决定人生坐标点的绝不仅仅是分数，我们选择的职业应该与自己的气质、性格、能力、兴趣相匹配，才能使自己在今后的学习和职业生活中更得心应手。我们应该对自己的个性特点有个全面的评价，越客观、越准确，对工作方向的确定越有利。

值得引起注意的是，我们之中的许多人对职业的追求，往往单纯从兴趣出发，对未来的职业充满憧憬，甚至是天真烂漫、不切实际的幻想，要知道兴趣是可以调整的，能力是可以提高的，气质是可以培养的，性格是可以完善的，要用发展和辨证的观点看待个性特点，才不至于出现过分偏激的想法，做出过于狭隘的选择。

一个人的价值体现在他为社会做出的贡献，社会的需要是一个人自我价值实现的基础。在我国，个人需要与社会需要从根本利益上是一致的，但社会并不是为每个人都提供"理想"的就业机会，我们应该把目光放得远一些，而不该过分追求眼前的利益，强调自己的兴趣和特长。

个人要主动适应社会的需求，在各个方面不断完善自己，才能使自己在社会上立足、生存并得到发展。百年前的美国加州曾出现一股淘金热，一个叫亚默尔的农民也去碰运气。矿区气候干燥，水源奇缺，成千上万名淘金者个个口渴难忍，有人抱怨说："要是有一杯水喝，我愿意给他一个金币。"说了牢骚话的人仍然口干舌燥地去找金矿，而听了牢骚话的亚默尔却灵机一动，打消了找金矿的想法而开始四处寻找水源。他不但找到了水源，还制作了一个过滤装置，把水变成了可以饮用的水，成了一个专门卖水的人。有人淘到了金，可更多的人一无所获，但他们都要用淘来的金、带来的钱向亚默尔换水喝，让亚默尔大大发了一笔财。亚默尔的成功在于他适应了社会的需要，不断调整了自己的职业方向。由此可见，以自己对社会的主动适应来寻找个人与社会的最佳结合点，是我们今后选择职业时应充分重视的。

职业是在不断变化发展着的，而且职业的种类是多种多样的，过分强调自己对某一职业的兴趣和偏爱容易使自己的选择过于狭隘，从而丧失许许多多发展机会，我相信在座的每一位同学都希望在今后步入社会时能拥有一份理想的职业。那么我们现在就要打好基础，从而拓宽自己的择业面以适应未来的社会。

谢谢大家。

主持人男：同学2的观点，我也颇为赞同。她与同学1真是仁者见仁，智者见智，我想，如果把他们俩的观点结合起来，对我们未来择业一定是会有帮助的。

主持人女：对，我完全同意。

主持人男：看来，选择职业也并不是一件简单的事情，恐怕有时还会遇到一些挫折呢！

主持人女：何止选择职业会遇到挫折，我们的一生都会面对许多挫折。挫折并不可怕，问题是我们该以怎样的心态去面对它。下面，请同学3谈谈我们应该如何面对挫折。

学生3：演讲《在挫折面前》

老师们，同学们：

大家好。

我今天演讲的题目是《在挫折面前》。

挫折是每一个人都不愿面对的事，但无论你愿意与否，它都会伴随在你的左右。人生道路从来不是一帆风顺的，在学习、生活以及升学就业过程中会遇到各种各样的障碍，使你的目标无法实现，使愿望不能满足，这便是挫折。

面对挫折，不同的人有不同的表现，有的人在挫折面前一蹶不振，放弃追求的目标，甚至达到精神崩溃的程度；有的人却敢于向挫折挑战，百折不挠，把挫折变成自己前进的动力。有一个高中毕业生，申请创办了一家服装店，购进大批服装，但因市场信息不灵、资金周转不开导致破产。在挫折面前他丧失了信心，整日长吁短叹，可又求职无门，结果变得越来越沮丧，甚至到了无脸见人、欲走绝路的地步。

而我们大家所熟知的海伦·凯勒，我们看一看她面对的是怎样的困难：十九个月时因病成为盲、聋、哑人，要知道她将以一个非正常人的生活环境走完一生，看不到蓝天白云、花草树木以及世间万物是什么样子，听不到万物所发出的声音，更不能与人谈话聊天，注定要活在自己的想像与别人描述的世界里。但是她没有自怨自艾，怨天尤人。七岁时，在盲人教师的教授下，半年内学会写信，后来学会五种文字，成为美国著名的盲人女作家、教育家、社会活动家。海伦·凯勒，一名残疾人，她的精神世界要想与普通人一样丰富的话，势必定要付出超出我们十几倍的努力才能达到的，终于她做到了，甚至比常人做得还要好，就是那种超越自我、坚韧不拔、知难而上的精神。正如歌德所说：人最大的价值，是尽量不为外界所左右，而是尽量左右它们。我想：这也一样是我们应当具有的责任。

那么，当挫折真的来到我们身边，我们应该怎样对待呢？

首先，要冷静地分析，看看是客观原因还是主观原因造成的，若是客观环境造成，可以为以后提供经验教训，避免在相似情景中重蹈覆辙。如果是自己主观造成的，就要主动调整自己的目标或加强自身学习。有时挫折常常是因为我们不切实际的目标所导致的。因此，我们为自己制定的目标既要积极，又要稳妥。

第二，树立正确的"失败"观。把事情的结果简单地分为成功和失败，在许多情况下并不符合事实。我们常说"失败乃成功之母"，尽管它使人难堪、烦恼，但也能成为前进的动力。一个人跌倒了，爬起来继续前进，即使再次跌倒，也不是倒在原地，而是倒在前进的路上。如果能在几次失败中不断积累经验也就等于积累成功，今后的路也会比别人走得更快更好。当然，在挫折中成就事业是有条件的，这就是自信和坚强的品质。正如爱迪生发明灯泡后，有人问他：您对现在的发明曾失败过一万次有何感想？爱迪生回答说：我并没有失败过一万次，只是发现了一万种行不通的方法。

最后，我将爱迪生的一句话送给大家：失败也是我们需要的，它和成功一样有价值。只有在我们知道一切做不好的方法后，我们才知道做好一件工作的方法是什么。

谢谢大家。

主持人女：听了同学3的演讲，使我想起这么一句话："困难像弹簧，你弱它就强。"

主持人男：的确，不经历风雨，怎能见彩虹。希望我们每个同学都能勇敢地直面困难和挫折，那样我们一定会取得成功的。

主持人女：不错。不过战胜挫折，只是成功的前提之一，除此之外，我们还要具备竞争的意识、改革的观念和创新精神，特别是创新精神，在当今科学技术高度发展的知识经济时代，尤为重要。我曾经听别人说过：

走别人的路是方程的解，而走自己的路则是解方程。好，下面有请同学 4 来为我们谈一谈创新。

学生 4：演讲《我谈创新》

老师们，同学们：

大家好。

我今天演讲的题目是《我谈创新》。

在当今这不断发展着的社会里，做什么事都应有种创新精神，人类的文明就是在这不断的创新之中才得以进步、得以发展的。

试想一下，在二百年前，翱翔于天地之间还只是鸟儿的专利，对人只不过是一个梦罢了。而现如今，只要一张机票，谁都可以飞上蓝天。不仅如此，我们还可以离开地球，在宇宙中遨游，这一切就是因为我们有着创新精神。

创新不光只存在于飞行史，在历史的长河中，有很多大家熟知的事情，比如哥白尼的日心说，牛顿的万有引力定律，爱因斯坦的相对论，还有中国古代的四大发明，近代的电灯、电话、电脑等等发明，使我们切身感受到科技进步的好处，这些伟大的科学创新，无论是对科学和技术本身的发展，还是对于社会发展和繁荣来说，都起了至关重要的作用。

在当今社会，最重要的就是求得发展。发展就是新事物代替旧事物的过程，我们以经济发展为例，发展经济就是为了提高经济效益。经济效益反应社会生产中各个环节对资源的利用效果。想要提高经济效益就应正确运用资源。如果此时还一味墨守成规，经济又怎么可能有提高呢？而此时如果运用创新精神，打破旧框架，用一种全新的方法提高了经济效益，便一定可以超过那些一成不变的保守者。历史证明前人的创新精神将梦想变成了现实，推动了历史的进步，在科技飞速发展的时代中，发扬前人的创新精神，勇于避取，努力奋斗，将梦想不断地变为现实。

我相信，在座的每一位都希望自己成为一个有创新精神的成功者。新的世纪，我们面临着很多的机遇和挑战，我们应当运用我们所学的知识，把握机会，迎接挑战，把自己的聪明才智充分展现出来。树立创新意识，具有创造性思维，成为一个有创新精神的人，这样在机遇到来时才能抓住它，才不会和它失之交臂。所以，为了今后能更好的迎接挑战，我们现在应当努力学习，成为一个拥有多方面知识的人才。同学们，努力吧！拼搏吧！让我们携起手来，做二十一世纪的创新人才！

谢谢大家。

主持人男："成才"，这是两个多么具有分量的字眼啊！从小，大人们就说我们是祖国的未来、祖国的栋梁。为了呵护我们的成长，师长们的鬓角处爬上了多少银丝。成才，谁不想成才？师长们请放心，今天的幼苗即将成为明天的栋梁之材。下面掌声有请同学5演讲《立志成才》。

学生5：演讲《立志成才》

老师们，同学们：

大家好。

我今天演讲的题目是《立志成才》

我们渴望成才，渴望成功的人生，但成才之路在何方？作为新时代的中学生，面对未来，我们时常自问："成才的道路上我们准备好了吗？"

我们时刻准备着，准备着为社会主义现代化建设而奋斗，这个响亮的答案我们经常念起，为社会主义现代化建设而奋斗不是一句空话，在人与职业之间要竖立起正确的人生观，领悟人生的真谛，今日不虚度年华，明天才能大有作为，正像前苏联文学家奥斯特洛夫斯基说过的："人，最宝贵的是生命，生命属于我们只有一次，一个人的生命应该怎样度过呢？当他回首往事的时候，不因虚度年华而悔恨，也不因碌碌无为而羞耻。"我认为这样才是真正的人生。要想拥有这样充实的人生，就必须大量地向社会吸取养分，增进知识。"业精于勤，而荒于嬉"，我们不会错过任何一个学习的机会，在文化课上我们不错过老师的每一句讲解，因为我们深知现在所学的知识还远远不能适应社会的飞速发展，尤其是英语，它是开启世界大门的钥匙，为了能更好的学习别人让别人了解我们，我们一定要学好外语、语文、数学更是不能放松。只有这样才有机会继续深造，才能不被社会淘汰。对于计算机，我们更要努力驾驭它，因为它是我们将来工作中必不可少的好帮手。同时，我们还要积极参与社会实践，跟上时代的节拍，把握时代的脉搏。

二十一世纪需要有生存能力的人。我们作为跨世纪的接班人，准备好了吗？我们坚信未来是属于我们的，我们时刻准备着面对恶劣的环境，远离家园独立生活，"好男儿志在四方"，只要祖国需要，我们马上可以背起背包，到祖国的西部去，能为建设西部地区流血流汗，是我们的心愿、我们的梦。众所周知，今天的社会是高科技、高效率、高竞争的社会，这就要求我们有一定的心理素质，我们时刻准备着面对挫折。果有才华能出众，当仁不让莫低头。只要我们具备了良好的素质，挫折就不会永相伴，我们会在一次次失败中坚强起来的！

同学们，努力吧！成才之路莫停留，鲁迅先生说过"世上本没有路，走的人多了，也便成了路。你敢说我们走入工作岗位后，在数学方面不会出现个华罗庚、陈景润？在艰苦奋斗方面不会出个"宁可少活二十年也要拿下大油田"的王进喜？我们将用烈火青春创造出让世界瞩目的中国，未来的世界是属于中国的！未来的世界是属于我们的！

谢谢大家。

主持人女：未来是属于我们的，说得真好。

主持人男：是的，只要你确定了目标，并有为达到目标而甘愿牺牲一切的精神，你就能获得成功，同学们，让信念和勇气包围你们吧！

学生6：演讲《寻找唐僧》

大家好！

我今天的演讲题目是《寻找唐僧》。

话说白龙马跟从唐僧西天取经回来后，也得道成仙成为马中的佼佼者了。有一天，凡间的众马都踢踏踢踏地跑到他这里来求教。"白马大仙，十万八千里的路程多么遥远呀，为什么你能成功呢？凭腿力，我们之中也有比你更强的呀，你肯定是有什么妙招吧，请指点指点！"白龙马意味深长的捋了一把胡须说道："那是因为你们没有去寻找唐僧！我找到了！而你们没有唐僧的指引，一生只是围着磨盘转，路程也许远远超过我走的长度，可永远只能是在原地。""唉！可唐僧只有一个呀！""唐僧就在众生的心里！"白龙马一语点醒众马，各自都去寻找自己心中的唐僧去了！最终有的驰骋千里，有的奋战沙场！

这里所说的唐僧当然远远不只是小说《西游记》中那个了不起的和尚了，他就是一个理想、一个信念的代名词了！

是呀，人没有了理想信念，就像鸟儿没有了飞翔的翅膀！一个人如果有了人生目标，有了理想和信念，也会如唐僧那样执着，也会披星戴月，不畏艰险，努力前进！

一提起理想信念，各位都一定会想起我们上学时写的作文，发的誓言，大脑海里一定会涌现出大无畏的革命精神，独立自主，艰苦奋斗等诸如此类的字句，你也许会以为这些与我们的工作和生活毫不相关，也许你会以为这是一些空头口号，也许你会以为这只是纸上谈兵。可是，当我们面对日异枯萎的心灵、面对刻不容缓的改革形势、面对我们生活当中存在的一些问题和弊病，我们不得不承认，坚定理想信念，是何等重要，何等迫切！

台下有人会问："你堂而皇之站在台上说理想、说信念、不会是只为了这次比赛喊喊口号吧？你有理想有信念吗？"我的回答是肯定的，我有！

自豪源于热爱，热爱源于付出，当我们在学习中忘我地投入的时候，幸福就会悄然来临。

做不成伟人，也不能沦为庸人，做一个平凡的人更需要理想和信念的支撑！

谢谢大家！

主持人女："长风破浪会有时，直挂云帆济沧海。"自信的身影是最美丽的。自信不是空喊口号，自我安慰，而是要从小事做起。下面请听同学7的演讲。

学生7：大家好，我的演讲题目是《一屋不扫何以扫天下》。

今天我非常高兴，因为我第一次站上了演讲台，也非常的激动，因为台下有如此多的眼睛在看着我。不知过了今天，大家是否还记得我——这个扎小辫的女生。

古人有句话：一屋之不扫，何以扫天下？这是什么意思，我把它简单的理解为五个字：从小事做起！

我们虽然都是未成年人，但不要忘了我们是学生。来到了学校，就应该有学生的样子，可我们有些同学就是眼高手低，大事干不了小事又懒得去做。

看一看我们周围的环境，校道旁有随手乱扔的垃圾，教学楼雪白的墙壁上有钢笔留下的字迹和同学们那大大的脚印等等。这些不文明的现象，这些不文明的作风，都不应该是我们这群学生的所作所为。这是大事吗？不，这不是大事，这只不过是些芝麻绿豆的小事嘛，可为什么这些琐碎的事儿屡禁不止呢？难道是因为这都是些小事儿？难道是因为我们都是时代的宠儿吗？难道是因为我们都是家中的小皇帝吗？

我们这些自以为是的宠儿们，总认为自己是不平凡的，是高贵的。其实不然，古今中外，凡成大事者，无不从小事做起，我们的伟大领袖毛泽东年轻时不也在北京图书馆当过义务管理员吗？那时的他被人瞧不起，受人轻视，根本就没有什么地位可谈，但他并没有感到自卑，相反更加认真工作，更加努力学习，以至后来投身于革命。说到这里，我又想起了我们学校那些义务监督员，那些为了校园的整洁，随手把废纸捡起来放到纸篓的同学，当然这些义务监督员不能和毛主席的图书馆助理员相比，他的工作是有薪水可拿的，一个月有八块大洋。而我们的义务监督员呢？是没有薪水的，是义务为广大同学服务的，他们一直在努力地做好老师的得力助手。义务监督员的工作是光荣的！

如果说，你连打字都不会，怎么可能成为一名软件工程师呢？

如果说，你连一篇文章都没有发表过，怎么可能成为一名作家？

如果说，你连游泳都不会，怎么可能成为一名出色的水手？

事在人为，不是每一件事都要我们去做，但我们要试着去做一些事，做好一些事，哪怕是一些小事！

我梦想着，有那么一天，校道旁不再会有垃圾的存在！

我梦想着，有那么一天，教学楼的墙壁上不再会有钢笔的字迹！

我梦想着，有那么一天，同学们能够扫完一屋再去扫天下！

从我做起，从小事做起，塑造文明形象，创建文明学校！相信在我们的共同努力下，我们学校的明天会更加美好！

谢谢大家！

主持人男：同学们，让我们再次以最热烈的掌声感谢以上七名同学精彩的演讲，他们的演讲道出了我们全体同学的心声。我们是祖国的未来，更是祖国的希望，掂掂压在我们身上的担子，可一点儿也不轻啊！现在当务之急是要我们变压力为动力，努力学习科学文化知识，熟练、牢固地掌握各种技能。为了我们的目标勇往直前。如果我们有了改革的观念，有了克服困难的准备，有了创新的精神，有了适应社会的能力，有了立志成材的决心，我们的未来一定是美好的！在这里我们要感谢为了我们的未来而四处奔波的各位学校领导、各位老师，让我们说一声：您们辛苦了！我们不会辜负您们的期望，我们会有一番作为，闯出一片属于我们的天地的。最后，让我们衷心地说一声：感谢您——老师！感谢你——职业指导！《面向未来——职业指导你、我、他》主题班会到此结束。

（四）活动后的反思

这次主题活动基本上取得了预期效果。

首先，它使学生了解了现代社会职业发展的趋势和各种职业对人才的要求。帮助学生树立了正确的职业观、人生观，从而为一生从业奠定了初步基础。通过这一活动，班中许多同学对未来有了自己的打算。

其次，它使学生学会了把未来的职业素质要求与现在的学习生活结合起来，从而找到了学习的动力，增强了学习的主动性和积极性。自从搞职业指导活动以来，我们班的许多同学学习变得主动、积极多了，学习成绩也有一定的提高。

再次，它使许多学生学会了挖掘自己的特长和优势，并在活动中得到了锻炼，增强了自信心、创新精神、竞争意识和战胜挫折的能力。

总之，通过职业指导活动，学生们在不同程度上都有各自的收获。我想，这正是学生由衷地说"感谢你——职业指导"的理由所在吧！

三、通过理想教育，树立正确人生观

一个初中生到了初三，就进入了非常关键的时期。现在有些青少年胸无大志，热衷于看电影、听歌，玩电子游戏，而无心学习。这样的学生能跟上时代的步伐吗？能在激烈的社会竞争中取胜吗？不能。所以，我们搞这样一个主题活动，使学生成为有理想、有追求的青少年。让他们扬起理想的风帆，顺利到达成功的彼岸。

（一）如何树立正确的人生观

通过主题活动，使学生树立正确的人生观、价值观、世界观，树立为新世纪中国社会发展而奋斗的理想和志向。同时，让初三的学生树立近期的目标，争取考上一个理想的学校。

（二）活动前的准备

（1）升入初三的第一天，请考上北京重点中学的三名毕业生来校做报告，鼓励在校的初三学生，使学生听了报告之后，受到鼓舞，看到希望，树立自己的理想和志向。

（2）让学生与家长根据自己的理想，树立近期的目标，用稿纸写出来，准备在活动中交流。

（3）班中的同学每两人组成一个小组，采访学校的任课教师，请他们谈谈自己的理想与志向，并谈谈自己的初中生活（进行实况录像）。

（4）以理想为内容，布置学生画墙报（规格、大小一致）。

（5）教室布置：

黑板：中间写七个大字——"扬起理想的风帆"，周围画出实现理想后的学生形象。

墙壁：（左侧）条幅"为中华之崛起而读书"

（右侧）学生的壁报"理想是成功的前提，成功是理想的结果"

（三）具体活动过程

主持人男：理想，是人奋斗的目标，是人生活的希望，没有理想的青春，就像没有太阳的早晨。没有理想的人，就像一台没马达的机器。

主持人女：你说得不错，对我们青少年来说，理想就更重要了，因为我们是祖国的未来，如果我们胸无大志，那我们国家的未来就没有希望了。现在，让我们听听学习委员的理想。

学生1：当前，有些青少年因为受些不良影响，变得胸无大志，只热衷于看电视、听外国歌、玩电子游戏等，以此来消磨时间。这样下去，他们能跟上时代的步伐吗？能在激烈的社会竞争中取胜吗？

我想，答案不言而喻，其实，我们都想拥有美好的明天。但不能用嘴说，而要靠行动去实现，俗话说："风帆不挂上桅杆，便是一块无用的布。"理想不付诸行动，便是虚无缥缈的雾，有些人虽有理想，却不肯为此去奋斗，这样的理想只能是空想。所以同学们在树立远大理想的同时，也应付诸行动,这样理想才有可能实现。

我的理想是当一名记者,因为当记者不但可以四处采访,还能开拓我的视野,丰富我的知识。但作为记者必须得是高素质、高学历的人才,我深知凭我现在的水平还远远不够,所以我更应该努力学习,考个好高中、好大学,将来才能实现我的理想,成为一名新闻工作者。我想我一定会成功的,因为我相信"有志者事竟成"这个道理。

愿同学们树立一个远大的理想,愿你们个个都有一个美好的明天、光辉的前程,而且中考能以优异的成绩进入你们心目中的高中,为人生迈好关键的一步。

主持人女:你小时候的理想和现在的一样吗?如果不一样,你现在的理想是什么呢?

主持人男:我小时候羡慕我的父亲,想当一名教师,现在看来这个愿望不能实现了,因为我觉得当一名教师需要担负的责任太大了,我有些承受不了,怕误人子弟。现在,我的理想是当一名计算机程序员,编制出更多更好的软件,满足社会的需要。别光听我说,还是听听咱们班女才子的理想吧。

学生2:我仰望着蓝天、白云,想起儿时,那时我幻想当一名女飞行员,驾驶着飞机带人们到世界各地旅游。也曾想过当一名白衣战士,抢救人民的生命。随着年龄的增长,我渐渐喜欢上了画画,希望自己能成为一名画家,用笔描绘出祖国的美丽景色。那时的愿望现在想起来可能很难实现。

但是人生应是为自己的理想拼搏的一生。一个人要成就大事业,就必须有一个正确而远大的志向。要实现自己的志向,必要为之奋斗,更要经历艰苦的拼搏。

我现在的理想就是当一名公正的法官。但理想终归不是现实。法官要求有高深的法律知识和各方面的文化知识。虽然现在我离这个要求还很远,但做任何事情只要有付出就会有回报,我相信经过我的加倍努力理想会变为现实的。

一个人有高远的志向,并不等于就有了丰功伟绩,关键在于行动。志向是奋斗的力量源泉,而实现志向就必须经历奋斗,中间的过程或许很长又很艰苦，或许很短又很轻松，但不可能没有。

我现在正处于为考上重点高中而奋斗的过程中，这段日子不会轻松，会很艰苦。俗话说："吃得苦中苦，方为人上人。"现在的努力正是为以后做"人上人"打好基础。我们应该从小打好基础，掌握科学文化知识，向着自己的理想奋斗，并在奋斗中拼搏。我相信，只要我们大家努力，理想就会变成现实，让我们一起创造美好的明天吧！

主持人女：有理想，就要有行动，这样理想才能成为现实。现在，咱们看看同学3想怎样扬起自己理想的风帆。

学生3：每一个人都有自己的理想，有了理想才能去实现理想，才会获得成功。理想是成功的前提，成功是理想的结果，没有理想的人不会成功，成功的人不会没有理想。所以说，理想与成功是有机结合在一起的。

我的理想是成为丁肇中那样的科学家，沉醉于化学试验的兴奋与激动之中，为祖国尽自己的一份力量，使祖国更强大，发展更快。

当然了，光有理想还不行，要付诸行动，理想是要通过自己的行动才能实现的，现在对于我来说，是最重要的阶段，只有在这个时期打下良好的基础，才能成功地实现自己的理想。现在的时间是最宝贵的，现在的知识也是最重要的，只要紧紧抓住时间和机遇，就会有突飞猛进的进步。

在初三的学习生活中，我感到了学习的压力，压力能促使人进步，有压力能知道学业的艰难，有压力能知道实现理想要经历的困难和坎坷。我的理想是考二中，找一个好环境去学习、成长。考二中并不是件容易的事，它需要全身心地投入到学习当中，不得有半点的放松。要利用这大好时光努力学习，掌握更多的知识。

虽然我现在还不能完全投入到学习当中，但我不会将我的理想抛在脑后，我一定将我的理想时时刻刻放在心上，作为我学习旅途中的一个加油站，时时刻刻地鞭策我努力学习，到达成功的彼岸。

主持人男：进入初三了，理想对我们的学习生活有影响吗？对我们的学习有帮助吗？请听丁同学的见解。

学生丁：每个人的心中都有一个理想，但能否实现，就要看自己的努力了，我的理想是当一名教师。因为教师是一种崇高的职业，他们就像辛勤的园丁一样，培育着祖国明天的希望，为社会输送有用的人才。只有理想是不够的，还要付诸行动，理想才会成为现实。

俗话说得好："老师要给学生一杯水，自己就必须要有一桶水。"为了以后不"误人子弟"，我现在就必须要努力努力再努力，我近期的目标就是考上一所理想的一类高中。要想考入那些学校，光靠聪明是不行的，真得要进行一番艰苦的奋斗。但是，"人无压力轻飘飘"，压力要转化成动力，我们才会进步。人人都想上好高中，我也不例外。我觉得，重点学校与普通学校的主要区别有两点：一、重点学校的学生大多是成绩优异的"尖子生"，我和他们在一起学习会有紧迫感，从而促使自己不断努力，达到新的高度；二、重点学校的学习氛围较好，学习气氛很浓，教学设备也比较先进，为学习创造了较好的条件。

只在这里空谈是没有用的，要真正地去努力，希望才会成为现实。为了我的理想，我现在要加倍努力。在学校里，上课要认真听讲，理解老师讲的所有知识，遇到不懂的题一定要随时问，不要等积压成堆了再问。而且要抓紧一切时间完成作业，在学校多做一点，回到家就可以有多一点时间复习。但也不能盲目地为了写作业而写作业，那样是没有用的，一定要在理解的基础上去完成。回到家的复习是必不可少的，首先要回忆老师上课讲的内容，都会了以后，再做一些课外习题，一定要保证做一道对一道。最后，预习一下第二天要学的知识，找出问题，第二天在课堂上解决。

这些事情说起来容易做起来难，但只要持之以恒，我相信"功夫不负有心人"，我一定会实现理想，为自己的人生添上光辉的一笔。

主持人女：同学4的经验值得我们大家学习。

主持人男：对，尤其值得我学习，我平时不努力，所以现在的成绩才这么差。不过，我今后一定努力，好好学习，把成绩提上去。要不然，长大以后怎么在社会竞争中站稳脚跟呢？

主持人女：你说得太好了，我想你一定会成功的。我想跟你有同样想法的同学5也会成功的。现在，咱们听听她的演讲。

学生5：当今社会，竞争之激烈，形势之严峻，大家都已了解。作为中学生的我们，八年后就会步入社会，那时，职业将会代替学业，成为我们为之拼搏的事情。所以，每个中学生成人之后的理想，以及现在的努力，都是至关重要的。

我的理想不是当一名工人，也不是当那"万众瞩目"的明星，更不是当一名伟大的科学家。当一名教师的理想，早已在我心中萌芽。教师是人类灵魂的工程师，我要当教师，要为培养未来英才付出辛勤的汗水。

步入社会，距离尚未初中毕业的我们还有很长一段时间，而对于我们初三学生的近期目标，则是考上自己理想的高中。我的理想就是考入北京二中，虽然我们现在所在的学校并不是名满京城的重点中学，而且我自身的学习成绩还离重点校的标准有一定的差距，但是我坚信"事在人为"，"只要耕耘就必定会有收获"。上届初三学生考入重点高中的也不止一个，这也增强了我的信心，鼓舞着我，我们不是还得到了一些学习方法的"真传"吗？凭着良好的学习方法，带着自信心，靠着自己的刻苦努力，成功——当然没问题！理想，要靠行动来实现，我们不能整天说大话、喊口号。从现在努力，首先要明确学习目标，端正学习态度，并把心思花在学习上；其次，要勤学苦练，知识不单包括课上老师讲的知识，更重要的是开扩自己的思维，补充知识，多听、多写、多练。再次，要善于学习，掌握科学而巧妙的学习方法，也是成功必不可少的条件。

理想，是指路的明灯；实践，是实现理想的阶梯。祝愿大家在面临人生第一次重大转折的一年中，找到属于自己的航船，扬起理想的风帆，为自己的未来打下坚实的基础！

主持人男：学习好的同学有理想，学习上困难重重的人是否就胸无大志呢？下面我们听听同学6的演讲。

学生6："学海无涯苦作舟"，在这漫漫无边的海里，我们这些小小的帆船将何去何从？作为初三的学生，考上理想的高中，就等于在学海中到达了第一个胜利的彼岸。想像中一切都是那么美好！

可惜幻想不等于理想，理想才是真正的船帆，而幻想只是遥望彼岸的高倍望远镜！理想对于我们曾经是那么遥远，刚进中学，我们都说："三年后，我一定能考上重点高中！"可是现在不是三年了，而是半年多、几个月。三年前的理想是遥远的，半年后的理想指日可待。我们应该问问自己："我能考上重点高中吗？"

如果能，从现在开始你应再接再厉；如果不能，你应加倍努力，甚至

"玩命"苦学；如果还不能，你应再问问自己："我能考上高中吗？"能，就拼着去考二类高中；不能，拼了这条"小命"，相信你能考上三类高中！

扬起你的船帆，能到多远到多远，至少到了那彼岸时，你能无怨无悔地对自己说："我尽了自己的全部力量！"

主持人男：听了同学们的理想和行动，我的感触很深。我会从现在做起，从小事做起。

主持人女：我也会加倍努力！下面，请看情景剧《为中华之崛起而读书》。

由同学表演周恩来小时候"为中华之崛起而读书"的故事，从这里引出新世纪的青少年的学习生活。有的同学嘲笑这种学习生活，认为这已经过时了，应该用父母的钱来享受生活；有的同学以此为榜样，刻苦学习知识，努力攀登科学的顶峰；有的得过且过，差不多有学上就行。最后同学讨论，得出最佳的学习方式，以实现自己的理想。

主持人女：这个情景剧反映了我们新时代的青少年的理想和志向。下面再看看我们的老师的理想和他们的中学生活（录像略）。

主持人男：听了老师的理想，看了同学的志向，我想经过我们大家的努力，我们的未来一定会特别美好。

通过设想2020年，全班同学都回到母校来相聚，每个人都实现了自己的理想，找到了满意的工作。有的同学在国际比赛上获得了冠军；有的同学是国家机关的工作人员；有的同学准备出国深造；大家共同畅想今后的幸福生活。有的同学又提起了这次班会，大家又回忆起了以前的初中生活。

主持人女：朋友，当你在深夜挑灯夜读时，想想你的理想，你会觉得有无限动力；当你遇到难题时，想想你的理想，你会觉得它只不过是海上小小的礁石；当你要进入梦乡时，想想你的理想，保美梦伴你到天明；当你早晨准备踏上征途时，想想你的理想，你会觉得它像晨光一样光明！

主持人男：让我们每个人说一句关于理想的祝福之语。我先说第一句：有理想，去拼搏、去奋斗，才是有真正的理想。即使有伟大的理想，只说不奋斗就等于没有。

……

　　主持人女：让我们每个人扬起理想的风帆，顺利到达成功的彼岸。

　　主持人男、女（合）：主题班会到此结束。

（四）活动后的反思

　　学生：通过这次主题活动，使学生能够树立远大的理想和志向。也制定好近期的目标，为考上一所理想的高中而努力。祝愿同学们扬起理想的风帆，到达成功的彼岸。

　　家长：通过这次主题活动，家长也受到了启发。因为，有的家长过去对孩子要求不高，认为有学上就行，不必提出过高的要求。学生家长参与了准备过程，通过这次活动，他们深刻地感受到孩子要在未来的社会竞争中占一席之地，一定要有真才实学才行，必须通过努力才行。人无压力轻飘飘，有理想才有动力。所以在初三这个关键时期，开展这个主题活动非常必要。

第六章 中学生环保意识培养案例

一、环保意识的培养

从浩瀚的太空遥望地球，地球就像"一颗白里透蓝的玻璃球"，蔚蓝的海洋，褐色的陆地，绿色的森林、草原，银线般闪闪发光的河流，朵朵白云飘浮在上空，流动出一幅幅清丽而柔和的画卷。宇航员们赞叹说，地球是他们见过的最美丽的星球。地球的美丽并不仅仅在于它拥有这份罕见的蓝色，更在于它用几十亿年的时间孕育了绿色的生命。迄今为止，地球是我们发现的唯一有生命存在的星球。

然而，地球因生命而美丽，地球也因生命而孤独。随着现代人类科学技术和经济的空前发展，地球——我们赖以生存的家园，也在人类征服和改造自然环境的过程中，遭受到了空前的戕害：漫漫黄沙代替了莽莽林海，曾经孕育灿烂古文明的江河变成干涸的河床，原本瑰丽的风景湮没为荒野，还有地下水位下降、气候变暖、冰川融化、大气污染、臭氧层空洞、破坏性风暴增多、海平面升高、生物种类锐减……在长期的掠夺资源之后，人们终食恶果——大自然向人类亮起了红灯。

科学家指出，我们正慢慢地毁坏自身发展的支持系统，过分消耗着地球赠给我们的自然资源。按照现在的架构，人类的经济增长需求已超过了生态系统的可持续产出。

大家都认识到：我们只有一个地球，作为当代人，教师和中学生理应走在时代的前沿，从身边的小事做起，为环境保护出一份力。无论是社会生活或个人生活，教师和中学生都要关心和保护地球，坚持不懈地开展地球保护活动，为绿色地球作出贡献。通过这次活动，不仅要向全校师生宣传"在节约型社会中我们应该如何做"的环保知识，也要增强学生的环保意识。

（一）培养学生环保意识

1. 呼吁学生负起责任，保护环境。
2. 使学生认识到人类面临的严重的环境问题。
3. 明确中学生应当怎样做。

（二）活动前的准备

1. 班主任培养学生环保意识的准备
（1）选拔主持人。
（2）帮助学生设计本次班会。
2. 学生应做的准备
（1）排练与活动有关的文艺节目。
（2）收集有关地球的资料与故事。

（三）具体活动过程

1. 主持人导入

主持人1：环境是人类生存重要的需求之一。假如，人类生存的环境遭到了破坏，那么我们人类就将走向死亡。

主持人2：地球是我们美丽的家园。生存环境是地球馈赠给人类的，而我们人类却自私地置之不理。

主持人1：朋友们，听！地球在哭泣！

主持人2：朋友们，看！地球在生病！

主持人1：我们美丽的地球正向我们诉说她的苦衷。正因为我们人类的自私，正因为我们人类对她的忽略，正因为我们人类没有环保意识，我们美丽的家园才会变得昏天黑地。

主持人2：昨天，我们拥有美丽的家园。

主持人1：今天，我们的家园与美丽无缘。

主持人2：现在我们呼唤：保护环境，保护我们共有的家园！

2. 回想家园，感受现状

多媒体展示一组世界各地美丽风光。

主持人1：在我们所处的周围，还能看到如此美景吗？

多媒体展示环境污染现状。

学生讨论可能造成这种现状的原因，总结归纳如下：

环境污染可以是人类活动的结果，也可以是自然活动的结果，或是这两类活动共同作用的结果。如火山喷发，往大气中排放大量的粉尘和二氧化硫等有害气体，同样都造成大气环境的污染。但通常情况下，环境污染更多的是由人类活动，特别是社会经济活动引起的。

3. 地球的病情

主持人2：我们的家乡不再有青山绿水，不再有鸟语花香。

主持人1：取而代之的是尘土飞扬，机器轰鸣。

主持人1：地球母亲生病了！

表演小品《地球母亲生病了》。

金星：咦，地球老兄，天这么热，您为什么还穿着这么厚的衣服，戴如此难看的帽子呢？

地球：老弟，甭提了，我不敢摘下帽子，也不得不穿着厚厚的衣服啊！

金星：您有什么难言之隐吗？

地球：不瞒您说，我现在浑身都痛，头发还……唉！

金星：您脱下上衣，摘下帽子，让我检查一下，好吗？

地球：好。

金星：您，您的身上？

地球：都是血迹，是吧？最近几个世纪以来，人类对我百般残害，我，我……

金星：这黑的是？

地球：这是人类向我的血管里输入的废水太多了，我只好把装不下的废水输入到我的泪腺里。

金星：来，躺下吧。您的，您的头发？

地球：被人类砍得所剩无几了。

金星：老兄，您身上已有70％严重损伤，10％已开始溃烂，您的右手必须马上截除，否则，您的右臂很难保住。

地球：都怪我心太软，让人类肆意宰割，以至于到了这般地步！

金星：事已至此，别太伤心，我去跟太阳院长说一下您的病情，看他有没有挽救的方法。

金星：院长，地球的病情非常严重，他的身体……

太阳：是么，怎么会这样？马上通知水星、土星、木星、火星、月球到会议室开会。

太阳：现在咱们开会，会议的内容是讨论如何给地球先生治病。请金大夫给我们介绍一下地球先生的病情。

金星：地球先生的身体已不行了。

月球：怎么会这样？上个世纪我遇见他时，他红光满面的。我们当时还聊了一阵子，他也没说有什么不舒服啊。

水星：是啊，是啊！不过，这个世纪我常常听到地球身上发出一些枪炮声，就在前几天，我还听见原子弹、氢弹的爆炸声。

太阳：各位，请先别谈这个问题，好吗？让我们先来谈谈如何帮助地球吧！

火星：我看应该对地球进行一次割除手术，先把他身上坏死的地方，一一割除，以免病情加重。

木星：不行，那样做，地球上的人类怎么办？

土星：院长，我认为你应该向地球辐射更多的紫外线，给他消消毒。

太阳：这我倒能做到，但这不是长久之计。我认为应该把地球上的人类转移到你们的身上，给地球减轻一些负担。大家看，怎么样？

太阳：怎么样，土星？

土星：院长，不是我不愿意，只是最近我的身体状况也不太好。

太阳：那你呢，火星？

火星：我愿意，但我身上缺少人类生存的必要条件。

太阳：你呢，水星？

水星：别提了。

月球：院长，我愿意，但我有一点儿要求。

太阳：说吧，什么要求。

月球：我不想让人类非常容易就生活在我身上，我要让他们知道破坏地球的后果。我想要医院的那台降温机和那台吸氧机，以便降低我的体温，然后把我身上的氧气吸走。

太阳：这……好吧，就以我的名义向地球辐射紫外线。月球，你就筹备吧，其余人员如果想帮助地球也可出份力，散会。

金星：地球老兄，我们已决定帮助您了。

地球：谢谢！

投影显示：

地球上城市居民约有70％（15亿人）呼吸受污染的空气，每天至少有800人因此过早死亡。每天有1.5万人死于饮用污染的水，其中大部分是儿童。工业、各种喷雾罐、冰箱、空调等每天把1500多吨氟氯烃排入大气层，它们是造成臭氧层空洞的罪魁祸首。每天进入大气层的二氧化碳为5600万吨，温室效应就与此有关。每天有5.5万公顷森林被毁，161平方千米土地荒漠化。每天有14万辆新汽车驶上公路，各国400多座核电站产生26吨核废料，1.2万桶石油泻入海洋。

4. 学生讨论

主持人1：二十一世纪是地球环境大破坏的世纪，环境问题已成为威胁人类生存的最严重的全球问题。上面的数字触目惊心，怪不得地球妈妈会生病。那么地球妈妈的病症有哪些呢？

（学生回答略。）

总结归纳如下：大气污染、水体污染、森林锐减、土壤退化、垃圾泛滥、资源短缺、酸雨肆虐、臭氧损耗、温室效应、物种灭绝。

5. 小品《你来评评理》

学生1：我们去买条鱼吧？

学生2：好吧，那鱼不错，去看看！

渔夫：来看看，姑娘，买条鱼吧！

学生2：多少钱一斤？帮我们称一条。

渔夫：好的。我帮你们处理一下，好吧？

学生1：这鱼怎么有股味道啊？我们不要了！

渔夫：怎么可以这样子？鱼都已经处理好了，你们怎么可以这样！走，咱们去找村长评评理。

果农：村长，我那果园里的果子从西瓜变到桃子，桃子变到葡萄，现在只剩一粒籽那么大了！

农民：是啊，我菜地里的菜也全烂了。

村长：怎么会这样？

渔夫：村长，你评评理，他们买我的鱼，我把鱼杀了，他们却不要了。

学生1：可这鱼有味道。

村长：不错，你怎么欺骗学生呢！

渔夫：我没有，以前我送给你的鱼不是又肥又大吗？

村长：是啊，这倒没错。那问题出在哪呢？去鱼塘看看！

村长：咦，这哪来的管子？

渔夫：我也不知道是哪来的，好像是从上游的厂子通下来的。

村长：这就是那厂子惹的祸？找厂长去！

厂长：村长大驾光临，有何贵干？

村长：你厂后面是不是有根管子？通到哪里的？

厂长：通……通到河里。

村长：那是什么水？

厂长：黑水。

村长：黑水？你也知道是黑水！

厂长：我那水也是经过处理的，没啥大问题。

村长：没问题？你去瞧瞧那鱼塘、果园、农田！

渔夫：你赔我的鱼！

果农：你赔我的果子！

农民：你赔我的菜！

村长：我们带他去见法官！

村长：法官，他乱排污水，您看怎么处理他吧？

厂长：我那污水也是经过处理的，再说，我厂的经济效益那么好，每年给村里作多少贡献啊！你们怎么可以忘恩负义？

渔夫：可我那些鱼全都死了，那该怎么办？

村长：你害苦大家了！

法官：经查证，造纸厂过大于功，根据《中华人民共和国环境保护法》规定：依据谁污染，谁治理的原则，责令造纸厂在十四天内治理好，并给予罚款十万元，赔偿渔夫、果农、农民每人一万元。

主持人：该厂给大家生活带来的是利还是弊？结合实际给厂长提供一些可参考的整改建议。下面大家看这幅漫画，画中一人撑着把黑伞，戴着防毒面具，在雨中垂钓，而他钓到的是鱼骨头。可想而知，水污染有多严重！

（学生讨论略。）

6. 讲故事比赛

主持人 2：看了小品，大家有什么想法呢？你知道哪些环境污染的故事呢？

学生 1：小雪豹和他的妈妈幸福地生活在青藏高原的深山里。一天，偷猎者杀了他的妈妈，又将小雪豹拿到市场上卖。一位叫斯蒂文的外国游客买下了他，将他送到北京濒危动物驯养繁殖中心。为了记住救他的恩人，人们为小雪豹取名叫斯蒂文。在养殖中心，小斯蒂文长成了一个英俊的"小伙子"，可他没有伙伴，他整天孤独地望着远方，夜里发出绝望的哀号。有一天，人们发现小雪豹双目失明了，后来耳朵也聋了。养殖中心再好也不是小雪豹的家呀！小雪豹真正的家是那美丽的青藏高原的深山里。

学生 2：生物学家做了一个试验，把一群小白鼠放在一个隔音实验箱中，释放噪音，逐渐加大到 165 分贝，小白鼠开始烦躁不安，惊恐万状，进而疯狂跳蹿，互相撕咬，最后死去，小白鼠被强噪音杀死了。

六十年代，美国空军的 F104 喷气机在某城市上空试飞，每日八次，共飞了六个月，在强烈的轰鸣声中，地面上一个农场的一万只鸡中死了六千只。

学生 3：……

（其他发言略。）

主持人 1：经过今天的活动和讨论，大家觉得什么叫做环保呢？大家心目中的环保是怎么样的？说说自己打算怎样保护周围环境？

经讨论总结出日常生活中我们环保的做法，总结归纳如下：

（1）使用低能耗的电器，如节水的洗衣机等。使用低污染的绿色产品。

（2）使用手巾而不用纸巾。

（3）利用纸张的两面。

（4）将废纸、塑料、玻璃、金属罐等可循环再生的废物与普通垃圾分开收集，送去回收。

（5）选用再生纸和其他用再生资源生产的产品。

（6）外出时尽量乘坐公交车或骑车。

（7）自备购物袋、菜篮子购物。

（8）避免购买过量包装的商品。

（9）避免购买使用后不能回收的商品。

（10）尽量不使用一次性杯、盘、碗及其他用品。

（11）利用废玻璃瓶、金属盒罐、塑料瓶等材料自制小工艺品、养花等。

（12）购买二手电器、家庭用品和书籍等。

（13）将旧衣服、日常用品和玩具捐给需要的人。

7. 发起倡议

全体签署倡议书，并集体诵读。

倡　议　书

一个绿色的地球是我们人类生存的先决条件。两千年的人类文明进程没有牺牲地球的绿色，但是两百年的现代文明却使我们绿色的地球渐渐披黄蒙黑。人类在毁灭地球绿色的同时，也就是在逐步毁灭人类自己。让我们立即行动起来吧！为了保护地球的绿色，为了我们子孙后代，消灭污染，保护发展环境，这是每一个生存在地球上的人所应负起的责任，还有什么比这更有意义、更有价值！为此，我们建立了这小小的地球村，我们希望：

一、致力收集、整理有关环境保护的各类信息，并持之以恒，不断充实完善。

二、在网络上大力宣传环境保护重要性，唤起民众环保意识。

三、系统介绍环境保护知识、常识，最新国内外环境保护技术。

四、开展网上环境保护讨论。吸引民众对环境保护的关心和参与。

五、收集刊登有关环境保护的文艺作品。引导激发民众环保观念，推动环境保护运动。

六、组织环境保护活动。如有关环境保护的义务劳动、公益活动、捐献活动、实践实验等，并进行宣传。

我们的活动纯粹是个人行动，出于自愿，不受任何非环境保护的支配。也许我们所做的一切是微不足道的，但呐喊总比沉默好，参与总比旁观强，最主要的是我们已经在做了，这比什么都重要，也更有意义。

8. 结束班会

主持人1：气、水和土壤是环境的重要组成部分。人类活动排放的各种污染物会使大气、水和土壤受到污染。

主持人2：所以要从自己做起，加强环境保护意识，自觉地保护环境，防治污染，创建美好的家园。请记住，地球是我们共同的家园！

（四）活动后的反思

环境是人类生存的基本条件，是人类赖以生存的基础。当前生态环境日趋恶劣，一次又一次给人类敲响了警钟，保护和改善环境，已经成为人类一个紧迫的目标，对学生进行环境保护教育刻不容缓。

此外，在学生的心目中，教师的形象是美好的、伟大的，教师在学生心目中有崇高的威望。因此在校园环境保护教育中，教师要充分利用这一优势，身先示范，看见废纸就拾，亲自动手擦洗花坛，打扫卫生，学生定会主动加入这一行列，积极打扫。我们还应把环保教育贯穿于日常生活中，经常带学生到花坛除草，成立绿色卫士队，齐抓共管，共同爱护一草一木。给学生创设优雅的学习环境，还定时请环保人员给学生讲解有关知识；带领学生走出校门，走向社会宣传环保知识，让学生亲自参加环境保护的劳动实践……

总之，对学生进行环境保护教育，要让他们明白：爱护地球、珍惜资源，保护环境，是功在当代利及千秋的大事。我们应该从小事做起，从自己做起，不断增强环保意识，学习、宣传环保知识，自觉保持环境卫生，不做污染环境的事，爱护绿化，积极参加保护环境的公益活动。

二、节约用水意识的培养

水和空气一样，是人和一切生物所必需的。人离不开水，动植物也离不开水，科学家早已证实，早期的原始生命缘于水。因此，我们可以这样说，水是生命之源。在自然界中，大海、江河、湖泊、冰川以及地下水，构成了一个水的世界，科学家称它们为水圈。

据科学家估计，地球储水总量 13.7 亿立方千米，而淡水却只占其中的 2.5％。淡水的 68.7％又封存于两极冰川和高山永久性积雪之中，这么一来，地球上只有不到 1％的可利用淡水，存在于地下蓄水层、河流、湖泊、土壤、沼泽、植物和大气层中，这当中又有很大一部分不易取得。根据联合国关于一个国家如果每人每年供水不足 1000 立方即为缺水国家的标准来看，中国人口占世界总人口的 22％，而淡水占有量仅占世界的 8％，人均淡水占有量只有世界人均值的 1/3，是众所周知的贫水国家。

我国是个多山多河的国家，流域面积超过 1000 平方千米的江河有 1500 多条。但我国人口众多，相对而言，水资源比较贫乏。就全世界而言，工业的高度发展，不仅对淡水的使用量越来越大，排放的大量污水对江河湖泊以及大海的污染也日甚一日，以致使大海出现赤潮，江河鱼虾绝迹，有的甚至成为臭河、死河。

保护水资源，防止水污染，已成了环保工作的重中之重。

（一）培养学生节约用水的意识

1. 让学生了解有关水的知识、资源匮乏的现状。

2. 知道节约用水的方法，增强节水意识。

3. 号召学生从我做起、从现在做起，节约用水，并影响带动家长及周围的人节约用水。

（二）活动前的准备

1. 学生搜集有关水的知识、水资源现状、浪费水、水污染的现象等资料、图片，节约用水的方法、警示语、歌曲、儿歌等。

2. 教师做课件、试题。

(三) 具体活动过程

1. 主持人导入

主持人：奔腾的江河，平静的湖泊，涓涓的细流，晶莹的泉水，浩瀚的海洋，是因为你的存在。你无私奉献，哺育地球万物，世界因你才精彩，你是生命之源——一切生物都离不开水。鱼儿离不开水，我们人类更离不开水。如果没有水，将会怎样呢？

学生1：在地球上，哪里有水，哪里就有生命。一切生命活动都是起源于水的。人体内的水分，大约占到体重的65%。其中，脑髓含水75%，血液含水83%，肌肉含水76%，连坚硬的骨骼里也含水22%哩！没有水，食物中的养料不能被吸收，废物不能排出体外，药物不能抵达到作用的部位。人体一旦缺水，后果是很严重的。缺水1%-2%，感到渴；缺水5%，口干舌燥，皮肤起皱，意识不清，甚至幻视；缺水15%，往往甚于饥饿。没有食物，人可以活较长时间（有人估计为两个月），如果连水也没有，顶多能活一周左右。

学生2：对于许多事物是可以这样做或那样做的，办法总会有的。比如照明，没有电灯，我们可以点蜡烛；没有蜡烛，我们可以点油灯；没有油灯，我们可以点松明火把；连火把也没有，我们可以静静地等待黑夜过去，白天到来。而对于水就不同了。没有水，我们无法洗脸、刷牙，无法解渴，餐桌上没有了鱼虾，看不到花草树木，不知道什么叫游泳，船舰全部报废，混凝土拌不成，高楼无法建，连哭泣也没有了眼泪……啊，还是不要往下想的好！

2. 了解地球上的淡水资源，我国的水资源情况

主持人：水是生命的源泉，水是工业的血液，水是农业的命脉。而水又是十分有限的，来之不易的。你知道地球上有多少淡水资源吗？

学生2：地球的表面有70%以上被水覆盖着，称得上是个"水球"。可是我们面临着严重的水荒。这是因为，地球上的水有97.5%是咸水，难以被人类饮用，只有0.26%的水是可供人类饮用的淡水。其余的淡水则冰冻于南极和北极，或深藏于地下。

主持人：那你知道我国的水资源怎样吗？

学生3：水利部有关专家说，随着人口剧增和经济高速发展，水的供求矛盾已成为制约我国工农业生产和城市发展的瓶颈。我国水资源的总趋势是需求量急剧增加，而供水总量增长缓慢。1980年至1993年，供水年均增长只有1.27％。由于供水增长缓慢，九十年代以来，我国缺水范围不断扩大，程度不断加深。2010年后，我国将进入严重缺水时期。2030年，我国缺水高峰将会出现，将缺水400亿立方米至500亿立方米。

3. 诗朗诵《水是生命之源》

主持人：下面请听诗朗诵《水是生命之源》。

水是生命之源，她像乳汁般甘甜。

她让森林青翠欲滴，她使花朵缤纷灿烂。

她让小鸟歌唱婉转，她使大地生机盎然。

生命从水中走来，一代代生息繁衍。

那是生命的源泉，生命从水中走来。

珍惜宝贵的水源吧，一代代生息繁衍。

水是生命之源，请珍惜每一滴水。

浪费会让森林失去绿色，挥霍将使鲜花不再灿烂。

鸟儿将没有婉转的歌唱，地球上也不再有人类出现。

珍惜宝贵的水源吧，那是生命的源泉！

4. 文艺节目汇演——水浪费严重

（1）朗诵《水的自述》

我是水，我在地球上有许多家：小溪、江河、大海、天空、地下……人、动物、植物生存都离不开我，所以我成了"生命之源"。

小朋友，你别认为我有很多很多，其实地球上多的是海水，淡水很少。打个比方吧，如果把我全部装在一个桶里，看上去很多，可是供人食用的才只有半勺！

中国是贫水国，北京是严重的缺水城市。可是有的小朋友不懂得珍惜我。有一次，一个小朋友用完了自来水，不关紧水龙头，让水一滴一滴地往下漏，我可伤心了。你们知道吗？它差不多可装满一千六百个大可乐瓶哪！

（2）儿歌《水龙头在哭泣》

小水管，低着头，滴答滴答泪直流，我来替它擦眼泪，快快拧紧水龙头。

（3）朗诵：《消失的河流》

我家房后有条河，它几乎每年夏天泛滥一次。发水的时候，激流呼叫着拍打着两岸，我们这些孩子都兴奋地站在岸边，看西瓜、柿子在水中翻滚。

十几年过去了，今年夏天我回家时特意到房子后面看了看这条清凉的小河，发现它已经干涸见底，河床龟裂。

1994 年，我在长春读大学。几个同学晚上出去溜达，一起沿着自由大路向前走，前面忽然传来巨大的响声，这是伊通河。站在自由大桥上往下看，真有点头晕目眩，只见一个巨浪接着一个巨浪，耳朵嗡嗡直响。而今天，伊通河已经完全死去。上游还有点水，远远望去，居然还水波荡漾，其实那是自来水公司放出来的水，只是短短的一小段，两头是被堵上的。车从桥上过，看见下面清亮亮的，还以为真是一条河。而到中下游就原形毕现——臭水源源不断地涌进来，生活垃圾扔得遍地都是。岸上的人泰然自若地走过来走过去。

不到十年时间，我亲眼目睹着一条河流消失了，消失得悄无声息，消失得莫名其妙。

5. 节约用水，防止水污染

主持人：下面是"'画说'珍惜水资源"环节。这"画说"的"画"是图画的画，我们用七彩的画笔，画出了节约用水、不污染水的颗颗爱心。（各小组同学有秩序地上台，展示并解说自己的画）

学生 1：同学们，我画的是在污水中挣扎的鱼类。你看，粪便和垃圾不断地倒入清澈的小河里，人类的好朋友鱼儿喝了这些污水，病的病，死的死，多可怜呀！为了让鱼儿有一个可爱的家园，我们千万不能污染水。

学生 2：在一个美丽的森林里，有一条清澈见底的小河。后来，这条小河被人们扔下的工业废料污染了，昆虫和小动物喝了被污染的水后都变成了怪物。

学生 3：我分三层来安排这幅画。第一层，海水被垃圾弄脏了；第二层，海水被污水、有毒物质玷污了；第三层，海水被化学肥料污染了。被污染的海水将生物变得如此可怕，给人类敲响了警钟，一艘人类航母遇到了怪物，要沉了！快来援救！

学生4：我画的是缺水告急的惨状。画上的小孩渴得连声叫着妈妈。妈妈说："孩子，没有办法，水都被污染了，我们没有能喝的水了。"小孩望着天空说："妈妈，小鸟也在哭泣。"可见水污染的后果不堪设想。正如人们所说的那样，如果人类不保护水资源，世界上最后一滴水将是人类的眼泪。

学生5：大家看看我的画，别具一格吧！一个小男孩端来一个盆，接住湿衣服上掉下来的水。他要干什么呢？他准备把盆里的水端到花园里给花儿喝。重复使用水，他真机灵呀！

学生6：大家猜猜我画的是什么？我画的是一头鲸想造福于人类，就把自己背上的水柱加了水龙头，呼吸时，用的水就少了。你们想想，鲸都知道节约用水，而我们人类呢？

学生7：朋友们，瞧，这片奇特的森林，森林里的这些茂密的叶子正张着大嘴吸收二氧化碳，放出人类和动物都需要的氧气，氧气又和一种物质组合，变成纯净水。所以画的题目是：森林净化废水。

学生8：我画的是每年3月22日，全世界人民都在热烈庆祝世界水日。中国把从3月22日这一天起的一周，定为中国水周。

学生9：同学们说了这么多，现在我用这幅画做总结：环保，有我一份！

主持人：一幅幅画，代表了同学们对水资源的珍惜之情。蓝蓝的大海包容了万千生命，森林和草原是人类生命的乐园。这些都离不开水的滋养。让我们行动起来，保护水资源。

6. 节约用水，从我做起

主持人：我们班的同学也很关心我国的水资源，下面我们就来听一听他们是怎么说的。请欣赏相声《喝水》。

甲：不知道的东西呀，就得多问别人。

乙：那你就给我讲讲我国的水吧。

甲：你就好好听着吧。

乙：哎，是。

甲：世界人均水量是 9800 立方米，中国是 2400 立方米，而我们的首都——北京只有 300 立方米，占全国的 1/8，全世界的 1/32，比缺水的以色列还缺呢。

乙：这么少啊？

甲：那可不是，到了 2010 年呀，北京要缺水 8 亿立方米，用水量是 52 亿立方米，也就是缺 2/5 的水。

乙：缺这么多呀！

甲：是啊。这只是北京一个城市的缺水情况，还有其他地方呢？也就是说，你要喝五杯水，喝到第三杯就别想喝了。

乙：那多难受哇！

甲：难受，就将就着点儿吧，渴不死就行了，越往后越缺水。

乙：那就没有别的办法了？

甲：中央已经把南水北调工程列入国家重点项目，但还是不够。

乙：照这么说，现在的水还得省着点用，不然就没有喝的啦。

甲：还不傻，还转得过来。

乙：一提吃的喝的，我准转得过来。

甲：瞧这。

乙：照你这么说，以后就别刷牙，别洗脸，更别洗澡了。

甲：那可不行，那你往那一坐，旁边同学都熏晕过去了。你在大街上一走，污染一条街了。

乙：去你的吧，那你说怎么办？

甲：第一，向大家和旁人做好节水宣传工作。第二，从自身做起，节约每一滴水。这回明白了吧。

乙：真长见识。

主持人：既然大家都知道了水的重要性和我国面临的严峻的水资源形势，那就让我们一起来想一想节约用水的办法吧。（学生回答略）

经整理归纳得出以下方法：

（1）随手关紧水龙头，不让水未经使用就流掉，水龙头加装有弹簧的止水阀或可自动关闭水龙头的自动感应器；

（2）定期检查抽水马桶、水塔、水池、水龙头或其他水管接头以及墙壁或地下管路有无漏水情形；

（3）洗澡时改盆浴为淋浴，并使用低流量莲蓬头，避免长时间冲淋；

（4）勿对着水龙头直接洗碗、洗菜、洗衣，应放适量的水在盆槽内洗涤，以减少流失量；

（5）用洗菜水、洗衣水、洗碗水及洗澡水等清洗水来浇花、洗车；

（6）将除湿机收集的水，及纯水机、蒸馏水机等净水设备的废水回收再利用；

（7）小件、小量衣物提倡手洗，可节约大量水；

（8）多人洗澡时，一个接一个连接不要间断，可节省等待时热水流出前的冷水流失量；

（9）收集雨水作为浇花、洗车及冲马桶等用水的替代水源；

（10）洗手正确步骤：开小水沾湿手→关闭水龙头→涂抹肥皂→双手搓揉→开小水冲洗→关闭水龙头。

7. 唱儿歌，树立节水意识

节 水 谣

洗澡水，清亮亮，澡盆里面打水仗，乒乒乒，乓乓乓，洗出一个小光光。水儿倒进洗衣机，妈妈忙着洗衣裳，嘀嘀嘀，轰轰轰，衣服洗得透又亮。水儿倒进墩布桶，爸爸哼歌擦地忙，唰唰唰，嚓嚓嚓，地板为你照张相。一水多用真聪明，节约用水好风尚。

节 水 歌

不好了，不好了，地球能源快没了。太湖水被污染了，以后日子难过了。怎么办？怎么办？朋友们，朋友们，要喝水，靠自己。洗脚水，把花浇，洗脸水，把桶洗。洗手时，别戏水，节能源，要谨记。不要最后对着地球把泪流！

节约水童谣

一滴两滴三四滴，滴滴汇成了大海；五滴六滴七八滴，不许浪费水资源；九滴十滴十一滴，淘米水用完浇花草；嘿！节约用水十全十美！

8. 设计节水警示语

本环节略。

9. 发起倡议

主持人：每年的 3 月 22 日为"世界水日"，世界水日呼唤地球儿女，要珍惜每一滴水。主持人宣读《节水倡议书》。

亲爱的老师们、同学们：

你们好！

水，是一切生命的源泉。有了它，才构建了这个蔚蓝的星球；有了它，整个世界才有了生命的气息；有了它，我们的世界变得生机盎然；有了它，我们才有了秀美的山川，清澈的溪水，湛蓝的海洋……我们才有了一切。

据科学界调查报告指出：占世界人口 40％的八十个国家正面临着水危机，发展中国家约有十亿人喝不到清洁的水，十七亿人没有良好的卫生设施，每年约有两千五百万人死于饮用不清洁的水。中国的北京、湖北、昆明、郑州等十四个城市已严重缺水。水危机已经严重制约了人类的可持续发展。水资源短缺成了当今世界面临的重大课题。前不久，联合国的人类环境和世界水会议已发出警告：人类在石油危机之后，就是水危机。为此早在 1993 年 1 月 18 日，第四十七届联合国大会作出决议，确定每年的 3 月 22 日为"世界水日"。之后我国水利部决定 3 月 22 日至 28 日为"中国水周"。唤起公众对水的危机意识，让全社会珍惜水，节约水，保护水资源。

据我们测定，一滴水约重 0.07 克，虽微不足道，但是全国十三亿人口人人节约一滴水，就会节约九十一吨水，足可以供给三十个人一个月的生活所需。另据测定，"滴水"在一个小时里可以集到三千六百克水；一个月里可集到 2.6 吨水。这些水量，足可以供给一个人一个月的生活所需。

我们倡议全校师生"节约每一滴水，关爱生命之源，造福未来"。让我们告诉身边的每一个人："爱一滴水就是爱全世界！"让我们一起行动起来吧！

某班全体学生

×年×月×日

10. 布置节水小测试，结束班会

主持人：生命离不开水。大地上的水，就像母亲的乳汁一样哺育着地球上的所有生命。让我们共同珍惜这生命之源，因为这不仅是为了现在，而且是为了未来。愿天空永远湛蓝，愿大地永远绿色无边，愿河水永远清澈，愿我们的地球家园永远生机无限。啊，关注环境，关爱生命，关注可持续发展。多么崇高的责任，我们并肩承担；多么神圣的使命，我们携手实现。本次班会到此结束。

主持人分发试卷，要求学生回去查资料完成。

试卷：

节水知识竞赛

一、填空

1. 各级人民政府应当把加强对城市（节约用水）的领导，把节约用水纳入（国民经济）和（社会发展计划）当中。

2. 用水单位应当积极（采用）节约用水的先进技术，努力降低（水的消耗量），提高（水的重复利用率）。

3. 各行各业（行政主管部门）按照（职责分工）负责管理本行业的节约用水工作，业务上受（市节约用水办公室）的监督。

4. 各级人民政府各行业务主管部门和各用水单位应当深入开展节约用水宣传教育，提高公民的（节约用水）意识。

5. 对超计划用水，实行（1）至（3）倍的累进加价收费。

6. 水是自然界一种最常见的（无色）（无味）液体。

7. 科学家试验证明水是由（氢元素）和（氧元素）构成的。

8. 水龙头一滴一滴地滴水，每小时可滴掉（3.6千克），若是水量线状流失1小时可流掉（集水17千克）。

9. 水是人体的主要组成部分，一般说，成年人体的含水量约为其体重的（65%）左右，在人的骨骼中，其含水量约为重量的（22%），在人的血液中约有（83%）的水分，肌肉含水（76%）。

人体缺水（1%—2%），感到渴；缺水（5%），口干舌燥，皮肤起皱，意识不清，甚至幻视；缺水（15%），往往甚于饥饿。没有食物，人可以活较长时间（有人估计为两个月），如果连水也没有，顶多能活（一周）左右。

10. 城市居民生活用水，应当（按户计量）收费，不得实行用水包费制。

11. （3 月 22 日）是联合国"世界水日"。

12. 我国城市日缺水（1600 万）立方米。

13. 自 2002 年 12 月 20 日起，一律不得使用一次性冲水量超过（9 升）的便器水量。

14. 所谓中水，是指（生活污水）经过处理后，达到规定的水质标准，可在一定范围内重复使用的（非饮用水）。中水主要用于厕所冲洗、（园林灌溉）、道路保洁、（汽车洗刷）以及城市喷泉、冷却设备补充用水等。

15. 单位和个人有（节约用水）义务。

二、判断

1. 水是生命的赋予者，没有水就没有生命。　　　　　　答：对

2. 水不具有许多独特的物理、化学性质。　　答：不对，水具有。

3. 由于水的表面张力和内聚力很强，因而水能从树根爬上数丈高的数梢。　　　　　　　　　　　　　　　　　　答：对

4. 蒸腾作用是一种浪费。　　　　　　　　　　　答：不对。

5. 在旱地农业生产中，土壤水是唯一水源。　　　　答：对

6. 目前全球人均供水量比 1970 年减少了三分之一，主要原因是人口增加了十八亿。　　　　　　　　　　　　　　　　答：对

7. 干旱缺水对农业和社会造成的损失相当于其他各自然灾害造成损失之总和。　　　　　　　　　　　　　　　　　答：对

8. 水是限制农业生产和整个国民经济发展的第一因素。

　　　　　　　　　　　　答：不对，在干旱和半干地区是。

9. 干旱和半干旱地区是两个完全不同的农业类型。　　答：对

三、选择

1. 《水法》所称的水资源是指＿＿＿＿。

A. 地表水、地下水　　　　　B. 地表水、自备水

C. 自来水、地下水　　　　　D. 城市用水、农村用水

答：A

2. 国家实行计划用水，厉行节约用水。各用水单位应当采用节约用水的先进技术，降低水的_____，提高水的_____。

A. 消耗量；重复利用率   B. 消耗量；循环利用率

C. 消耗量；使用率   D. 重复利用率；消耗量

答：A

3. 节约用水应当坚持合理开发和_____的原则，实行_____相结合的制度。

A. 综合利用；总量控制和定额管理

B. 高效利用；总量控制和定额管理

C. 高效利用；总量管理和定额控制

D. 合理利用；总量管理和定额控制

答：A

4. 各级人民政府应当加强对节约用水的领导，广泛开展节约用水的宣传教育，提高全民节水意识，推行节水措施，推广节水_____，发展节水型_____，建立节水型社会。

A. 新产品、新工艺；企业、农业、服务业

B. 新技术、新设备；企业、示范农业、服务业

C. 新技术、新工艺；工业、农业、服务业

D. 新设备、新器具；工业、农业、单位

答：C

5. 单位和个人都有节约用水的义务，并有权对浪费水资源的行为进行_____。

A. 监督、检查、批评教育   B. 检查、制止、举报

C. 罚款、制止、检查   D. 监督、制止、举报

答：D

6. _____水资源和防治水害，应当全面规划、统筹兼顾、标本兼治、综合利用、讲求效益，发挥水资源的多种功能，协调好_____用水。

A. 开发、利用、节约、保护；生活、生产经营和生态环境

B. 开发、使用、配置、保护；生活、生产经营和自然环境

C. 开发、使用、节约、爱护；生活、生产过程和生态环境

D. 开发、利用、配置、爱护；生活、生产过程和自然环境

答：A

7. 用水定额是_____的基础。取水许可监管机关应根据_____来核定年度计划用水指标，并把_____作为节水考核的重要依据。

A. 合理用水、节约用水；实用水量；用水定额

B. 合理用水、节约用水；实用水量；用水指标

C. 计划用水、节约用水；用水定额；用水指标

D. 计划用水、节约用水；用水定额；用水定额

答：C

8. 增加用水指标应符合下列条件：

(1) 生产经营发展需要；

(2) 已经采取相应的节水措施；

(3) 水的_____达到规定的行业标准。

A. 重复利用率、用水定额

B. 循环利用率、用水消耗

C. 污水回用率、用水定额

D. 用水工艺、用水定额

答：A

9. 核减用水指标应符合下列条件：

(1) 由于自然原因使水资源不能满足本地区正常供水的；

(2) 因_____或者生产工艺变化使用水量发生较大变化的；

(3) 其他确需_____或者限制用水量的情形。

A. 假期、减产、转产；降低

B. 停产、少产、工艺改变；核减

C. 停产、减产、转产；核减

D. 假期、减产、工艺改变；降低

答：C

10. 用水应当_____收费，_____实行包费制。

A. 计量；限制　　　　　　　B. 计量；禁止

C. 测量；鼓励　　　　　　　D. 估量；允许

答：B

（四）活动后的反思

水是生命之源、健康之本，水是人类及动植物赖以生存的基础，没有水就没有生命。人体中 70％ 左右是水分，人类的文明之舟自古就依水而行，水自古就是我们这个蓝色星球生命摇篮的象征，水是宇宙万物之中最宝贵的东西。无论是地球生命的形式，还是人类生命的维持和成长，都离不开水。因此，水是生命之源。

通过这次活动，学生们切实地感受到自己生活的地区乃至世界水缺乏、水污染、水浪费现象非常严重，已经到了不得不引起人们重视的地步，提高了节水意识。学生纷纷把此次活动中了解到的知识、形成的认识讲给家长听，建议家长节约用水。从活动开始，学生和家长就一同开始节约用水了，并且同学之间已经开始了家庭节约用水竞赛。

在整个活动中，学生不仅使自己受到教育，提高了节水意识，而且还付诸实践，准备开展一年的家庭节约用水调查统计，相信一年后，他们会有更大的收获。尤其值得称赞的是，他们不仅自己节约用水，带动爸爸妈妈节约用水，还萌发了号召全校师生共同节约用水的愿望。

三、保护自然意识的培养

人类的文明起源与森林密不可分，那时人类制造工具、房屋、城池、车轮、木船的所有原料都来自森林。森林还使人类萌发了美感，使人类有了无数的艺术创造。森林对人类生存的影响，虽然不像粮食和水那样，一旦缺少就会很快致命，但森林作为一种"调节剂"，却在诸多方面影响着人类的生存环境，甚至人类的安危。

森林是空气的净化物，可以杀死空气中的病菌和微生物，对人类有一定保健作用。森林绿地每年为人类处理近千亿吨二氧化碳，为空气提供 60％ 的洁净氧气，同时吸收大气中的悬浮颗粒物，有极大地提高空气质量的能力；并能减少温室气体，减少热效应。森林作为天然的消声器有着很好的防噪声效果。森林对气候有调节作用。森林还可以改变低空气流，有防止风沙和减轻洪灾、涵养水源、保持水土的作用。此外，森林有除尘和对污水过滤的作用。森林是多种动物的栖息地，也是多类植物的生长地，是地球生物繁衍最为活跃的区域。因此，植树造林，扩大森林面积，增加森林资源，是关系到经济效益、社会效益，环境效益及人类能否生存的大事。

然而，我国森林资源所面临的形势依然严峻。这主要表现在：森林质量不高，单位面积蓄积量指标远远低于世界林业发达国家水平；林龄结构不合理，可采资源继续减少，这对后备资源培育构成极大威胁；林地被改变用途或征占数量巨大。间隔期内，有281万公顷森林被改变用途或征占改变为非林业用地；林木蓄积消耗量呈上升趋势，超限额采伐问题十分严重。间隔期内，林木年均净消耗量达37075.2万立方米，较上期增加了5082.8万立方米。

虽然我国森林资源总量位于世界前列，但人均占有量很低。我国森林面积居世界第五位，森林蓄积量列第七位。但我国的森林覆盖率只相当于世界森林覆盖率的61.3%，全国人均占有森林面积相当于世界人均占有量的21.3%，人均森林蓄量积只有世界人均蓄积量的1/8。

因此，要加强中学生的环保意识，使其树立保护环境的观念。

（一）培养保护自然的意识

1. 让学生了解一定的环境保护知识，懂得人与自然和谐共存的道理，知道环境污染的危害，唤起学生的忧患意识。

2. 培养学生从小树立"热爱大自然，了解大自然，保护大自然"的环保意识，激励学生热爱大自然、珍爱生命的情感。

3. 引导学生从自我做起，从现在做起，为保护环境，美化家园，做出自己的贡献。

（二）活动前的准备

1. 班主任培养学生保护自然的准备

（1）设计好主题班会方案。

（2）确定主持人人选。

2. 学生应做好准备

（1）准备与主题有关的文艺节目。

（2）准备活动道具。

（3）设计制作主题班会的报头。

（三）具体活动过程

1. 主持人导入

主持人1：绿色，是和平的象征，人类文明的摇篮。

主持人2：绿色，孕育了生命，绿色，充满了希望。

主持人1：两千年的人类文明进程没有牺牲地球的绿色，但是两百年的现代文明却使我们绿色的地球日渐披黄蒙黑。

主持人2：人类在毁灭地球绿色的同时，也就是在不断毁灭人类自己。

主持人1：绿色是我们家园中最明亮的色彩。绿色是生命的颜色。

主持人2：让我们共同创建绿色家园。

主持人：《创建绿色家园》主题班会现在开始。

2. 朗诵《哭泣的森林》

我是一根火柴，安徒生的童话《卖火柴的小女孩》里就有我的身影。我的家在森林，在还未成年的时候，我就远离了生我、养我的土地。

从日夜思念的森林到睡梦惊醒的工厂，后来我和伙伴们又被运到各地。我来到飞沙流动的沙漠，孤寂地躺在一户人家的桌子上。突然听见女主人给孩子讲《卖火柴的小女孩》的故事。小孩将我从盒子里取出，火焰燃烧着我的身体，"哧哧"的响声是我的呐喊，更是我的哭泣。

在梦里我回到了故乡。在茂密的森林里，我和伙伴们沐浴着阳光，无忧无虑地生活着。我们很快就被恶梦惊醒——伐木工人带着钢锯，开着汽车，闯进了我们的世界，阵阵剧痛过后，我和伙伴们相继倒在地上，工人毫不留情地斩断我们的枝丫，将我们装上开往工厂的汽车……

森林是人类的财富。难道人们忘了吗？柔和的绿色给人们带来舒适感，置身林中能平静情绪；森林是天然的制氧机，吸收二氧化碳，吐出氧气，使空气变得清新干净；森林能减轻噪声污染……森林是人类的健康之友。当你身处熙熙攘攘、喧闹而又大气污浊的市区，你不向往森林吗？

然而，森林在哭泣！过度的砍伐使森林资源遭到严重破坏。保护森林，就是保护、改善人类的生存环境；保护森林就是保护人类自己，请不要让森林哭泣！

3. 短剧《地球与月亮的对白》

主持人：听了《森林的哭泣》，同学们有什么感想呢？我们还是先来听听地球母亲是怎么说的吧。请欣赏短剧《地球与月亮的对白》。

月亮：地球哥哥，我日日夜夜地看着你，可真羡慕你那充满生机的身躯。那上面生存着人类和各种动物。那百花盛开的春天就别提有多好了，还有那烈日炎炎的夏天——荷花飘香，稻谷金黄的秋天——果实累累，大雪纷飞的冬天——银装素裹。唉！可我呢，没有客人，即使有了客人，也过不了多久就离去了，我又变得那么孤独了。

地球：月亮妹妹，我现在已没有什么可自豪的了。人类不断毁坏覆盖在我身上的森林，污染了滋润我全身的河流，破坏了保护我的大气层，使我遍体鳞伤！

月亮（吃惊地问）：真的吗？难道中国的长江、黄河也是这样吗？不可能吧？

地球（叹了一口气）：怎么不可能！黄河是中华民族的"摇篮"，可是近几年来，人们都问：像这样一条多灾多难的祸河，怎么能成为中华民族的"摇篮"呢？因为在近两千多年来，黄河竟决口一千五百多次，改道二十六次，给两岸人民带来了多少苦难啊。

月亮（瞪大了眼睛，难以置信）：江河污染了，你还有那无边无际的大海，可我呢，唉！

地球：大海也被污染了。你知道鲎是什么吗？你肯定不知道，鲎是白垩纪的海洋生物，在长达三十亿年的演化过程中，并没有太大变化，至今它还有蓝色的血，可是它已面临绝种的边缘。与鲎同样命运的很多动物已从地球上灭绝了。再说移动的洋流，会把人类倒入海中的化学物质和污水带到其他地区，严重破坏自然界的生物链。

月亮（气得脸发红）：人类也有点太过分了吧！

地球：现在的人们已经意识到对我的保护了。栽了大面积的树林，人们还给我疏通了河道，让我全身河水畅通。不过，这不能彻底解救我，就好像给一个危重的病人，穿上一件美丽的衣服。

主持人1：曾几何时，绿色铺满视野，春天百鸟叫，满山兽成群。可是，人类不愿与"异类"共享这个世界，执意要成为万物的主宰。

主持人2：人类"赢"了，"征服"了自然界，而自己在征服的同时却也被自然规律所征服——在大自然成为需要人类保护的对象的时候，人类同时也亲手毁掉了自己曾经无限美好的家园。

主持人1：如今，在人类的环境意识已经觉醒之时，迫切需要的是每一个觉醒后的个体将绿色意识付诸行动——改变既成的生活方式，追随绿色时尚，建设绿色文明。

4. 共享绿色家园

主持人1：在地球这个大家园中，生活着人类，还有其它许许多多的动物，人类乱砍滥伐森林的行为已经威胁到了动物们的生存。此外，人类的手开始伸向动物，猴脑、熊掌、燕窝都是人们口中的佳肴。我们还是听听动物是怎么谴责人类的暴行的吧。请欣赏短剧《动物大会》。

旁白：若干世纪前，上帝坐在阿尔卑斯山上按照自己的形象创造了亚当和夏娃。不料，亚当和夏娃的子孙们在世上互相残杀，肆虐成性，严重扰乱了世界的秩序。上帝盛怒之下发来滔滔洪水淹没世界，仅存的生物在诺亚方舟上结成统一战线，发誓共存亡。洪水退下，斗转星移，亚当的子孙越来越强盛，他们逐渐成为世界的主宰，同时也逐渐背叛了与动物结成的同盟，人类延续的历史成了许多动物种类灭绝的历程。终于，在二十一世纪的某一天，动物世界召开了别开生面的世界动物代表大会。

（老牛坐在主席台上，其他动物们都围坐在一边）

老牛：千百年来，我们负载着人类一步一个血印地走出蛮荒，走进文明。今天，进入现代文明的人类已不再需要我们驾辕负车，耕地拉犁。但是，温和善良的我们却逃脱不了屠刀，逃脱不了人类的口腹。唉，我们牛的命运怎么这么不幸呢？

（台下一片哗然，动物们纷纷交头接耳）

老牛（眨了一下眼睛，清了清嗓子）：朋友们，我太激动了，今天大家尽可畅所欲言，声讨人类的罪行。

蛇（从座位上探出脑袋）：人类一方面让我们感觉辉煌，敬拜我们做小龙，供奉我们当蛇仙；另一方面又骂我们为妖孽，比我们为毒虫。我们家族任何一个成员都可能被任何一个人以任何一个理由打死、抽筋、扒皮。人类骗取我们的毒液入药，煮熟我们的骨肉做菜……

青蛙（没等蛇说完）：无论如何，我们青蛙家族对人类可谓有百益而无一害。我们吃的都是对人类生存有危害的虫，比如苍蝇、蚊子、螟虫、蝼蛄、稻飞虱等，我们在保护人类赖以生存的农作物、保持生态平衡等方面都起了很大作用。人类自古就把我们的叫声同人类的丰收联系在一起，"稻花香里说丰年，听取蛙声一片"。你们听听，这是多么美的诗句啊！但是，现代的人吃腻了五谷杂粮，竟把我们血淋淋地摆在了餐桌上。农贸市场上蛙贩子大呼小叫，街头巷尾到处是吃着烤蛙腿串的少男少女，甚至大宾馆的筵席上也有我们家族成员的肢体被分而食之。照这样下去的话，少则几年，多则十几年，我们家族就会灭绝殆尽。

金丝燕：说起人类，我们更是愤愤不已。人类没家不行，燕子无巢也不行。燕窝是我们燕子栖风避雨的家，是我们燕子一点一滴用唾液、用心血筑成的孵卵繁殖、消暑避寒的栖身之所。人类说什么燕窝是营养佳品，可以生津润肺、益气补中。虽然我们把巢建在荒山僻岭、悬崖峭壁之上，还是无法逃脱人类滥采的厄运。我们反复筑巢，巢反复被采，直至最后我们用心血和生命筑就的最后一个巢也被人类当成补品而售以高价，人类简直置我们于死地而不顾。

鲤鱼（抿了一口水）：天生做水中活物供人类享受我们也就认命了，可是，他们竟残忍地将我们活活吃掉，用尽一切残忍的烹饪方法，来达到他们的营养和口感要求。东方有个日本国流行吃生鱼片，用很薄很利的刀子一片一片地割下我们身上的肉，看着我们痛苦地伸缩舒张，他们哈哈大笑地生吞肉片。甚至有家菜馆有一道名菜，就叫"红烧活鱼"，其做法也极残忍，用湿毛巾裹住我们的头，再下油锅煎熟身上的肉，浇上芡汁，然后一块一块地撕下鱼肉大口大口地吃，而我们鱼则痛苦地张着嘴巴喘息。

驴子：我们也深有同感，我们和牛大叔一样忍辱负重地为人类拉磨驾车，但是人类毫无善心，有家饭馆为了招揽食客，竟在门前搭了一个木架，把一头活驴拴在架下，食客指哪块就割哪块。我们驴子疼痛难忍，悲鸣不已，引来了更多的看客和食客。店家的生意也因此红火起来。还有一家卖五香驴肉的铺子，其制作方法更是出奇的残忍：把一只活驴罩在特制的烤炉里，头露在外面，头前放一只盛满调料的桶。驴子受慢火的炽烤，燥热难当，只得一个劲儿喝桶里的调料，调料就随血液渗到驴子全身，人类认为这样做出的驴肉味道极其鲜美。

（驴子愤愤不平的声音被一阵哭声打断了。众动物们齐向哭声寻去，原来是精灵鬼猴子正蹲在树上抹眼泪呢）

老牛：猴子有什么委屈就说吧。

猴子（擦了一下眼泪）：人类是我们的近亲，但他们从不顾念亲情，不仅以"耍猴"的游戏侮辱我们的"猴格"，而且他们有一种荒谬的理论叫"吃什么补什么"。为营养他们的大脑，他们竟专吃我们的脑浆。他们在圆形的餐桌中央开一个碗口大小的孔，把要吃的猴子关在桌下，把我们猴头上的毛剃干净，让我们恰好从桌子中央的小孔中把头露出来，然后用锤子把我们的头盖骨敲碎，人们便就着美酒，一匙一匙地舀着白花花的脑浆吃……

（猴子说不下去了，全场动物默然）

老牛（哽咽）：我提议全世界动物联合起来，抗议人类的暴行！

众动物们（群情激愤）：对！对！全世界动物团结起来，抗议人类的暴行！

旁白：这个童话只是一个童话吗？如果地球上没有动物，只剩下人类，这个地球还会像现在这样生机勃勃吗？现在世界上有一千二百种动物濒临灭绝，每天有一种动物从地球消失。

（1）中国的大熊猫如今仅存一千只左右。

（2）1969 年亚洲生存着六千只老虎，到 1972 年只剩下一千八百只，印尼爪哇岛上只剩下五只。

（3）大猩猩被视为亚洲大型类人猿的唯一代表，如今只剩下二千五百只。

（4）非洲犀牛只有两百头，而二十年前有两万头。

（5）两百年前北美野牛达七千五百万头，如今只存五百头。

（6）在过去二十五年中，大象的数量下降了 90%。

（7）在马达加斯加岛上的指猴仅存九只。

（8）比利牛斯山区的棕熊至今只剩下五到六只。

（9）德克萨斯州的红狼只剩下美国动物园中的三只。

主持人：动物是人类的朋友，地球有自己的生物圈，如果人类虐杀动物，有一天最终会品尝自己埋下的苦果的。人类，你能否改变自己的行为，让大家共同拥有地球这个美丽的家园吗？

5. 绿色生活倡议书

主持人 2：我们需要绿色生活，我们离不开绿色。请为我们的后代多留一点绿色，请给我们自己多一些绿色。在这里，我们共同宣誓：保护地球母亲，共建绿色家园。

倡 议 书

同学们：为了水，为了空气，为了森林，为了土地，为了孩子，为了明天，为了地球上的生命，让我们追求有益于环境、有益于健康、有益于未来的绿色生活方式。让我们努力做到：

1. 树立绿色文明观念，自觉关心环境状况，遵守环境保护法律法规，把个人环保行为视为个人文明修养的组成部分；

2. 为减少空气污染，节约能源，尽量使用公共交通工具、自行车或步行；使用无铅汽油，购买小排气量的轿车；节约用电，做到人走灯灭；随时关紧电冰箱的门；使用节能灯具；购买无氟、节能冰箱等高效低能耗电器；

3. 为珍惜水资源，减少水污染，节约淋浴用水，缩短淋浴时间；安装节水龙头；用节水型抽水马桶；切勿向河流中随意倾倒生活污水和杂物；及时修理漏水的管道；减少使用洗洁精；购买使用无磷、生物可降解的洗涤用品；

4. 为保护森林、矿产等自然资源，购买再生材料制成的或能再生利用的、可维护、可多次长期使用的商品；尽量减少使用一次性纸杯、木筷和餐盒等；节省纸张，少寄些贺卡；

5. 为珍惜土地，购物时自备购物袋；支持落叶堆肥，不焚烧落叶；支持和参与废纸、废玻璃、废塑料和废金属的回收利用；爱护公共绿地；尽量减少生活垃圾。

在《同一首歌》的歌声中，学生在倡议书上签下自己的名字。

6. 主持人结语

主持人 1：地球是茫茫宇宙间所知的唯一一艘载有生命的航船，我们人类是这艘船上的乘客。当船舱漏水的时候，谁能说拯救地球与我无关？

主持人 2：面对地球生态环境日益恶化的现实，任何一个有良知的人都会明白，保护环境，拯救地球，是我们人类共同的责任。

主持人1：为了沟壑万千、海纳百川、磅礴浩瀚、婀娜娇艳、"万类霜天竞自由"的自然。

主持人2：为了十几年后的春天，还可以让我们仰望衬着蔚蓝澄澈的天空盛开的杏花和玉兰。

主持人1：为了我们的子孙后代的子孙后代……

主持人2：让我们从一点一滴做起，从身边小事做起。

主持人1：也许我们所做的一切是微不足道的。

主持人2：但呐喊总比沉默好，参与总比旁观强。

主持人1：最主要的是我们已经在做了，这比什么都重要，都更有意义。

主持人：让我们亲近绿色，一路同行。

主持人1：下面发给大家环保宣传单《保护环境随手可做的一百件小事》，希望同学们能从自己做起，做一个名副其实的环保卫士。

(1) 使用布袋；(2) 尽量乘坐公共汽车；(3) 不要过分追求穿着的时尚；(4) 不进入自然保护核心区；(5) 倡步行，骑单车；(6) 不使用非降解塑料餐盒；(7) 不燃放烟花爆竹；(8) 双面使用纸张；(9) 节约粮食；(10) 拒绝使用一次性用品；(11) 消费肉类要适度；(12) 随手关闭水龙头；(13) 一水多用；(14) 尽量购买本地产品；(15) 随手关灯，节约用电；(16) 拒绝过分包装；(17) 使用节约型水具；(18) 拒绝使用珍贵木材制品；(19) 拒绝使用一次性筷子；(20) 尽量利用太阳能；(21) 尽量使用可再生物品；(22) 使用节能型灯具；(23) 简化房屋装修；(24) 修旧利废；(25) 不随意取土；(26) 多用肥皂，少用洗涤剂；(27) 不乱占耕地；(28) 不焚烧秸秆；(29) 不干扰野生动物的自由生活；(30) 不恫吓、投喂公共饲养区的动物；(31) 不吃田鸡，保蛙护农；(32) 提倡观鸟，反对关鸟；(33) 不捡拾野禽蛋；(34) 拒食野生动物；(35) 少使用发胶；(36) 减卡救树；(37) 不穿野兽毛皮制作的服装；(38) 不在江河湖泊钓鱼；(39) 少用罐装食品、饮品；(40) 不用圣诞树；(41) 不在野外烧荒；(42) 不购买野生动物制品；(43) 不乱扔烟头；(44) 不乱采摘、食用野菜；(45) 认识国家重点保护动植物；(46) 不鼓励制作、购买动植物标本；(47) 不把野生动物当宠物饲养；(48) 观察身边的小动物、鸟类并为之提供方便的生存条件；（49）不参与残害动物的活动；（50）不鼓励买动物放生；（51）不围观街头耍猴者；（52）动物有难时热心救一把，动物自由时切莫帮倒忙；（53）不虐待动物；（54）见到诱捕动物的索套、夹子、笼网等，果断拆除；（55）在室内、院内养花种草；（56）在房前屋后栽树；（57）节省纸张，回收废纸；（58）垃圾分类回收；（59）旧物捐给贫困者；（60）回收废电池；（61）回收废金属；（62）回收废塑料；（63）回收废玻璃；（64）尽量避免产生有毒垃圾；（65）使用无氟冰箱；（66）少用纸尿布；（67）少用农药；（68）少用化肥，尽量使用农家肥；（69）少用室内杀虫剂；（70）不滥烧可能产生有毒气体的物品；（71）自己不吸烟，奉劝别人少吸烟；（72）少吃口香糖；（73）不追求计算机的快速更新换代；（74）节约使用物品；（75）优先购买绿色产品；（76）私车定时查尾气；（77）使用无铅汽油；（78）不向江河湖海倾倒垃圾；（79）选用大瓶、大袋装食品；（80）了解家乡水体分布和污染状况；（81）支持环保募捐；（82）反对奢侈，简朴生活；（83）支持有环保倾向的股票；（84）组织义务劳动，清理街道、海滩；（85）避免旅游污染；（86）参与环保宣传；（87）做环保志愿者；（88）认识草原危机；（89）认识荒漠化；（90）认识、保护森林；（91）认识、保护海洋；（92）爱护古树名木；（93）保护文物古迹；（94）及时举报破坏环境和生态的行为；（95）关注新闻媒体有关环保的报道；（96）控制人口，规劝超生者；（97）利用每一个绿色纪念日宣传环境意识；（98）阅读和传阅环保书籍、报刊；（99）了解绿色食品的标志和含义；（100）认识环保标志。

（四）我国环境保护立法的历史的发展

我国的环保立法大致分为两个阶段：

1. 1979 年以前的环境法

1972 年 6 月 5 日，人类历史上第一次关于环境问题的全球性国际会议——联合国人类环境会议在位于斯堪的纳维亚半岛的瑞典首都斯德哥尔摩召开。在斯德哥尔摩"人类环境会议"的影响下，1973 年国务院颁布了《关于保护和改善环境的若干规定（试行草案）》。这一法规文件是我国后来于 1979 年颁布的《中华人民共和国环境保护法（试行）》的雏形。文件中规定了"全面规划，合理布局，综合利用，化害为利，依靠群众，大家动手，保护环境，造福人民"的环境保护工作方针，并就全面规划、工业的合理布局、改善老城市的环境、综合利用、土壤和植物的保护、水系和海域的管理、植树造林、环境监测、环境科学研究和宣传教育、环境保护投资和设备等十个方面的问题，作了较全面的规定。

1974 年，国务院颁布了《中华人民共和国防治沿海水域污染暂行规定》。这是我国第一个防治沿海海域污染的法规。该法对我国沿海水域的污染防治特别是对油船和非油船的压舱水、洗舱水、生活废弃品等废物的排放，作了较详细的规定。这一时期，我国还颁布了一批新的环境标准，使国家的环境管理有了定量指标。这些标准主要有：《工业三废排放试行标准》、《生活饮用水卫生标准》、《食品卫生标准》等。

1978 年修订的《中华人民共和国宪法》第一次对环境保护作了规定："国家保护环境和自然资源，防治污染和其他公害。"这就为我国的环境保护工作和以后的环境立法提供了宪法依据。

总之，在这一阶段我国现代意义上的环境法开始起步，国务院及其有关部门制定的行政法规和部门规章在保护环境与资源的实践中发挥了重要作用，并为七十年代末期以后我国环境法的迅速发展奠定了一定的基础。

2. 1979 年以后的环境法

1979 年 9 月 13 日第五届全国人大常委会通过了我国第一部环境保护法《中华人民共和国环境保护法（试行）》，该法依据1978 年宪法有关环境保护的规定，并借鉴了国外环境立法经验，规定了环境保护的原则、基本制度和管理措施，还把环境影响评价、污染者的责任、征收排污费、对基本建设项目环保配套设施要求等，作为强制性的法律制度确定下来。《中华人民共和国环境保护法（试行）》的颁布这对我国环境保护事业的发展具有非常重要的意义，它为我国环境保护事业进入法制轨道奠定了基础，为实现环境和经济的协调发展提供了有力的法律保障。

为了解决经济发展与环境保护的严重比例失调，1982 年国务院颁发了《关于在国民经济调整时期加强环境保护工作的决定》。这是一个环境保护的综合性法规，也是对 1979 年《环境保护法（试行）》的补充和具体化。

其主要内容有：防止新污染源的发展；解决突出的环境问题；重点解决位于生活居住区、水源保护区、风景游览区的工厂企业的严惩污染问题；制止对自然环境的破坏，特别是水土资源的破坏；重点搞好北京、杭州、苏州、桂林的环境保护；加强环境保护工作的领导。

经过十年的实际应用，在总结经验吸取教训的基础上，1989 年 12 月 26 日第七届全国人民代表大会常务委员会第十一次会议通过了修改后的《中华人民共和国环境保护法》，它是我国环境立法和实践工作的又一座里程碑。现行《环境保护法》是我国环境法学领域的一项重要成果，它为环境法律关系的调整设定了一系列制度，也曾经解决了一定的环境法律问题，在保护环境特别是控制污染方面发挥了积极作用，它作为我国环境保护领域的一项基本法律，指导着我国环境保护的各项工作，具有不可磨灭的历史功绩。

第一，它界定了"环境"的定义、范围，明确了环境法的调整对象，确立了我国环境保护观是"大环境"观的基本思想，明确了环境法调整的对象是们在保护和改善生活环境和生态环境、合理利用资源、防治污染及公害中产生的社会关系。

第二，《环境保护法》进一步明确了污染者的责任，将污染者的责任纳入了环境保护责任制度，有利于促进合理利用环境和自然资源、减轻环境损害，公平负担。

第三，《环境保护法》推动了环境单行法律、法规的创建，为我国《环境保护法》法律体系的完善奠定了基础，标志着我国环境保护事业进入法律化阶段。《环境保护法》从环境保护的目标、基本原则、基本制度和违法责任等做出了原则性和指导性的规定，对后续单行的颁布实施和修改完善起到了指导作用。

第四，《环境保护法》确立了一系列行之有效环境管理制度的法律地位，为我国环境保护行政与管理提供了重要手段。

（五）活动后的反思

同学们通过本次主题活动，都有了自觉保护环境的意识，他们纷纷表示要增强责任感，提高自己和他人的环境保护意识，并向学校、家人甚至是社会宣传环境保护的重要性，并且愿意从自我做起，成为一名合格的环境卫士。

环境保护是科学，人类创造并提倡科学，科学创造了文明，促进了社会的发展。但是人类的"科学"可能会毁掉我们生存的地球，所以要让中学生理解保护环境的重要性，树立环保意识。

第七章　中学生节假日活动案例

一、班主任如何指导学生过母亲节

我们呱呱落地，含糊地发出的第一个音就是"妈妈"。从那时起，母亲对我们而言，就是一个取之不尽，用之不竭的宝库。流泪时，她给我们安慰；失落时，她给我们鼓励；无助时，她挺起臂膀做坚强后盾。我们何曾报答？有时甚至因为隔阂，不知感恩！可是母亲却从未抱怨，她永远给我们涓涓细流般的爱，渗透进孩子的生命。

在美国，最早关于母亲节的记载是 1872 年由茱丽雅所提出的，她建议将这一天献给"和平"，并在波斯顿等地举行母亲节的集会。

1907 年，费城的安娜为了发起订立全国性的母亲节而活动。她说服了她母亲所属的位于西维基尼亚州的教会，在她母亲逝世二周年的忌日，即五月的第二个星期天，举办母亲节庆祝活动。隔年，费城人也开始在同一天庆祝母亲节。

前苏联著名教育家苏霍姆林斯基曾经说过："只有爱妈妈，才能爱祖国。"因此，亲情是一切情感的基石。只有爱父母，才会爱学校，爱家乡，爱祖国，爱社会，爱我们生活的这个世界，才能永驻真爱，形成质朴健全的人性。作为班主任，如何培养学生热爱、孝敬父母之情，增进亲情是一个重要的课题。现在的孩子多是独生子女，他们在父母爱的温暖中成长，却体会不到父母亲情的伟大，感受不到父母的辛苦。于是，亲情好像成了这个时代的奢侈品。针对这种现象，在母亲节来临之际在班上开展阅读会，想通过这样的活动让学生接受一次亲情的洗礼，感悟亲情的伟大。

（一）班主任指导学生过母亲节的意义

1. 加强对学生的情感教育，完善学生的人格。
2. 提高学生的阅读能力。

（二）活动前的准备

1. 选取比较适合学生阅读的关于母亲的文章。
2. 鼓励学生，推荐合适的书籍。

（三）具体活动过程

班主任在母亲节当天组织此次活动，可以采取学生默读或某个学生范读的形式。并要求学生写读后感或写一篇关于自己母亲的文章。

文章举例：

北风乍起时

看完电视以后，老王一整晚都没睡好。第二天一上班就匆匆给武汉打电话，直到九点，那端才响起儿子的声音："爸，什么事？"他连忙问："昨晚的天气预报看了没有？寒流快到武汉了。厚衣服准备好了吗？要不然，叫你妈给你寄……"

儿子漫不经心："不要紧的，还很暖和呢，到真冷了再说。"他絮絮不休，儿子不耐烦了："知道了知道了。"搁了电话。

他刚准备再拨过去，铃声突响，是他住在哈尔滨的老母亲，声音颤微微的："天气预报说，北京今天要变天，你加衣服了没有？"疾风阵阵，从他忘了关好的窗缝里乘虚而入，他还不及答话，已经结结实实地打了个大喷嚏。

老母亲急了："已经感冒了不是？怎么这么不听话，从小就不爱加衣服……"絮絮叨叨，从他七岁时的"劣迹"一直说起，他赶紧截住："妈，你那边天气怎么样？"老人答："雪还在下呢。"

他不由自主地愣住了。

在寒潮乍起的清晨，他深深牵挂的，是北风尚未抵达的武汉，却忘了北风起处的故乡和已年过七旬的母亲。

人间最温暖的亲情，为什么竟是这样的？老王自己都有点发懵。

崔琦的眼泪

凤凰卫视台三周年台庆晚会上，节目主持人杨澜向观众讲述了一个自己在采访生涯中遇到的感人至深、结局又令人惊讶的故事。

去年，杨澜去美国采访了1998年诺贝尔化学奖获得者、美籍华人崔琦。崔琦谈到自己出生在河南农村，父母都是大字不识一个的农民，但是他妈妈颇有远见，咬紧牙关省吃俭用，在崔琦十二岁那年将他送出村，出外读书。这一走，便成了崔琦与父母的永别。后来他到香港、美国，成了世界名人。

谈到这里，杨澜问崔琦："你十二岁那年，如果你不外出读书，结果会怎么样？"看到这里，我猜想崔琦一定会这样回答："我永远成不了名，也许现在还在河南农村种地。"

可是错了！崔琦的回答大大出乎人的意料："如果我不出来，三年困难时期我的父母就不会死。"崔琦后悔得流下了眼泪。

杨澜也流泪了。她这时多么希望当时聘请的两位不懂中文的美国摄影师能推出近景，来一个特写镜头。让杨澜吃惊的是，在审片时真的出现了这一特写镜头，杨澜问两位摄影师："你们听不懂中文，怎么能拍下这一感人场面？"摄影师回答："你们不是在谈论妈妈吗？在全世界，'妈妈'这两个字是相通的。"

一边是世界名人，一边是亲情；一边是无上的荣誉，一边是母子深情。崔琦选择了后者，这就是龙的传人交给亿万观众的答卷！我的心被震撼了。这一晚，我久久不能入睡。

古人云："感人心者莫先乎情。"至仁至爱，是我们中华民族的传统美德，在崔琦身上表现得淋漓尽致。

无须择日的良辰

一位妇人二十九岁开始守寡，带着一儿一女艰难度日，却始终不肯改嫁。终于有一天，儿子长大成人去闯关东，落脚在另外一座城市，他一直盼望自己的境遇好些后再把母亲、妹妹接来。为此，他早早地为母亲准备了一套崭新的衣服和一双母亲最钟爱的软底鞋，只等那喜洋洋团聚的时刻，但因为种种原因错过了一次又一次机会。

忽然有一天，他接到妹妹发来的电报，母亲因脑溢血突然去世，当他匆忙赶到并亲手为母亲穿上衣服和鞋子时，那种悔恨刺得他遍体鳞伤。

当年已六十七岁的舅舅在电话中给我讲完这个故事后，我以最快的速度将故事中的妹妹——我的母亲从遥远的北方接来深圳，尽管我现在的状况距离我想给母亲的条件还差得很远、很远，但我深深地懂得了，有些事情在你想做或有能力做得完美时，却已经来不及了。

去尽一份孝心，今天就是良辰。

疯　娘

二十三年前，有个年轻的女子流落到我们村，蓬头垢面，见人就傻笑，且毫不避讳地当众小便。因此，村里的媳妇们常对着那女子吐口水，有的媳妇还上前踹几脚，叫她"滚远些"。可她就是不走，依然傻笑着在村里转悠。

那时，我父亲已有三十五岁。他在石料场干活时被机器绞断了左手，又因家穷，一直没娶媳妇。奶奶见那女子还有几分姿色，就动了心思，决定收下她给我父亲做媳妇，给我家"续上香火"。父亲虽老大不情愿，但看着家里这番光景，咬咬牙还是答应了。结果，父亲一分钱未花，就当了新郎。

娘生下我的时候，奶奶抱着我，瘪着没剩几颗牙的嘴欣喜地说："这疯婆娘，还给我生了个带把儿的孙子。"只是，我一生下来，奶奶就把我抱走了，而且从不让娘靠近。

娘一直想抱抱我，多次在奶奶面前吃力地喊："给，给我……"奶奶没理她。我那么小，像个肉嘟嘟，万一娘失手把我掉在地上怎么办？毕竟，娘是个疯子。每当娘有抱我的请求时，奶奶总瞪起眼睛训她："你别想抱孩子，我不会给你的。要是我发现你偷抱了他，我就打死你。即使不打死，我也要把你撵走。"奶奶说这话时，没有半点儿含糊的意思。娘听懂了，满脸的惶恐，每次只是远远地看着我。尽管娘的奶胀得厉害，可我没能吃到娘的半口奶水，是奶奶一匙一匙米汤把我喂大的。奶奶说娘的奶水里有"神经病"，要是传染给我就麻烦了。

那时，我家依然在贫困的泥潭里挣扎，特别是添了娘和我后。奶奶决定把娘撵走，因为娘不但在家吃"闲饭"，时不时还惹是生非。一天，奶奶煮了一大锅饭，亲手给娘添了一大碗，说："媳妇儿，这个家太穷了，婆婆对不起你。你吃完这碗饭，就去找个富点儿的人家过日子，以后也不准来了，啊？"娘刚扒拉一大团饭在口里，听了奶奶下的"逐客令"，显得非常吃惊，一团饭就在嘴里凝滞了。娘望着奶奶怀中的我，口齿不清地哀叫："不，不要……"奶奶猛地沉下脸，拿出威严的家长作风厉声吼道："你这个疯婆娘，犟什么犟，犟下去没你的好果子吃。你本来就是到处流浪的，我收留你两年了，你还要怎么样？吃完饭就走，听到没有？"说完奶奶从门后拿出一柄锄，像佘太君的龙头杖似的往地上重重一磕，"咚"地发出一声响。娘吓了一大跳，怯怯地看着婆婆，又慢慢低下头去看面前的饭碗，有泪水落在白花花的米饭上。在奶奶逼视下，娘突然有个很奇怪的举动，她将碗中的饭分了一大半给另一只空碗，然后可怜巴巴地看着奶奶。

奶奶呆了，原来，娘是向奶奶表示，每餐只吃半碗饭，只求别赶她走。奶奶的心仿佛被人狠狠揪了几把，奶奶也是女人，她的强硬态度也是装出来的。奶奶别过头，生生地将热泪憋了回去，然后重新板起了脸说："快吃快吃，吃了快走。"娘似乎绝望了，连那半碗饭也没吃。踉踉跄跄地出了门，却长时间站在门前不走。奶奶硬着心肠说："你走，你走，不要回头。"娘反而走拢来，一双手伸向婆婆怀里，原来，娘想抱抱我。奶奶犹豫了一下，还是将襁褓中的我递给了娘。娘第一次将我搂在怀里，咧开嘴笑了，笑得春风满面。奶奶却如临大敌，两手在我身下接着，生怕娘的疯劲一上来，将我像扔垃圾一样丢掉。娘抱我的时间不足三分钟，奶奶便迫不及待地将我夺了过去，然后转身进屋关上了门。

懵懵懂懂地晓事时，我才发现，除了我，别的小伙伴都有娘。我找父亲要，找奶奶要，他们说，你娘死了。可小伙伴却告诉我："你娘是疯子，被你奶奶赶走了。"我便找奶奶扯皮，要她还我娘，还骂她是"狼外婆"，甚至将她端给我的饭菜泼了一地。那时我还没有"疯"的概念，只知道非常想念她，她长什么样？还活着吗？没想到，在我六岁那年，离家五年的娘居然回来了。那天，几个小伙伴飞也似的跑来报信："小树，快去看，你娘回来了，你的疯娘回来了。"我喜得屁颠屁颠的，撒腿就往外跑，父亲奶奶也随着我追了出来。这是我有记忆后第一次看到娘。她还是破衣烂衫，头发上还有些枯黄的碎草末，天知道是在哪个草堆里过的夜。娘不敢进家门，却面对着我家，坐在村前稻场的石碾上，手里还拿着个脏兮兮的气球。当我和一群小伙伴站在她面前时，她急切地从我们中间搜寻她的儿子。娘终于盯住我，死死地盯住我，咧着嘴叫我："小树……球……球。"她站起来，不停地扬着手中的气球，讨好地往我怀里塞。我却一个劲儿地往后退。我大失所望，没想到我日思夜想的娘居然是这样一副形象。一个小伙伴在一旁起哄说："小树，你现在知道疯子是什么样了吧？就是你娘这样的。"

我气愤地对小伙伴说："她是你娘！你娘才是疯子，你娘才是这个样子。"我扭头就跑了。这个疯娘我不要了。奶奶和父亲却把娘领进了门。当年，奶奶撵走娘后，她的良心受到了拷问，随着一天天衰老，她的心再也硬不起来，所以主动留下了娘，而我却老大不乐意，因为娘丢了我的面子。

我从没给娘好脸色看，从没跟她主动说过话，更没有喊她一声"娘"，我们之间的交流是以我"吼"为主，娘是绝不敢顶嘴的。

家里不能白养着娘，奶奶决定训练娘做些杂活。下地劳动时，奶奶就带着娘出去"观摩"，稍不听话就要挨打。

过了些日子，奶奶以为娘已被自己训练得差不多了，就叫娘单独出去割猪草。没想到，娘只用了半小时就割了两筐"猪草"。奶奶一看，又急又慌，娘割的是人家田里正生浆拔穗的稻谷。奶奶气急败坏地骂她"疯婆娘谷草不分……"奶奶正想着如何善后时，稻田的主人找来了，竟说是奶奶故意教唆的。奶奶火冒三丈，当着人家的面拿出根棒槌一下敲在娘的后腰上，说："打死你这个疯婆娘，你给老娘些……"

娘虽疯，疼还是知道的，她一跳一跳地躲着奶奶的棒槌，口里不停地发出"别、别……"的哀号。最后，人家看不过眼，主动说："算了，我们不追究了。以后把她看严点就是……"这场风波平息后，娘歪在地上抽泣着。我鄙夷地对她说："草和稻子都分不清，你真是个猪。"话音刚落，我的后脑勺挨了一巴掌，是奶奶打的。奶奶瞪着眼骂我："小兔崽子，你怎么说话的？再怎么着，她也是你娘啊！"我不屑地嘴一撇："我没有这样的傻疯娘！"

"嘀，你真是越来越不像话了。看我不打你！"奶奶又举起巴掌，这时只见娘像弹簧一样从地上跳起，横在我和奶奶中间，娘指着自己的头，"打我、打我"地叫着。

我懂了，娘是叫奶奶打她，别打我。奶奶举在半空中的手颓然垂下，嘴里喃喃地说道："这个疯婆娘，心里也知道疼爱自己的孩子啊！"我上学不久，父亲被邻村一位养鱼专业户请去守鱼池，每月能赚五十元。娘仍然在奶奶带领下出门干活，主要是打猪草，她没再惹什么大的乱子。

记得我读小学三年级时一个冬日，天空突然下起了雨，奶奶让娘给我送雨伞。娘可能一路摔了好几跤，浑身像个泥猴似的，她站在教室的窗户旁望着我傻笑，口里还叫："树……伞……"一些同学嘻嘻地笑。带头起哄的是小范，当他还在夸张地模仿时，我抓起面前的文具盒，猛地向他砸过去。他冲上前来掐住我的脖子，我俩厮打起来。我个子小，根本不是他的对手，被他轻易压在地上。这时，只听教室外传来"嗷"的一声长啸，娘像个大侠似的飞跑进来，一把抓起小范，拖到了屋外。都说疯子力气大，真是不假。娘双手将欺负我的小范举向半空，他吓得哭爹喊娘，一双胖乎乎的小腿在空中乱踢蹬。娘毫不理会，居然将他丢到了学校门口的水塘里，然后一脸漠然地走开了。

娘为我闯了大祸，她却像没事似的。在我面前，娘又恢复了一副怯怯的神态，讨好地看着我。我明白这就是母爱，即使神志不清，母爱也是清醒的，因为她的儿子遭到了别人的欺负。当时我情不自禁地叫了声："娘！"这是我会说话以来第一次喊她。娘浑身一震，久久地看着我，然后像个孩子似的羞红了脸，咧了咧嘴，傻傻地笑了。那天，我们母子俩第一次共撑一把伞回家。我把这事跟奶奶说了，奶奶吓得跌倒在椅子上，连忙请人去把爸爸叫了回来。爸爸刚进屋，一群拿着刀棒的壮年男人闯进我家，不分青红皂白，先将锅碗瓢盆砸了个稀巴烂。这都是范家请来的人，范父恶狠狠地指着爸爸的鼻子说："我儿子吓出了神经病，现在卫生院躺着。你家要不拿出一千块钱的医药费，我一把火烧了你家的房子。"

一千块？爸爸每月才五十块钱啊！看着杀气腾腾的范家人，爸爸的眼睛慢慢烧红了，他用非常恐怖的目光盯着娘，一只手飞快地解下腰间的皮带，劈头盖脸地向娘打去。一下又一下，娘像只惶惶偷生的老鼠，无助地跳着、躲着，她发出的凄厉声以及皮带抽在她身上发出的那种清脆的声响，我一辈子都忘不了。最后还是派出所所长赶来制止了爸爸施暴的手。派出所的调解结果是，双方互有损失，两不亏欠。谁再闹就抓谁！一帮人走后，爸看看满屋狼藉的锅碗碎片，又看看伤痕累累的娘，他突然将娘搂在怀里痛哭起来，说："疯婆娘，不是我硬要打你，我要不打你，这事下不了地，咱们没钱赔人家啊。"爸又看着我说："树儿，你一定要争气。要不，咱们就这样被人欺负一辈子啊！"我懂事地点点头。

2000年夏，我以优异成绩考上了高中。积劳成疾的奶奶不幸去世，家里的日子更难了。民政局将我家列为特困家庭，每月补助四十元钱，我所在的高中也适当减免了我的学杂费，我这才得以继续读下去。

由于是住读，学习又抓得紧，我很少回家。父亲依旧在为五十元打工，为我送菜的担子就责无旁贷地落在娘身上。每次总是隔壁的婶婶帮忙为我炒好咸菜，然后交给娘送来。二十公里的羊肠山路亏娘牢牢地记了下来，风雨无阻，也真是奇迹。凡是为儿子做的事，娘一点儿也不疯。除了母爱，我不知道这种现象在医学上应该怎么破译。

2003年4月的一个星期天，娘来了，不但为我送来了菜，还带来了十几个野鲜桃。我拿起一个，咬了一口，笑着问她："挺甜的，哪来的？"娘说："我……我摘的……"没想到娘还会摘野桃，我由衷地表扬她："娘，您真是越来越能干了。"娘嘿嘿地笑了。

娘临走前，我照例叮嘱她注意安全，娘"哦哦"地应着。送走娘，我又扎进了高考前最后的复习中。第二天，我正在上课，婶婶匆匆地赶到学校，问我娘送菜来没有，说我娘到现在还没回家。我心一紧，娘该不会走错道吧？婶婶问："你娘没说什么？"我说没有，她给我带了十几个野鲜桃哩。婶婶两手一拍："坏了坏了，可能就坏在这野鲜桃上。"婶婶替我请了假，我们沿着山路往回找，回家的路上确有几棵野桃树，桃树上稀稀拉拉地挂着几个桃子，因为长在峭壁上才得以保存下来。我们同时发现一棵桃树有枝丫折断的痕迹，树下是百丈深渊。婶婶看了看我说，"到峭壁底下去看看吧！"我说，"婶婶你别吓我……"婶婶不由分说，拉着我就往山谷里走……

娘静静地躺在谷底，周边是一些散落的桃子，她手里还紧紧攥着一个，身上的血早就凝固成了沉重的黑色。我悲痛得五脏俱裂，紧紧地抱住娘，说："娘啊，我的苦命娘啊，儿悔不该说这桃子甜啊，是儿子要了你的命……"我将头贴在娘冰凉的脸上，哭得漫山遍野的石头都陪着落泪……

2003 年 8 月 7 日，在娘下葬后的第一百天，大学烫金的录取通知书穿过娘所走过的路，穿过那几株野桃树，穿过村前的稻场，径直"飞"进了我的家。

（四）活动后的反思

有很多关于母亲的文章，班主任老师应当适当选取比较短小、有故事情节、感情丰富的文章让学生阅读，使学生产生同感，进而启发他们热爱自己的母亲。

二、培养学生了解奥运知识

公元前五世纪的希腊抒情诗人品达曾写道："正如在白天天空中没有星星比太阳更温暖，更明亮，同样，没有比奥运会更激烈的比赛了。"

据历史记载，第一届古代奥运会可以追溯到公元前 776 年，为纪念奥林匹亚神在奥林匹亚的古代平原上举行。起初他们信仰宗教并综合了许多古代运动项目，其中很多都源于古希腊神话。

古代奥运会在古希腊人的生活中占据了很重要的地位。奥运会每四年举行一届，来自希腊各地的参赛者参与角逐，目标就是最终奖赏：一个橄榄花环和"英雄"般的返乡。除去胜利的光荣，奥林匹克价值本身赋予了奥运会特殊的意义：高尚竞争，把身体、意志和精神平衡地结合于一体。

随着奥运会的发展，一系列程序，如标准化的项目时间表和奥林匹克休战的实践也在完善。这样持续了近十二个世纪，直到西奥多斯大帝在公元 393 年颁布法令，取缔所有"异教徒"。他宣称，奥运会使公众过于注意运动及精神。十八世纪，奥运会被废止。知识分子们，如塞帕斯和维克拉斯，坚信高尚比赛的精神和奥林匹克理想，为复兴奥运会而努力奔波。

法国人顾拜旦通过提倡运动和希腊古典主义的结合，使奥运会复兴起来，为 1896 年第一届现代奥运会的举行铺平了道路。

希腊民众迎接了奥运会的复兴，并努力组织起了这次奥运会。当时希腊政府所面临的资金难题，都被人民和捐助者所解决。举行第一届现代奥运会的古潘那斯那康体育场，其大理石更新便是由来自希腊北部的捐助者艾沃奥夫资助的。

随着奥运会的复兴，形成了很多具有象征意义的奥运会传统，如奥林匹克会歌、奥林匹克格言、奥林匹克旗、奥林匹克火焰和火炬。

6 月 23 日是国际奥林匹克日，在这一天，我们可以组织一些活动，向广大学生宣传奥运精神。奥运精神是"更快、更高、更强"。支撑和造就"更快、更高、更强"的是什么？是"自信、自强、自尊"。这既是奥运精神的原动力，更是奥运精神的境界升华。学习发扬奥运精神，就要学习他们勇于奉献，甘于寂寞，乐于付出的精神。奥运会是短暂的，但奥运会带给我们的启示是永恒的；赛场上的胜负是暂时的，但自强不息的精神是永远的。

（一）培养学生了解奥运的意义

1. 通过活动，使学生了解奥运会的有关知识，体会什么是奥林匹克精神，知道奥运会的重大意义。

2. 通过活动，激发学生积极参加各项体育运动的欲望，主动培养体育兴趣，提高体育素养；通过了解举办奥运会的重大意义，激发爱国情感。

3. 通过活动，知道如何为奥运作贡献，并愿意用实际行动为祖国的强大作出贡献。

（二）活动前的准备

1. 收集有关奥运会的各种资料。

2. 准备有关奥运知识的竞赛题目。

3. 制作手抄报等。

4. 准备相关的文艺节目。

(三) 具体活动过程

1. 奥运来到中国

主持人：我们不会忘记，公元 2001 年 7 月 13 日 22 时，这是所有北京人的生日，这是所有中国人的生日，这是所有世界华人的生日。因为这一天，奥运来到了中国！请听组合诗《奥运来到中国》。

学生 1：当萨马兰奇主席以他那不再年轻的脚步缓缓走向主席台，顿时，十亿人的目光集中到一个方向，十亿人的心提到了嗓子眼儿——"2008 年举办城市是北京"。就是这句话，中国人等得望眼欲穿啊！就像当年期盼解放那样。

学生 2：人们从高楼、四合院、小巷，汇成一股洪流涌向了广场。所有的汽车竟忘记了前行，一起鸣响了喇叭，向苍天致谢。所有的手机、呼机响起来了，千言万语语化作了一句话——"我们赢了！"酒吧的酒统统洒向了天空，每一个人身上不知是泪还是酒。让它流吧，尽情地流吧，流去八年的怨……

学生 3：花店的小老板免费送上了鲜花；冷饮店有人在呐喊"今天不要钱"；无数面小国旗在人们手中挥着、舞着，还有叔叔们脱下的衣衫。

学生 4：一位双目失明的老人，久久站在人民英雄纪念碑前不肯离开。他看不见啊，可他说："我的心能听得见！"一位半身瘫痪的妇女执意推开女儿的搀扶，要独自走三步；一位红军老战士来到天安门广场："这样的场景我只见过三次，第一次是红一、二方面军会师陕北，第二次是 1949 年开国大典，这是第三次……"

学生 5：中国人郁积了八年的爱和恨都在瞬间爆发出来。不甘寂寞的中国人在相互打着赌，但赌注只有一个——北京。这不是国人的神机妙算，那是一个民族的自信啊！一位摄影记者眼睛模糊了，可他依然在拍，虽然他心里晓得无论拍下什么，都是欢乐的笑脸。

学生 6：中国人的记忆力并不差，数年前申办失利举国情动的情景，如今历历在目，滴滴在心……伤痕是抹不去的，但哪怕有一千次跌倒，炎黄儿女还会有一千零一次的跃起。今天，我们终于将昨日"老伤"化作了浓浓的祝福。

学生7：今天的中国人还并不富足，依然有一些大叔大婶为下岗求职而奔波；贫困山区的孩子还未能迈进学堂；军嫂们还常常在十五的晚上，吟唱着属于自己的"十五的月亮"，但一个共同的目标，聚合起了巨大的力量，那就是祝愿中国迅速富强。

学生8：香港回家了，澳门回家了，如今，有百年历史的奥运也来到了中国。九百六十万平方公里的土地是奥运的土壤，占世界四分之一人口的中国人是奥运最忠诚的孩子……

学生9：越是来之不易的东西，越会倍加珍惜。世界给中国一个机遇，中国将还世界一个惊奇。

2. 奥运知识竞赛

班主任：同学们，2008年，北京已经成功举办了世界瞩目的奥运会，你知道在中国历史上举办奥运会这是第几次吗？你想知道奥运会的起源吗？你知道什么是奥林匹克精神吗？你想了解奥运会吗？今天，我们就进行一次奥运知识竞赛。

以小组为单位，可以累计分数，最后计算得分。

试题：

（1）现代第一届夏季奥运会在哪举行？（雅典）

（2）第二十七届奥运会中，我国在奖牌大国中位居第几位？（三）

（3）冬季奥运会共举办过多少届？（18）

（4）在2000年第二十七届奥运会上中国获得了哪一个项目历史上的第一块金牌？（男子团体体操）

（5）国际奥委会最高领导人任期为几年？（8）

（6）自1894年起共有多少人被受任为奥委会主席？（7）

（7）连续获得三届奥运会冠军的中国运动员是哪一位？（伏明霞）

（8）古代第一届奥林匹克运动会是哪一年举行的？（公元前776年）

（9）至今为止共举办了多少届夏季伤残人奥运会？（十一）

（10）国际奥委会的第一位中国委员是谁？（王正延）

（11）旧中国第一次正式参加奥运会是什么时候？（1932年）

(12) 第一次参加奥运会的旧中国运动员是谁？（刘长春）

(13) 第一个荣获奥运会奖牌的旧中国运动员是谁？（杨传广）

(14) 古代奥运会的创始人是谁？（伊菲图斯）

(15) 古代奥运会争夺最为激烈和残酷的比赛项目是什么项目？（角斗）

(16) 奥运会的第一个裁判是谁？（伊菲图斯）

(17) 古代奥运会第一个冠军是谁？（科罗巴斯）

(18) 现代奥运会成功举办了多少届？（二十四届）

(19) 第一位冬夏两季奥运会的双料冠军是？（伊根）

(20) 奥林匹克会旗——五环旗的设计者是？（顾拜旦）

(21) 现代夏季奥运会始于哪一年？（1896 年）

(22) 以杰出的运动才能和辉煌成就粉碎了纳粹分子的优等种族？（犹太族）

(23) 亚洲首次举办奥运会的时间是哪一年？（1964 年）

(24) 现代奥运会第一枚金牌获得者是谁？（詹姆斯·康诺利）

(25) 现代奥运会上年龄最大的冠军是谁？他最后一次登上领奖台是多少岁？（奥斯卡·斯旺，七十三岁）

(26) 第一次兴奋剂检测工作开始于哪一年？（1955 年）

(27) 五星红旗第一次在奥运村上空高高飘扬是哪一年？（1952 年）

(28) 国际奥委会在哪一年恢复了中国奥委会的合法席位？（1979 年）

(29) 新中国第一位获得奥运会金牌的女运动员是谁？（吴小旋）

(30) 新中国第一位获得奥运会金牌的男运动员是谁？（许海峰）

(31) 中国奥运史上获得金牌数最多的是哪个队？（跳水队）

(32) 参加奥运会次数最多的中国运动员是谁？（王义夫）

(33) 连续参加了四届奥运会，且都获得奖牌的中国运动员是谁？（熊倪）

(34) 在第二十七届奥运会上首次开设的什么项目中，中国选手全获金牌？（女子举重）

(35) 国际奥委会投票选举 2008 年奥运会举办城市的时间是什么时候？（2001 年 7 月 15 日）

(36) 北京申奥的第一位形象大使是谁？（成龙）

(37) 现代奥运会的创始人是谁？（顾拜旦）

（38）唯一获得奥林匹克金质勋章的中国人是谁？（万里）

（39）中国体育健儿首次夺得金牌的集体项目是什么项目？（女排）

（40）中国第一枚奥运会体操金牌获得者是谁？（李宁）

（41）中国第一枚奥运会跳水个人金牌获得者是谁？（周继红）

（42）中国第一枚奥运会柔道金牌获得者是谁？（庄晓岩）

（43）中国第一枚奥运会举重金牌获得者是谁？（曾国强）

（44）中国第一枚奥运会游泳金牌获得者是谁？（庄泳）

（45）中国第一枚奥运会乒乓球单打金牌获得者是谁？（陈静）

（46）首次夺得奥运会乒乓球双打金牌的中国运动员是谁？（陈龙灿和韦晴光）

（47）首次夺得奥运会羽毛球双打金牌的中国运动员是谁？（葛菲和顾俊）

（48）第一位把标枪投过一百米大关的是谁？（霍恩）

（49）从1908年到1948年参加了四十年奥运会的运动员是丹麦哪位击剑选手？（奥斯佩丁）

（50）首位在其参加的历届奥运会上共获得九枚金牌的运动员是谁？（努尔米）

（51）夏季奥运会历史上唯一一次的冰球比赛是在哪一届？（1920年第七届）

（52）亚洲第一个主办冬奥会的城市是哪里？（札幌）

（53）中国体操名将李宁在第六届世界杯体操赛中，除获得一枚铜牌外，还一人独得了几枚金牌？（六）

（54）中国体操运动员一生获金牌最多的是李宁，共获多少枚金牌？（13）

（55）第一位获美国欧文斯奖的亚洲运动员是谁？（王军霞）

（56）蝉联第二十四届、第二十五届奥运会跳板跳水冠军，并从1988年到1992年共获得世界杯游泳锦标赛、世界杯跳水赛九枚金牌的中国运动员是谁？（高敏）

3. 我为奥运添光彩

主持人：北京奥运会已经过去了，但奥运精神却长存了下来，我们应当怎样做呢？

学生讨论略。

4. 诗朗诵《祖国万岁》

主持人：这一切令人瞩目的成绩都离不开我们祖国的繁荣昌盛。只短短几十年功夫，强大的新中国已经屹立于世界民族之林了，我们能不为自己的祖国骄傲吗？

诗朗诵《祖国万岁》。

祖国万岁！祖国万岁！

这发自肺腑的声音，响彻长城内外，大江南北。每一声，都是滚滚的春雷……

祖国万岁！祖国万岁！

这来自内心的赞美，像春天的花朵一样美丽生动，像秋天的果实一般令人陶醉……

打开诗经三百篇，诵读风雅颂，每一页都发出耀眼的光辉；

抚摸着壁画上斑驳的印痕，眼眶里贮满自豪的泪水……

五千年春夏秋冬，季节轮回，五千年文明铸造了一个伟大的灵魂；

中华民族要屹立于世界东方，是雄鹰就要翱翔，是巨龙就要腾飞……

中国大地举起了改革开放的旗帜，也举起了我们的自尊和我们的国威；

楼群像春笋在大地上拔地而起，万里河山在春风中变得更加妩媚。

祖国万岁！祖国万岁！祖国在呐喊中阔步前进；

祖国万岁！祖国万岁！富强在呐喊中走向我们……

为祖国铺上锦绣吧，我们是密密编织的纤维；

为祖国的绿树添上繁花吧，我们是一朵朵含苞待放的花蕾……

为祖国的明天歌唱吧，我们是一只只快乐的杜鹃；

为祖国的喜庆增添气氛吧，我们是飞翔的礼花五彩缤纷……

祖国万岁！祖国万岁！这赞歌唱了一代又一代人；

它点燃了每一根神经，每一腔热血，为祖国的繁荣富强奉献终身！

主持人：让我们用为国争光、报效祖国的实际行动去赞美这激情难忘的《奥运之歌》。

（四）活动后的反思

奥林匹克运动创始人顾拜旦先生复兴奥运会的目的就是为了传播奥林匹克理想，从而以一种新的角度、新的方式教育青年，促进青年身心的和谐发展，进而把教育纳入人类文化和生活过程之中。

我国在申办奥运会成功后，奥林匹克教育迅速向大中小学扩展，各级各类学校成为奥林匹克教育的主要基地。《申办报告》《北京奥运行动规划文化环境建设专项规划》和北京市教委《奥运教育行动计划》都强调，青少年是进行奥林匹克教育的主要对象，明确要在学校有计划、有步骤地广泛开展多种形式的奥林匹克教育活动，普及奥林匹克知识，传播奥林匹克理想，丰富和完善青少年的精神世界，塑造爱国自强、开放自信、热忱友好、奋发向上的时代品格，使青少年成为奥林匹克精神的实践者和传播者，成为美好世界的创造者。应采取切实措施，加大力度落实这些要求。

三、认识"一二·九"运动

1935年12月9日，北平发生了"一二·九"运动。这是中国共产党领导的一次大规模学生爱国运动。当时，日本帝国主义发动了华北事变，意在进一步控制察哈尔，并指使汉奸殷汝耕在冀东成立傀儡政权。国民党政府继续坚持不抵抗政策，竟准备于12月成立冀察政务委员会，以适应日本帝国主义提出的华北政权特殊化要求。失地丧权，亡国灭种的大祸迫在眉睫。12月9日，在中共北平临时工作委员会的领导下，北平爱国学生六千余人，高呼"停止内战，一致对外""打倒日本帝国主义"等口号，举行了声势浩大的抗日救国示威游行。这一爱国行动，得到了全国学生的响应和全国人民的支持，起到了公开揭露日本帝国主义侵略中国，并吞华北的阴谋，打击国民党政府的妥协投降政策，大大地促进中国人民觉醒的巨大作用。它配合了红军北上抗日，促进了国内和平和对日抗战。它标志着中国人民抗日民主运动新高潮的到来，推动了抗日民族统一战线的建立。

在"一二·九"到来之际，开展各种各样的活动，有利于培养学生的爱国精神，鼓励广大学生积极参加课内外文化的学习，珍惜大好时光，学好本领，报效祖国。

（一）"一二·九"运动的意义

1. 激发学生的爱国热情，培养学生的爱国主义精神。

2. 回顾历史，感受今天幸福生活的来之不易，坚定为国家贡献一切的决心。

（二）活动前的准备

1. 班委认真组织学生参与。

2. 班主任可以邀请政治老师、教导主任等作为评委。

3. 把教室布置为比赛场地。

（三）具体活动的过程

主持人1：翻开十二月的日历，我们仿佛看见，那怒形于色的人群，正潮水般地涌向天安门前；

主持人2：翻开十二月的日历，我们仿佛听见，那激越高昂的呼声，越过七十五年的时光隧道，正清晰地响在耳边。

主持人1：祖国母亲岂容蹂躏！

主持人2：中华大地怎能踏践！

主持人：这是一群热血青年正义的呐喊，这是一群爱国志士光荣宣言。

主持人1：像一座岩浆迸发的火山，似一柄刺向黑暗的利剑。

主持人2：像一股奔涌而来的洪流，似一只搏击风浪的海燕。

主持人：血腥镇压何所惧，我以我血溅轩辕！

主持人1：这是一场反帝反封建的伟大胜利，这是一个非同寻常的历史转折点。

主持人2：这是一面永远高扬的旗帜，这是一首永恒的爱国诗篇。

主持人1："一二·九"运动虽已是那么久远，但是它像古酒一般在中国人心中酿出了感情，酿出了味道。这一种感情是难以用语言表达的，所以每年到这个时候，总会有人再提起，再回忆那场震撼人心的运动。我们没有忘，我们不会忘，但我们应受到什么启示呢？有请第一位参赛者，大家掌声欢迎。

学生1：各位老师、同学，大家好，我演讲的题目是《不能忘却》。

七十五年有多久？七十五年，可以让一个垂髫儿童变为年逾古稀的老人；七十五年可以让一个豆蔻少女变为一位耄耋妇人；七十五年，可以让两代人先后走过"而立"……七十五年的时间，27375天，657000小时会不会是太久了？对于一个人来讲，也许久了些，但对于历史来讲呢？

回首七十五年前的12月9日，随着一声震彻人心的钟响，北平各大学的学生潮水般涌出校门，怀着满腔热血，不顾反动军警刀枪、水龙的镇压，涌向新华门请愿、示威游行。他们像雄狮一样怒吼起来，把"九·一八"以来郁积在心头的仇恨和对执政者不抵抗政策的愤懑都迸发出来，掀起了轰轰烈烈的"一二·九"运动！

我们不会忘记，不会忘记这一天，七十五年前的这一天，我们更不会忘记那些高呼着口号散发着传单而不惜抛头颅、洒热血的青年，不会忘记他们"我自横刀向天笑，去留肝胆两昆仑"的爱国情操，不会忘记他们"国家兴亡，匹夫有责"的爱国精神。

是他们，在国家存亡的危急关头，振臂高呼，促使执政者的妥协。

是他们，在民族生死的毫发间，热血横洒，促使了民族的觉醒。

是他们，以浩气锤炼飒飒长剑，以碧血铸就巍巍丰碑。

白驹过隙，历史的车轮在泥泞的道路上留下了长长的车辙。那个世界的悲惨与悲凉，那个时代的黑暗与残酷，那个社会的风雨与飘摇，似乎都已经随着那车轮远去了。过去的值得纪念，而更重要的是留存下来的一种精神，一种"一二·九"运动所带来的英勇与坚强、果敢与奋进、热忱与理想、不屈与抗争的精神。这精神不应该随风而逝，不应该只凝固在那一个时代，不应该只是用来纪念。

记得有人说过："一种精神得以永恒，不仅在于它的精髓与内涵超越了时空，更在于它在时代的变更中能不断地被赋予新的色彩，这才是其生命力的强大所在。"时间已经过去七十五年了，一代又一代的人在用自己的青春诠释这一种精神。不再说苦难的过去，而是努力开创美好的未来，这才是"一二·九"精神的精髓所在。作为祖国未来的我们，更应该正确认识祖国的历史和现实，增强爱国的情感和振兴祖国的责任感，树立民族自尊心与自信心，弘扬伟大的中华民族精神，高举爱国主义旗帜，锐意进取，自强不息，艰苦奋斗，顽强拼搏，真正把爱国之志变成报国之行。

那飘动的旗帜、那紧握的拳头、那冲锋的身影、那激昂的呼喊，都已经留在历史的车辙里了，让历史成为历史，我们不需要啜饮悲欢的泪水；让精神穿越时空，我们将藉此继续征程。

主持人2：生命不仅仅是一滴滴的鲜血，它更渴望燃烧的激情；青春也不仅仅是一声声的赞美，它更是拥有使命并为之奋斗不息的源泉。就让我们青年肩负起责任，让世界铸剑为犁。下面有请第二个演讲者。

学生2：我们常常为一些青年朋友的灰暗和消极而惊异，因为这不应该属于处于黄金时代的朋友。诚然，生活中会有艰难的时光，会有外来的压力，但是，这些都不是生活的全部，都不会永远占据我们的生活。

青春是飞扬的，激情就是飞扬的动力。当我们拥有激情时，我们才会拥有生命的活力；青春是燃烧的，激情就是燃烧的火苗。因为有了激情，我们的生活才能闪现那美丽的光明。因为有了光明，灰暗的心理才会充满阳光。

七十五年前的他们曾经青春飞扬。当偌大的华北安放不下一张安静的书桌，他们激情澎湃，豪气冲天。

就让我们把目光投向七十五年前吧：

1935年12月9日上午十时，北平各大中学学生三千余人齐集新华门前请愿。随后举行大规模示威游行，反对设立冀察政务委员会，反对华北"防共自治运动"，反对日本侵略华北。

12月10日，北平各校学生实行总罢课。杭州浙江大学学生会决议，响应北平学生运动，并通电全国。

12月12日，上海、南京、武汉和广州等地大、中学校学生声援北平学生。

12月14日，上海各大学学生救国会成立，通电声援北平学生运动。

12月16日，北平四十四所大中学校学生一万余人，再次举行游行示威。北平的工人罢工、商人罢市、学生罢课。原定本日成立的"冀察政务委员会"延期成立。

这是中国近代史上最让人感动的镜头之一，"一二·九"运动的火种，传遍了整个中国大地，"一二·九"这个光辉的名字永远地烙在了每个中国人的心上。

"往事越千年，魏武挥鞭，东临碣石有遗篇。萧瑟秋风今又是，换了人间！"车水马龙不曾停歇，激扬青春不曾停歇。是的，我们不能停歇，虽然"一二·九"学生爱国运动已经过去七十五周年了，但作为一名青年学生，我们不能忘记历史的悲壮。身居斗室，心忧天下，这是五四以来中国学生呈现出的精神血脉，不能让它在我们这一代断流。

历史不是一页书签，供我们轻佻把玩；历史不是已经成为化石的过去，不是时间长河中一段孤立的被截取的场景。历史是祖先的脚印，一行行、一代代的努力才把中华民族自身发展的道路前仆后继地铺到了今天；历史是一艘巨轮，不断地把我们赖以生存和发展的社会摆渡向前……

大江东去，浪淘尽，千古风流人物。弹指间，那些峥嵘岁月已被翻了过去，换了一重人间。人都是在追求奋斗中成长起来的，而年轻就意味着你要接受挑战、考验与磨难，你要接过先辈们用热血点燃的火种，把历史的责任、国家民族复兴的重担擎在肩上。因为是青年，你就要让自己敢做敢为，敢打敢拼；因为是青年，你就要大胆地释放自己，舒展自己；因为是青年，你就要让自己忍辱负重，再接再厉。

青春年少的时候，请你不要让自己平平淡淡，那不是青春的本色。青春好像一团熊熊燃烧的火，而燃烧，是青春最美丽的姿态。燃烧让你的青春充满激情，燃烧使你的人生更加明亮！

学生3：记得小的时候，我们用幼稚的童音历数着中国的四大发明，那神情是自豪的。我们举着小手，那情景是庄严的。我们骄傲，我们有上下五千年的文明史。我们自豪我们生在如此顽强奋发的民族。

然而，历史的乌云也曾遮盖着这个古老文明而又落后的中华大地，历史的狂风也曾摇撼着这个多灾多难而又奋起的民族。翻开中国近代史这幅长长的历史画卷，几多哀愁，几多痛苦，几多屈辱。"凄凉读几支那史，几个男儿非马牛"。面对山河破碎，灾民流离，国将不国，哀鸿遍野的现实，中国的出路在哪里？在哪里？中国人呀，中国人，你何时才能拍案而起，何时才能从梦中惊醒？不在沉默中爆发，就在沉默中灭亡。1935年12月9日，中国青年志士终于爆发了，北平几千名学生举行了大规模的游行示威活动。他们高呼："打倒日本帝国主义！反对华北自治！"青年学生的呼声唤醒了我们，让我们去看看湖北沙市的那根刺柱吧，赫然醒目的大字告诉人们：当年日本鬼子把中国人绑在柱子上练刺杀。听见了么？听见那一声声撕心裂肺的惨叫了吗？看到了吗？看到那一幕幕惨不忍睹的暴行了吗？虎踞龙盘的南京，三十万生命，无论是风烛残年白发苍苍的老人还是在母亲怀抱中嗷嗷待哺的婴儿统统被杀，无一幸存。处处扼咽喉，天涯何处是神州？堂堂中华在侵略者的铁蹄下呻吟！这次第又怎一个恨字了得？

　　九百六十万平方千米的华夏热土被悲愤深深笼罩，无数中国人民的心为之震撼。我们不会忘记历史的回音。

　　如今，放眼我们的祖国，经济发展，政治稳定，社会进步，民族团结，中华民族正以站起来、富起来的自尊、自信、自豪前进在建设有中国特色的社会主义的道路上。可是，今天台独势力又有所抬头，海峡两岸的关系又日益紧张起来。台湾，祖国领土不可分割的一部分；中国，世界上只有一个中国，一个完整的中国。鲁迅曾经说过："纵然国有难，汝亦作先锋。"我们青年要站起来再次高呼："中国人民的感情不可毁，中国领土不容分割。"台湾，母亲等着你，盼着你。

　　知耻而后勇，我们知道落后就要挨打的古训，任重而道远，让我们这一代连接历史和未来的青年人作出选择吧！中国的大车我们拉，为了赶上世界先进水平，为了让巨龙腾飞，为了早日实现祖国的统一，我们一定会踏着先人的足迹，奉献我们的热情与青春，奉献我们的忠诚与信仰，为祖国的现代化建设而奋斗！

　　我们是二十一世纪的雄鹰，需要在湛湛的蓝天奋力翱翔。

　　我们是二十一世纪的骏马，需要在辽阔的草原上奋力飞奔。

　　我们是二十一世纪的弄潮儿，需要在惊涛骇浪中展现自我。

　　新时代的青年们，相信自己，相信祖国，相信未来，相信我们的明天会更加灿烂辉煌！

　　学生4：老师们、同学们，还记得吗？七十五年前，"中华民族到了最危险的时候"，无数"一二·九"运动的儿女们被迫喊出了爱国学生的共同呼声"现在，一切幻想都给铁的事实粉碎了！""安心读书吗？华北之大已经安放不得一张平静的书桌了！"于是他们赶快行动起来救亡图存！他们发出了更强烈的火光照破了国民党政府的虚伪欺诈；他们锻炼成尖锐的小刀刺破了与工农之间的隔膜；他们燃烧着青春的热情团结了一切可斗争的力量；他们倔强地挺着脊梁在寒风中示威游行；他们撞击着血肉之躯冲出铁的城门；他们不吝惜鲜血争取中国人民的胜利。

二十一世纪的今天，战争的硝烟早已散去，烈士的鲜血已经拂上了时间的薄纱。但革命的成果仍在我们眼前，斗争的成果仍在我们身边。

烈士们看到香港、澳门陆续回归祖国他们会感到安慰。

烈士们看到北京申奥成功会为我们欢呼！

烈士们看到中国加入世贸会为我们骄傲！

烈士们看见我们的莘莘学子有那样好的学习环静，他们会高兴！

烈士们看见我们全国人们皆为创造祖国未来的辉煌而奋斗会为我们祝福！

革命先烈为我们踏出了一条社会主义的光明大道。革命先烈为我们创造了幸福生活。祖国又无微不至地关怀着我们，难道我们还有不热爱祖国的资格吗？难道我们还有理由推卸我们报国的责任吗？

同学们！我们现在是幸福的，这幸福是无数革命先烈用自己的鲜血换来放到我们手里的。

够了！同学们！不要再指望着别人来帮你了！也不要妄想父母会养你一辈子，因为你终将要独立，终将要自食其力地生存。当你失去了所有的拐杖，你能昂首挺胸自信地迈开大步吗？当你失去了父母坚实的臂膀，你会倒下吗？当你要承担一切的社会责任，却力不从心时，你还会有退一步的想法吗？

我希望能得到一个坚定的答案：不会！不会！不会！

同学们！擦亮你们的眼睛，也许在这里你是优秀的，但不要忘了这里只是地图上的一个点。在中国乃至世界地图上找不到任何踪迹。

同学们！爱国、报国是我们十三亿中国人永远的心愿、永远的追求、永远的奋斗目标，而我们将会是这个心愿和追求的实现者。

同学们！祖国在关注我们，社会期待着我们，是时候让我们回报祖国了！

同学们！我们要告诉自己，我们是自信的。我们有的是热情，有的是精力，有的是动力。我们已经付出了 90% 的努力。再努力一把吧！发挥你所有的潜在智慧，点燃你所有的智能之光。

同学们！行动起来吧！

相信我们会有足够的奋斗资本！

相信我们会有无比辉煌的未来！

相信祖国必将以我们为荣！

我的演讲完了！谢谢各位老师、各位同学！

学生5：值此纪念"一二·九"运动七十五周年之际，能够站在这里演讲我感到高兴与荣幸。

经过了七十五年的"一二·九"运动，早已记入了中国革命的历史。它的事迹、它的精神也早已铭刻进了我们在座每一位的心中。我在这里就不再多作赘述了，因为它永远不会褪色，在我们心中，它的精神只会越来越崇高，越来越伟大。

今天，站在这里回眸二十世纪，我们发现，科学技术从来没有像今天这样深刻地影响和改变着社会、经济、文化、观念——以至我们赖以生存的地球。当人类告别茹毛饮血，刀耕火种的蒙昧时代，经过了数千年的血雨腥风，艰辛跋涉，终于迎来了一个新时代。蒸汽机的出现和电的发明，把人类从农业经济社会带入工业经济社会。机器的轰鸣打破了往日的宁静，灿烂的灯光照亮了千家万户，目不暇接的新发现、新发明使人类成就了超越过去数千年创造的文明总和几百倍的业绩。

历史悠久的中国却因为没有跟上工业革命的步伐而在近代落伍了，并因落伍而遭受帝国主义列强的凌辱。为了重新崛起、雪洗国耻，中华民族的仁人志士在黑暗中探索，奋斗了一百多年，直到新中国的成立为中华民族点燃了重新崛起的希望。在中国共产党的带领下，我们的先辈们使中国发生了翻天覆地的变化，创造出了十多亿人的大国连续保持十多年的高速增长。

中国站起来了！

但是，笼罩在我们头上的阴影还远远没有散去。

就在这个新的世纪来临之时，我国的驻外使馆无端被炸，他国的侦察机公然侵入我国的领空，直接导致了我海军航空兵王伟同志的牺牲。一个泱泱大国的主权为何一再受到挑衅？这，就是国力的差距。

我想，日本人现在已经达到了他们在"二战"中没有达到的目的。"二战"中他们用飞机、用大炮无非是想征服中国人，从中国人那里掠夺财富。现在，他们可以笑嘻嘻地把大量的中国财富掠夺到日本去！这，就是技术差距。

这些差距摆在眼前，压抑在心头，使我无法心安理得地自称为"炎黄子孙"。

我的话可能有些人不爱听，不愿意听，因为在座的有些人听不得带有任何革命性的语言，容不得带有任何传统意义的词汇。谁使用了这样的语言和词汇，就说你是"马列主义老太太"，说你是在喊"空洞的革命口号"。

我理解这样的心情。在学业上我们都是不幸的失败者，都曾落了榜。规律是无情的，我们不能怨天尤人，我们必须向前看，必须面向未来。我们又是幸运的，不管我们愿不愿意承认，我们都是教育制度改革的受益者，被赋与了新的使命。我们要肩负起我们国家在二十一世纪初叶发展高新技术的重任，我们是使我们国家在知识经济发展道路上赶上发达国家的最关键的一代。

同学们，你们可曾感到了肩上的压力？你们应感到，你们要感到。因为，你们是中国的未来。中国的天由你们来撑，中国的地任你们来踏。

我们必须具有艰苦奋斗的思想，我们必须发扬中华民族的优良传统，我们必须提倡爱国敬业，艰苦奋斗的精神，去重现中华民族新的辉煌。

等到有一天，我们在这里一跺脚，美国佬伸向轰炸我国驻外使馆巡航导弹按钮的罪恶之手就得缩回去——到了那时，我才能心安理得、问心无愧地对祖国母亲，对全世界所有的民族高呼，我是炎黄子孙！

六十六年前，先辈们是"为了中国崛起而读书"。他们做到了。今天，即将踏上历史舞台的我们，作为新世纪的学生，我们要为"中国腾飞而读书"！

主持人1：不论我们是否关注，不论我们是否纪念，1935年12月9日确实在历史上留下了它浓重的一笔，而那一天也绝对应该在每一个中国人的心里占据一定的位置，因为那一天中国从苦难到幸福又迈进了一大步。

主持人 2：生命对每个人只有一次，而青春则是这仅有的一次生命中易逝的一段。

主持人 1：我坚信，流星虽然短暂，但在它划过夜空的那一刹那，已经点燃了最美的青春。

主持人：让我们肩负起历史的使命，让身体里流淌的血液迸发出激情！让我们都做夜空下那颗闪亮的星星！让我们高扬五四鲜红的旗帜，团结一心务实苦干，奋起直追自强不息，去拥抱新世纪，去拥抱辉煌灿烂的明天！

（四）活动后的反思

在本次活动中，由于有广大同学的积极参与，活动宣传效果显著。在对"一二·九"运动知识的学习中，大家仿佛置身于当时的时代里，切身体会到了当时的青年学生们热情澎湃，不畏强权，不惧艰难，斗志昂扬的爱国情怀，感受到了沉甸甸的国民使命感；在对历史的回顾中，感受到了"天下兴亡，匹夫有责"的爱国主义的深刻内涵。

后 记

在十几年的教学过程中，我一直在摸索一些新的教学模式和方法。在课堂教学中，总是诚惶诚恐，生怕自己的教学因为呆板、陈旧等原因"污染"了学生的心灵，因此总是在不断改进，希望在课堂上既传授了知识，又提高了学生的实际操作能力，学生也感兴趣。渐渐发现，"活动"是不二的选择。编写此书也是想把自己的一些思考和探索记录下来，这个愿望在今天总算完成了，甚感欣慰。

在这里首先要感谢我的家人，他们的支持和鼓励总是给我力量，还要感谢我的领导以及同事，感谢你们在业务上给予的无私帮助和教诲，谢谢你们！

在编写本书过程中还参考了一些专著和资料，由于时间仓促没来得及联系原作者，在这里向你们表示诚恳的歉意，也希望相关作者能与本书取得联系。

编 者